Philosophie des Digitalen zur Einführung

Gabriele Gramelsberger

Philosophie des Digitalen zur Einführung

JUNIUS

Junius Verlag GmbH
Stresemannstraße 375
22761 Hamburg
www.junius-verlag.de

Umschlaggestaltung: Florian Zietz
Printed in the EU 2024
ISBN 978-3-96060-337-5
2., korrigierte Aufl. 2024

Bibliografische Information der Deutschen Nationalbibliothek
Die Deutsche Nationalbibliothek verzeichnet diese Publikation in der Deutschen Nationalbibliografie; detaillierte bibliografische Daten sind im Internet über http://dnb.dnb.de abrufbar.

Zur Einführung ...

... hat diese Taschenbuchreihe seit ihrer Gründung 1977 gedient. Zunächst als sozialistische Initiative gestartet, die philosophisches Wissen allgemein zugänglich machen und so den Marsch durch die Institutionen theoretisch ausrüsten sollte, wurden die Bände in den achtziger Jahren zu einem verlässlichen Leitfaden durch das Labyrinth der neuen Unübersichtlichkeit. Mit der Kombination von Wissensvermittlung und kritischer Analyse haben die Junius-Bände stilbildend gewirkt.

Seit den neunziger Jahren reformierten sich Teile der Geisteswissenschaften als Kulturwissenschaften und brachten neue Fächer und Schwerpunkte wie Medienwissenschaften, Wissenschaftsgeschichte oder Bildwissenschaften hervor. Auch im Verhältnis zu den Naturwissenschaften sahen sich die traditionellen Kernfächer der Geisteswissenschaften neuen Herausforderungen ausgesetzt. Diesen Veränderungen trug eine Neuausrichtung der Junius-Reihe Rechnung, die seit 2003 von der verstorbenen Cornelia Vismann und zwei der Unterzeichnenden (M.H. und D.T.) verantwortet wurde.

Ein Jahrzehnt später erweisen sich die Kulturwissenschaften eher als notwendige Erweiterung denn als Neubegründung der Geisteswissenschaften. In den Fokus sind neue, nicht zuletzt politik- und sozialwissenschaftliche Fragen gerückt, die sich produktiv mit den geistes- und kulturwissenschaftlichen Problemstellungen vermengt haben. So scheint eine erneute Inventur der Reihe sinnvoll, deren Aufgabe unverändert darin besteht, kompetent und anschaulich zu vermitteln, was kritisches Denken und Forschen jenseits naturwissenschaftlicher Zugänge heute zu leisten vermag.

Zur Einführung ist für Leute geschrieben, denen daran gelegen ist, sich über bekannte und manchmal weniger bekannte Autor(inn)en und Themen zu orientieren. Sie wollen klassische Fragen in neuem Licht und neue Forschungsfelder in gültiger Form dargestellt sehen.

Zur Einführung ist von Leuten geschrieben, die nicht nur einen souveränen Überblick geben, sondern ihren eigenen Standpunkt markieren. Vermittlung heißt nicht Verwässerung, Repräsentativität nicht Vollständigkeit. Die Autorinnen und Autoren der Reihe haben eine eigene Perspektive auf ihren Gegenstand, und ihre Handschrift ist in den einzelnen Bänden deutlich erkennbar.

Zur Einführung ist in der Hinsicht traditionell, dass es den Stärken des gedruckten Buchs – die Darstellung baut auf Übersichtlichkeit, Sorgfalt und reflexive Distanz, das Medium auf Handhabbarkeit und Haltbarkeit – auch in Zeiten liquider Netzpublikationen vertraut.

Zur Einführung bleibt seinem ursprünglichen Konzept treu, indem es die Zirkulation von Ideen, Erkenntnissen und Wissen befördert.

Michael Hagner
Ina Kerner
Dieter Thomä

Inhalt

Anhang

Einleitung

Das Digitale ist überall und allumfassend. Es ist eingebettet in unsere hochtechnologische, vernetzte Lebenswelt. Es konstituiert sie, indem es uns über unsere technischen Geräte wie Mobiltelefone, PCs und intelligenten Objekte in einem kontinuierlichen Datenfluss verbindet. Das World Wide Web ist eine der Manifestationen des Digitalen, die Sozialen Medien eine weitere, ebenso wie die digitalen Geldströme auf unseren Konten. Doch trotz seiner allumfassenden Präsenz ist das Digitale verborgen in dem Gewirr an Datenleitungen, dem unsichtbaren Dauerfunken des Wireless Local Area Networks (W-LAN), in den Tiefen der technischen Geräte und des Internets. Das Digitale verbirgt sich in der Logik der Schaltkreise auf Computerchips und in den Datenspeichern der Maschinen.

Wie umfassend die Sphäre des Digitalen mittlerweile geworden ist, zeigen Statistiken:[1] 2023 wurden im Internet pro Minute (sic!) 21 Millionen Textnachrichten versendet, fast eine halbe Million Apps heruntergeladen, mehr als 200 Millionen E-Mails, 69 Millionen Nachrichten und 575 000 Tweets verschickt sowie unzählige Fotos, Videos und Filme gestreamt. Der weltweite Zuwachs an digitalen Daten wird auf 175 Zettabytes für die kommenden Jahre geschätzt, 2018 waren es erst 33 Zettabytes – *tera* (griech.) steht für die ›ungeheuerlich‹ große Zahl von einer Billion, *peta* (griech.) für die ›allumfassende‹ Billiarde, *exa* (griech.) für eine Trillion und *zetta* (ital.) für eine Trilliarde, also eine Zahl mit 21 Nullen. Zum Vergleich: Die Library of Congress in Washington D.C. gilt mit mehr als 30 Millionen Büchern als die größte Bibliothek der Welt, deren Umfang auf 7,5 Terrabyte geschätzt wird. Ein Zettabyte hingegen entspräche 688 674 Milliarden Büchern. Das hieße bei rund acht Milliarden Menschen weltweit, dass jeder Mensch rund 86 000 Bücher besitzen müsste.

Für diesen Zuwachs an Daten ist vor allem das Streamen von Videos und Filmen verantwortlich, aber auch die zunehmende Anzahl an Sensoren in allen möglichen Geräten: In einem modernen Auto sind mehr PCs verbaut, als eine vierköpfige Familie üblicherweise zu Hause und in der Arbeit benutzt. Der Kühlschrank, die Spülmaschine, das Elektrofahrrad, die Kaffeemaschine – sie alle sind mit Computerchips ausgestattet; produzieren und verarbeiten digitale Daten. Sogenannte ›smart objects‹ bevölkern mehr und mehr unsere Lebenswelt und vernetzen sich zum Internet der Dinge. Der Kühlschrank bestellt selbständig die Milch im Supermarkt, das Auto meldet der Werkstatt einen Schaden, die Küchenmaschine ist gleichzeitig ein App-basiertes Kochbuch mit Tausenden von Rezepten und Diättipps. Das Internet der Dinge soll bald mehr als 35 Milliarden solcher smarten Objekte umfassen.

Das ›intelligenteste‹ aller smarten Objekte ist sicherlich das Smartphone. Es ist der Link zwischen uns als Individuen und dem Datenuniversum der digitalen Welt. Vier Milliarden Mobiltelefonnutzer und -nutzerinnen tragen ihr Smartphone immer und überall bei sich. Dadurch sind sie auf den wenigen Plattformen und Diensten der Sozialen Medien weltweit miteinander vernetzt. Sie sind damit aber auch durch einige wenige Tech-Konzerne permanent beobachtbar, insofern ihre individuellen Datenspuren in Echtzeit auslesbar sind. In einem aktuellen Mobiltelefon sind mehr als ein Dutzend Sensoren eingebaut, die jeweils nur einige Millimeter groß sind und das Smartphone ›multisensibel‹ machen.[2] Neben dem Mikrofon und verschiedenen Fotokameras sind Infrarotkameras und -beleuchter, Punktprojektoren, Umgebungslicht- und Näherungssensoren sowie Lautsprecher untergebracht. Dies erlaubt problemlos die Sprach-, Gesichts- und Umgebungserkennung wie auch -lokalisierung. Doch da sind auch noch Beschleunigungssensoren, Magnetometer, Barometer, Sonare oder Pulsmesser. Es gibt Annäherungssensoren, die die Bildschirmbeleuchtung und die Touch-Funktion abschalten, sobald man das Gerät an den Kopf hält. Es gibt Lichtsensoren, die die Umgebungshelligkeit erfassen. Doch bereits diese beiden Sensoren allein, der Annäherungssensor und der Lichtsensor, können wesentlich mehr: Sie machen Körperfunktionen messbar. Mit einem modernen Mobiltelefon lässt sich telefonieren, aber in erster Linie ist es eine kompakte Messstation, die aufgrund ihrer Leistungsfähigkeit immer öfter auch für wissenschaftliche Labor- und Feldforschung genutzt wird.

Neben den PCs, Laptops und Tablet-PCs sind Smartphones ein Inbegriff dessen, was Mark Weiser 1991 als ›ubiquitous computing‹ bezeichnet hat; also als allumfassendes Computing. Der Begriff ›computing‹ meint dabei mehr als die deutsche Übersetzung ›rechnen‹; es meint das Generieren, Verarbeiten, Interpretieren, Vernetzen und Verteilen von digitalen Daten. Da all diesen Prozessen Rechenprozesse zugrunde liegen, treffen es die Begriffe ›computing‹ oder ›computational‹ sehr gut. Weisers Vision des *Computers für das 21. Jahrhundert* war jedoch kein einzelnes Gerät, sondern ein unsichtbares Netz an computerbasierten Technologien, das sich ganz unbemerkt in die Lebenswelt einwebt: »The most profound technologies are those that disappear. They weave themselves into the fabric of everyday life until they are indistinguishable from it.«[3] Diese zunehmende Ununterscheidbarkeit zwischen der realen Lebenswelt und der digitalen wird heute unter dem Begriff des ›Metaverse‹ diskutiert. Das Metaversum soll ein persistentes Universum, also ein permanent vorhandenes sein; es soll ein mit der Realwelt in Echtzeit synchronisiertes Universum und ein nahtloses funktionierendes sein, also eines ohne Brüche im Übergang zwischen der realen und der virtuellen Welt. Noch ist dies eine technologische Vision, doch die Entwicklungen gehen verstärkt in diese Richtung. In der Technikphilosophie wird dieses Phänomen der Ununterscheidbarkeit ›Environmentalität‹ genannt.[4]

Doch um den Anspruch einer ontischen Ununterscheidbarkeit zwischen der realen und der digitalen Welt im Metaversum zu ermöglichen, sind nicht nur Unmengen an individuellen Datenvolumen aus PCs, Laptops und Smartphones nötig, sondern – frei nach Hans Blumenberg[5] – die totale Maschinenlesbarkeit der (realen) Welt sowie ihre zunehmende Maschinenverstehbarkeit. Sensoren sind hier wiederum der Schlüssel, denn Sensoren verbinden die technischen Geräte mit uns als Körper in unserer Lebenswelt. Sie registrieren bzw. messen Veränderungen in einem technischen Gerät wie auch seiner Umgebung inklusive uns selbst, lesen diese Veränderungen digital ein, interpretieren die digitalen Informationen je nach Softwareprogramm, um dann über Handlungen zu entscheiden: beispielsweise ob die Daten auf einen Schaden am Auto hinweisen und die Werkstatt unterrichtet wird; oder ob sich unser Hautwiderstand und Puls während eines Telefonats erhöhen, was von Emotionsanalyse-Algorithmen als unangenehm interpretiert wird. Unser Smartphone sendet uns dann nach Ende des Gesprächs einen Smiley, um uns aufzumuntern.

Doch die Kaskade der Phänomene im Schleppnetz der Digitalisierung geht weiter: Je mehr Informationen im Datenuniversum über die reale Lebenswelt in Echtzeit zugänglich werden, desto mehr erhöht sich die ›Akteurialität‹ der uns umgebenden, smarten Objekte und Geräte – insbesondere, wenn diese durch ›Künstliche Intelligenz‹ immer leistungsfähiger werden. Bereits sehr früh, in den 1950er Jahren, wurde an digital gesteuerten Maschinen mit einem gewissen, eigenständigen Akteurialitätsniveau geforscht. Aus diesen entwickelten sich schnell autonome Maschinen: Roboter, vor allem Fabrikroboter, die fest installiert Tätigkeiten übernahmen. Doch Roboter können sich seit den 1970er Jahren zunehmend autonom bewegen und – mit maschinellem Lernen ausgestattet – mehr und mehr Aufgaben übernehmen. Damit erhält das Digitale in Form von Robotern eine eigene Maschinenkörperhaftigkeit, die heute zunehmend unsere Lebenswelt bevölkert.

Philosophie des Digitalen – Signatur und Struktur

Vernetzte Environmentalität der digitalen Maschinen und Geräte, Maschinenlesbarkeit und -verstehbarkeit der Welt sowie Akteurialität und Autonomie der Algorithmen und Maschinenkörper konstituieren die *Signatur des Digitalen* aktueller Ausprägung. Diese Signatur generiert eine eigene Phänomenologie oder, mit Gaston Bachelard gesprochen, eine eigene Phänomenotechnik des Digitalen, die uns vor grundlegende philosophische Fragen stellt. Im Anschluss an Blumenbergs Interpretation von Edmund Husserls Phänomenologie,[6] der die Aufgabe der Phänomenologie darin sah, die Selbstverständlichkeiten der technischen Lebenswelt offenzulegen, fragt eine Philosophie des Digitalen nach den Selbstverständlichkeiten der digitalen Lebenswelt; nach dem neuen Verhältnis von digitalen Objekten und uns als den Subjekten, nach den ontologischen und ontischen Veränderungen in der digitalisierten Lebenswelt, nach der Epistemologie der Datenlogik, der virtuellen Realität und der Künstlichen Intelligenz, nach der Entscheidungsfähigkeit der Algorithmen wie nach dem Verlust der Autonomie des Menschen im Zeitalter des Digitalen.

Spannend ist aber auch zu fragen, wie sich die Philosophie selbst als digitale Philosophie verändert.

Doch was sind die Bedingungen der Möglichkeit der phänomenologischen Signatur des Digitalen; was ist seine Struktur? Im Anschluss an Immanuel Kant, der die Aufgabe einer kritischen Philosophie darin sah, die Bedingungen der Möglichkeit von etwas zu verstehen, ist auch genauer nach der maschinenrationalen *Struktur des Digitalen* zu fragen. Interessanterweise waren es Philosophen wie René Descartes, Gottfried Wilhelm Leibniz oder John Locke, die die Basis gelegt haben, welche die Lebenswelt heute in ein Metaversum überführt. Es ist kein Zufall, dass Descartes und Leibniz von Maschinen jeder Art fasziniert waren, auch wenn es sich damals um rein mechanische Automaten handelte. Beide waren auch von Algorithmen und Kalkülen begeistert, wenngleich diese damals nur auf Papier notiert werden konnten. Von Kalkülen erhoffte sich Leibniz nichts weniger als »die Ergänzung der sinnlichen Anschauung und gleichsam ihre Vollendung« wie auch, dass sie »in der Erfindung von Maschinen und in den Beschreibungen der Mechanismen der Natur« nützlich sein würden.[7] 1697 erfand er das binäre Rechnen mit 0 und 1.

Am Beginn des Digitalen steht also die neuzeitliche Philosophie mit einem gewagten Programm: dem der Operationalisierung des Geistes und dessen Externalisierung in Logik, Algorithmen und Kalküle. Der Begriff der Operationalisierung meint dabei die analytische Beschreibbarkeit von Prozessen, die dadurch beobachtbar, operationalisierbar und gegebenenfalls messbar werden. Neben den Rationalisten Descartes und Leibniz sind hier vor allem die Empiristen zu nennen. In seinem *Essay Concerning Humane Understanding* von 1690 stellte John Locke – ebenso wie sechzig Jahre später David Hume in *An Enquiry Concerning Human Understanding* 1748 – die Frage nach dem Ursprung unserer Wahrnehmung und den Funktionen des Verstandes. Was sind diese Funktionen des Verstandes? Wie lassen sie sich erfassen, durch Introspektion beobachten und beschreiben? Denken ist nun nicht mehr länger ein vager Begriff dunkler, innerer Vorgänge, sondern wird als Operationen des Vergleichens, des Zusammenfügens und des Feststellens des Identischen beschreibbar; Operationen, die sich leicht mit logischen Symbolen und Systemen semiotisch darstellen lassen. Folgerichtig mündete das neuzeitliche Programm der Operationalisierung des Geistes Mitte des 19. Jahrhunderts in das Programm der Formalisierung geistiger Operationen. Die symbolische Logik wie die binär interpretierte boolesche Algebra transformierten die geistigen Operationen in reduzierter Form in maschinentaugliche Operationen und legten damit die semiotische und materiale Basis für das Digitale als Kulturtechnik. Bereits 1887 entwarf Charles Sanders Peirce erste digital-elektrische Schaltpläne für Allan Marquands *New Logical Machine*.

Aus philosophischer Perspektive sind es die Prozesse der Externalisierung, Materialisierung, Formalisierung und damit die Abstraktion menschlicher Fähigkeiten auf maschinenrationale Formate, die die maschinenlogische Struktur des Digitalen konstituieren. Aus dieser Struktur des Digitalen resultieren im 20. Jahrhundert schnell zahlreiche Emanationen der berechneten Erkenntnis, der simulierten Welten und der autonomen Maschinen, je mehr Digitalrechner in Form von Großrechnern, Supercomputern, PCs, Laptops und Smartphones die reale Welt bevölkern. Diese digitalen Emanationen mit ihrer real-virtuellen Phänomenologie folgen einer eigenen Epistemologie, die sich als ›operative‹ beschreiben lässt.[8] Während die menschlichen Verstandesfunktionen in Form von Logik schon lange externalisiert und in Maschinen, eben in den logischen Schaltkreisen der Digitalcomputer, materialisiert sind, erleben wir aktuell weitere digitale Übernahmen menschlicher Fähigkeiten: Durch die Robotik werden Handlungsfähigkeiten externalisiert und autonom von uns technisch materialisiert. Durch die Künstliche Intelligenz und insbesondere maschinelle Lernverfahren werden menschliche Wahrnehmungsfähigkeiten in künstlichen neuronalen Netzwerken externalisiert und materialisiert. Durch Smartphones werden soziale Verhaltensfähigkeiten in den Sozialen Medien externalisiert und in der globalen Netzwerkkommunikation materialisiert. Durch die Sensorik wird menschliche Gefühlserkennung im ›affective computing‹ an den Computer delegiert.

Denken, Fühlen, Lernen, Sprechen, Sich-sozial-Verhalten, autonom Handeln, Neues Kreieren sind die kognitiven und volitiven Grundkategorien des Menschen. Diese Grundkategorien werden zunehmend und immer umfassender an Maschinen – intelligente Objekte, Geräte, Smartphones, Roboter, etc. – delegiert, doch eben nur an jene Maschinen, die menschliche Verstandesfunktionen in Form von Maschinenlogik beherrschen: also computerisierte, digitale Maschinen. Diese maschinenlogische Struktur des Digitalen bildet die Grundlage der phänomenotechnischen Signatur des Digitalen, die uns überall und permanent in der Lebenswelt begegnet und diese verändert. Dies wirft wiederum grundlegende normative und ethische Fragen in Bezug auf uns und unsere Lebenswelt auf, aber auch nach dem, was gutes Leben im Zeitalter des Digitalen heißt, wenn beispielsweise mehr und mehr Arbeiten an Roboter delegiert bzw. wenn wir Seite an Seite mit intelligenten Maschinen unser Leben verbringen werden.

Die vorliegende Einführung in die Philosophie des Digitalen nimmt die Struktur und Signatur des Digitalen in den Blick.[9] Sie will zum einen geistesgeschichtlich verstehen, was das Digitale als Digitales konstituiert; sie will aber zum anderen auch begreifen, welche lebensweltlichen Technophänomene das Digitale generiert und welche Folgen dies für uns als Subjekte hat.

Die Philosophie des Digitalen versteht sich als Kritik der Ersetzungsverhältnisse wie der Selbstverständlichkeiten der digitalen Transformation. Da die Struktur des Digitalen in ihrer Entwicklung historisch der phänomenotechnischen Signatur vorgelagert ist, beschäftigt sich dieser Band daher zuerst mit der maschinenlogischen Struktur des Digitalen, bevor er sich der phänomenotechnischen Signatur des Digitalen widmet.

STRUKTUR DES DIGITALEN

1. Das Programm der Operationalisierung des Geistes

Am Beginn des Digitalen steht die neuzeitliche Philosophie mit ihrem Programm der Operationalisierung des Geistes. Nicht nur weil Gottfried Wilhelm Leibniz 1697 das binäre Rechnen erfand, was zur damaligen Zeit eher auf Unverständnis stieß: »Das Ganze schien unerklärlich, und daß überdies der ›große Leibniz‹ es der Mühe wert erachtet hatte, sich mit nur zwei Ziffern zu beschäftigen, machte alles noch geheimnisvoller.«[10] Sondern weil die grundlegende Frage der Neuzeit die nach klarer Erkenntnis war und diese Frage nach Klarheit philosophisch in die Frage nach den Methoden respektive Prozessen der Klärung der Erkenntnis mündete. Der Topos der ›Claritas‹ resultierte dabei aus einer weiteren, neuen Fragestellung, und zwar nach dem Neuem und Unbekannten. Nach dem Neuen und Unbekannten zu fragen unterschied die Neuzeit radikal von der Antike und dem Mittelalter. Insbesondere die neuzeitliche Naturforschung interessierte sich für das Unbekannte; es zu ergründen und mit den neuen Methoden der empirischen Erkenntnis (Beobachtung, Experiment, Messung), wie Francis Bacon dies 1627 in *Nova Atlantis* formulierte, »die inneren Kräfte der Natur zu erforschen und die Grenzen der menschlichen Macht so weit auszudehnen, um alle möglichen Dinge zu bewirken«[11]. Diese Neugier nach dem Unbekannten begründete die wissenschaftliche Revolution ebenso wie die philosophische Erkenntnistheorie.

Für das Thema der Philosophie des Digitalen ist vor allem die Suche nach der Methode klarer Erkenntnis zentral. Denn das Ringen um die beste Methode hat ein regelbasiertes Verständnis des Prozesses der Klärung (modern gesprochen: des Problemlösens) entstehen lassen, das die Grundlagen für Algorithmen, Kalkülsysteme und Künstliche Intelligenz bildet. Am Ursprung des Digitalen steht daher Leibniz, aber vor allem René Descartes. Beide Denker entwickelten rationalistische Positionen, die den empiristischen Konzeptionen von John Locke und David Hume diametral gegenüberstanden.

1.1 Operationsmodell der Analyse bei Descartes

Das neuzeitliche Programm der Operationalisierung des Geistes, also der Erfassung dessen, was Denken und Wahrnehmen ausmacht und wie sich dies funktional explizieren lässt, nahm seinen Anfang in dem berühmten Credo von Descartes 1641: »Ego cogito, ego sum«. Frei übersetzt: Während ich denke, kann ich mir meiner selbst bewusst sein. Descartes lenkte damit die Aufmerksamkeit auf den Denkprozess selbst und er tat dies, weil er nach einem archimedischen, unhintergehbaren Punkt der Selbstgewissheit suchte. Das, was wir denken, kann uns ein ›böser Geist‹ vorgaukeln, oder wir träumen es und es ist nicht real. Doch die Selbstvergewisserung, dass wir in diesem Moment denken, gab Descartes die gesuchte Gewissheit des ›ego sum‹. Das ›ego cogito, ego sum‹ ist jedoch weitaus mehr, denn es isoliert zum einen das Denken ontologisch als ›res cogitans‹ von allem anderen, insbesondere vom Fühlen und Handeln, aber auch von der äußeren Welt als ›res extensa‹. Diese Trennung von Denken und Welt, von Geist und Körper ist bis heute eine ideengeschichtlich wirkmächtige Trennung, die sich im Kontext des

Digitalen in der Separierung von Software und Hardware fortschreibt. Das ›ego cogito, ego sum‹ gab aber auch dem ›Ich‹ als Subjekt den Vorrang und begründete damit die neuzeitliche Erkenntnistheorie als Subjektphilosophie, die jedoch von Beginn an eine operative war: Nicht der Inhalt des Denkens (Semantik), sondern die Prozessualität des Denkens, seine Logik, Funktion und Form (Syntax, Grammatik) interessierte die neuzeitlichen Philosophen.[12]

Das Primat des Denkens charakterisierte Descartes' Philosophie als Inbegriff des Rationalismus, der eben das Denken und nicht die Sinneswahrnehmung an erste Stelle setzte. Bereits vor seinem berühmten Credo aus den *Meditationen über die Erste Philosophie* hatte sich Descartes mit der Funktion des Denkens beschäftigt. In den *Regeln zur Ausrichtung der Erkenntniskraft* von 1628 und *Von der Methode, des richtigen Vernunftgebrauchs und der wissenschaftlichen Forschung* von 1637 definierte er die Hauptfunktion des Denkens als Analyse und gab vier Regeln an, wie eine solche Analyse methodisch durchzuführen sei:

1. Erkenne nur das als wahr an, was unbezweifelbar gewiss ist.
2. Um dahin zu gelangen, zerlege jedes Problem in Teilprobleme und Fragen, die mit Gewissheit beantwortet werden können.
3. Aus diesen Teilantworten baue das Wissen der Reihe nach auf; davon ausgehend, dass sich alle komplexen Fragen so analysieren lassen.
4. Schließlich, überprüfe alle Teilantworten daraufhin, ob sie vollständig sind.

Bis heute folgt jede ordentliche Analyse, ob für wissenschaftliche Probleme oder andere Problemstellungen, diesem ›Analysealgorithmus‹. Analytisch Denken heißt seither, ein Problem zu erfassen, indem es in lösbare Teilprobleme beziehungsweise Elemente zerlegt wird. Für Descartes war klar, dass für seine Analyse die

Mathematik das geeignete Analysemittel war. Sowohl Logik wie Mathematik sind formale ›Kulturtechniken‹, die nicht semantische Inhalte erfassen, sondern die verschiedenen Beziehungen zwischen den Inhalten betrachten. Der entscheidende Kunstgriff, der in der Geschichte des Digitalen bis heute immer wieder zur Anwendung kommt, war es, von allem Inhaltlichen zu abstrahieren und Probleme beziehungsweise Problemlösungen rein formal zu erfassen zu versuchen. Nicht zufällig hat Descartes die Idee für sein analytisch-formales Problemlösungsverfahren der Geometrie entliehen. In *Von der Methode* erklärt er dies treffend: »Jene langen Ketten ganz einfacher und leichter Begründungen, die die Geometer zu gebrauchen pflegen, um ihre schwierigsten Beweise durchzuführen, erweckten in mir die Vorstellung, daß alle Dinge, die menschlicher Erkenntnis zugänglich sind, einander auf dieselbe Weise folgen und daß, vorausgesetzt, man verzichtet nur darauf, irgendetwas für wahr zu halten, was es nicht ist, und man beobachtet immer die Ordnung, die zur Ableitung der einen aus den anderen notwendig ist, nichts so fern liegen, daß man es nicht schließlich erreichte, und nichts so verborgen sein kann, daß man es nicht entdeckte.«[13]

Aufgrund dieses methodischen Herangehens garantierte für Descartes allein die Mathematik sichere und verlässliche Erkenntnisse. Die mathematische Methode wurde bei Descartes zur ›Mathesis universalis‹, also zum Inbegriff des analytisch-formalen Denkens. Im Laufe der weiteren Geschichte wird die mathematische Methode zum Inbegriff des vernünftigen Denkens schlechthin und bleibt es bis heute. Der Mathematikunterricht in der Schule hat in diesem Bildungsideal seinen Grund, aber auch die Wissenschaft kommt seither nicht ohne Mathematik aus. Immanuel Kant hatte 1786 die ›eigentliche Wissenschaft‹ als diejenige beschrieben, die mathematische Methoden verwendet wie die newtonsche Physik als Paradebeispiel für die neuzeitliche Wissenschaft.[14] 1959 prägte Charles Snow den Begriff der *Two Cultures* für den Unterschied der geisteswissenschaftlich-literarischen Kultur einerseits und der naturwissenschaftlich-technischen Kultur andererseits, wobei sich letztere durch den Gebrauch mathematischer Methoden auszeichnet. Daran erkennt man die Tragweite der analytisch-formalen Methode für die abendländische Geistesgeschichte, die im Laufe der Zeit immer wirkmächtiger wurde. Der Computer als analytisch-formales Instrument wie das Digitale als eine spezifische Umsetzungsform des Analytisch-Formalen haben ihren Ursprung in dieser Tradition. Das Digitale reduzierte die Aussagefunktion des Formalen noch weiter auf nur zwei Zustände: 0 und 1.

An dem obigen Zitat von Descartes sticht ein Wort besonders hervor: Man ›beobachtet‹ die Ordnung der Folgen, beispielsweise am geometrischen Beweis. Analysieren ist eigentlich ein unbeobachtbarer, abstrakter Denkprozess. Dieser wird beobachtbar, wenn er mithilfe von Symbolen externalisiert wird. Dies können geometrische Symbole, aber auch algebraische oder logische Symbole, Diagramme, Zeichnungen und vieles mehr sein. Es können aber auch semantische Beschreibungen oder, wie heutzutage üblich, Computerprogramme sein. Diesen Prozess der Externalisierung mittels symbolischer oder technischer Praktiken bezeichnet der Begriff der ›Kulturtechniken‹ treffend.[15] Das Digitale ist eine spezifische, sehr wirkmächtige und neuere Kulturtechnik. Andere Kulturtechniken wie die Mathematik, die Logik, aber auch das Philosophisch-Argumentative, das Literarische oder das Künstlerische sind älter. Der Begriff der Kulturtechniken charakterisiert diesen Prozess der Externalisierung insofern treffend, da immer ein Medium oder eine Technik der Darstellung wie eben Symbole, geometrische Figuren, Bilder, Computerprogramme, Messgeräte, etc. involviert sein müssen, um das Abstrakte und Geistige sichtbar zu machen. Kulturtechniken als Praktiken des Sichtbarmachens geistig-kultureller Prozesse, wie eben Denkprozesse, haben aber noch eine weitere, sehr wirkmächtige Konsequenz: Sie machen die geistig-kulturellen Prozesse nicht nur sichtbar, symbolisch verfügbar und speicherbar, sondern sie machen sie auch manipulierbar und erweiterbar. Man kann mit diesen externalisierten Prozessen symbolisch auf dem Papier, oder heutzutage im Computer, operieren. Das Digitale ist im 20. und 21. Jahrhundert auch deshalb eine so wirksame Kulturtechnik geworden, weil es gerade den Aspekt der Manipulierbarkeit von Prozessen perfektioniert hat.

Für die Operationalisierung des Geistes, wie sie Descartes und anderen vorschwebte, spielte die Mathematik nicht zufällig die zentrale Rolle. Bereits die antike Philosophie hatte die Mathematik als Inbegriff des Logos oder der Ratio in den Mittelpunkt gestellt. Allen voran hatte Platon der Mathematik in der Vermittlung des wahren Wissens eine herausragende Rolle zugeschrieben. In seinen Dialogen stößt man immer wieder auf mathematische Vorgehensweisen und Analogien. Auch das ist kein Zufall, da der Ursprung des Wortes Mathematik – μαθηματική τέχνη (griech.): die Kunst des Lernens – epistemologische Bezüge hat. Mathematik ist für die antike wie die neuzeitliche Philosophie die Kunst des Lernens des folgerichtigen und damit wahren Wissens. Es ist der methodische Kern des Mathematischen, beispielsweise des Beweisführens, der hier von Interesse ist. Bestes Beispiel ist Platons Dialog *Menon*, in dem ein mathematischer Laie die Lösung der Frage nach der Verdopplung der Fläche eines Quadrats nicht durch Belehrung, sondern durch hinleitende Fragen selbst erkennt und so auf die richtige Antwort kommt: Die Verdopplung des Flächeninhalts des Quadrats kann nur über die Diagonale erreicht werden und nicht, indem man die Seiten des Quadrats verdoppelt. Dies zeigt, dass Mathematik eine Praktik ist, mit geometrischen Figuren oder Zahlzeichen regelbasiert umzugehen, und dass, wer die Praktiken beherrscht, mathematisch Objekte regelbasiert, also korrekt erzeugen kann. Dabei lassen sich Objekte entweder analysieren oder synthetisieren. Analysieren bedeutet, von einem Ganzen seine Elemente folgerichtig zu extrahieren. Synthetisieren bedeutet, aus einer Folge von Elementen das Ganze wieder hervorgehen zu lassen.

Das folgerichtige und systematische Voranschreiten in der Mathematik – analytisch oder synthetisch – ist ein methodisches. Daher hat Descartes seine Schrift auch *Von der Methode des richtigen Vernunftgebrauchs* genannt. Der richtige Vernunftgebrauch ist eben jener, der sich methodisch erfassen lässt, da er folgerichtig denkt, und die Mathematik ist hier das Vorbild. Doch Descartes geht noch einen ganz wesentlichen Schritt weiter als die antike Philosophie. Er möchte nicht nur das, was schon bekannt ist, analysieren, sondern das Unbekannte und Neue. Dies ist eine ganz andere Herausforderung, denn wie soll sich das, was man noch nicht kennt oder weiß, analysieren lassen? Hier kommt ein weiterer Kunstgriff zur Anwendung, indem Descartes in den *Regeln zur Ausrichtung der Erkenntniskraft* für das Unbekannte einfach ein Symbol, beispielsweise ein ›x‹, setzte und kurzerhand die mathematische Gleichung erfand: Der symbolische Platzhalter für das Unbekannte auf der einen Seite wird mit einem Gegebenen auf der anderen Seite gleichgesetzt.[16] Sofort stellt sich die Frage, woher man wissen kann, was als Gegebenes mit dem Unbekannten gleichgesetzt werden darf. Die Antwort verblüfft, denn man setzt erst einmal irgendein Gegebenes (Hypothese), von dem man annimmt, es könnte das Unbekannte treffend erfassen, und schlussfolgert dann von dem hypothetisch Gegebenen auf das vermeintlich Unbekannte. Ist dies nicht überzeugend, versucht man immer genauer zu klären, wie das Gegebene aussehen müsste, um das Unbekannte treffend zu beschreiben.

Dieser Prozess der Klärung ist für die neuzeitliche Philosophie zentral. Dies ist jedoch nur möglich, wenn der Vernunftgebrauch ein methodischer ist, also ein folgerichtiger. Im Kontext der Naturforschung hat Kant dies als Revolution der Denkart betitelt, nämlich dass die »Vernunft nur das einsieht, was sie selbst nach ihrem Entwurf [methodisch] hervorbringt«; eben auch das Unbekannte, indem sie aus dem folgerichtigen (bekannten) Wissen das Unbekannte extrapoliert.[17] Natürlich gilt es in der Wissenschaft, diesen Prozess der Klärung, was das Unbekannte sein soll, zu überprüfen und es nicht einfach nur zu behaupten. Dazu hat die neuzeitliche Wissenschaft die messende Beobachtung und das wissenschaftliche Experiment entwickelt, um aktiv – auf Basis von Hypothesen – Einblicke in das Unbekannte und Neue zu erhalten und es gleichzeitig zu prüfen. Gelingt das Experiment beziehungsweise lässt sich ein Phänomen, wie angenommen, beobachten, dann bestätigt dies die Hypothese. Gelingt dies nicht, war die Hypothese wohl falsch.[18]

Versuchten die Naturforscher von den bekannten Wirkungen und Phänomenen zu den unbekannten Ursachen zu gelangen, so versuchten die Philosophen zu verstehen, wie dieser Prozess der Klärung der Erkenntnis epistemologisch genau aussieht. Das Unbekannte wurde dabei metaphorisch oft mit dem Dunklen gleichgesetzt, in das durch Vernunft Licht zu bringen sei. Dabei sollte das Unbekannte immer deutlicher zutage treten. In diesem Sinne definierte Leibniz folgende Erkenntnisdichotomien: ›cognitio obscura / clara‹, ›cognitio confusa / distincta‹, ›cognitio inadaequata / adaequata‹ wie auch Erkenntnisstufen: Erst wenn für etwas genügend Merkmale aufgezählt wurden, um es von anderen Objekten oder Prozessen zu unterscheiden (›distincta‹), so dass die Merkmale, die etwas zukommen, klar erkannt werden können (›adaequata‹), liegt eine klare und deutliche Erkenntnis vor (›clara‹).[19] Der Prozess der Klärung der Erkenntnis vollzieht sich also vor allem in den Verstandesoperationen des Vergleichens, Feststellens von Identität, Ähnlichkeit und Unterschiedenheit sowie des Auseinanderdividierens und Zusammensetzens. Schnell wird klar, dass keine Widersprüche auftauchen dürfen: Etwas kann nicht zugleich A oder nicht-A sein.

Mit diesen Überlegungen von Descartes, Leibniz und anderen wurde das neuzeitliche Programm der Operationalisierung des Geistes in Gang gebracht. Das Sich-Vergegenwärtigen, was klare und sichere Erkenntnis ist, führte zu Beginn der Neuzeit nicht nur auf Descartes' Credo des ›ego cogito, ego sum‹, sondern auch auf seine vier Regeln des Analyse-Algorithmus. Das Sich-Vergegenwärtigen, was klare und sichere Erkenntnis ist, hatte Descartes in seinen Schriften als einen spannenden Entdeckungsprozess beschrieben und kam zu dem Schluss: »Was mich aber bei dieser Methode am meisten befriedigte, war die Gewähr, die sie mir bot, in allem meine Vernunft zu gebrauchen, wenn nicht vollkommen, so doch wenigstens so gut, wie es in meiner Macht stand; – ferner: daß ich bei ihrer Ausübung merkte, wie mein Geist sich nach und nach daran gewöhnte, seine Gegenstände klarer und deutlicher vorzustellen.«[20]

1.2 Funktion der Erfahrung bei Locke und Hume

In der Philosophie werden die Rationalisten Descartes und Leibniz den Empiristen John Locke und David Hume in der Regel entgegengesetzt. Dies trifft sicherlich bezüglich der Erklärung dessen zu, womit sich der Verstand beschäftigt: Sind es ›eingeborene‹ Ideen, wie die Rationalisten behaupteten, oder sind es äußere Sinneseindrücke? Erstaunlich ähnlich sind sich Rationalisten wie auch Empiristen in den Beschreibungen der zentralen Verstandesoperationen; auch wenn sie sich dann wieder in der Frage danach voneinander unterscheiden, ob diese Verstandesoperationen ›eingeborene‹ Fähigkeiten sind oder durch Gewöhnung an äußere Umstände erworben. ›Eingeboren‹ meint dabei, dass diese Fähigkeiten bei jedem Menschen von Geburt an vorhanden sind und eben nicht durch Erfahrung und Lernen angeeignet.

Was Locke und auch Hume zu ihren empiristischen Konzeptionen veranlasste, war die Frage, ob Erkenntnis ohne Erfahrung, also aus reinem Denken, möglich sei. Ihre Antwort lautete: Nein! Locke formulierte in seinem *Versuch über den menschlichen Verstand* 1690 eine erste Konzeption seiner Erkenntnistheorie. In der Einleitung schrieb er: »Es ist [...] meine Absicht, den Ursprung, die Gewissheit und die Ausdehnung des menschlichen Wissens, sowie die Grundlagen und Abstufungen des Glaubens, der Meinung und der Zustimmung zu erforschen.«[21] Grundsätzlich lehnte er eingeborene Ideen ab. Das menschliche Bewusstsein war für ihn einer weißen Tafel gleich, auf der sich im Laufe des Lebens immer mehr Erfahrungen einschreiben. Über die Sinne vermittelt, so Locke, erhalten wir äußere Eindrücke (›sensations‹), die wir im Verstand mit inneren Eindrücken (›reflections‹) zu einfachen Ideen kombinieren. Diese inneren Eindrücke erhalten wir durch geistige Tätigkeiten wie Wahrnehmen, Zweifeln, Glauben, Schließen, Erkennen oder Wollen. Das Interessante an Lockes Konzeption ist, dass einfache Eindrücke durch Verstandestätigkeiten zu komplexen Ideen werden können. Fragt man nun, was dies für Verstandesfunktionen sind, so nennt er das Vergleichen, Zusammensetzen und Abstrahieren als die Tätigkeiten des Verstandes. Damit definierte Locke Wissen als »die Auffassung der Verbindung und Übereinstimmung oder der Nichtübereinstimmung und des Widerstreits unserer einzelnen Vorstellungen [...]. Darin allein besteht es.«[22]

Vor diesem Hintergrund unterschied Locke die intuitive, die demonstrative und die sensitive Erkenntnis voneinander. Intuitive Erkenntnis ist ein Vorgang, der Ideen als identisch oder voneinander unterschieden erkennt. Lässt sich eine Idee nicht weiter analysieren, dann hat man intuitive Wahrheit (Evidenz) bezüglich einer Idee erlangt. Die sensitive Erkenntnis gibt unmittelbar die Eindrücke der äußeren Welt wieder. Im Unterschied zu Descartes bezweifelte Locke die äußeren Eindrücke nicht, auch wenn diese unsicher sein können, »denn Niemand wird im Ernst so zweifelsüchtig sein, dass er das Sein der Dinge, die er sieht und fühlt, bezweifelt«[23]. Die demonstrative Erkenntnis leitet Zusammenhänge zwischen Ideen ab und ist daher mittelbar. Jeden Schritt solcher Ableitungen gilt es jedoch intuitiv zu bestätigen. Das erinnert an logisch-mathematische Beweisverfahren, wie sie schon für Descartes' Methode zentral waren. Auch die Metaphern der Klarheit und des Lichts finden sich in Lockes Überlegungen, wenn er über klare und dunkle, deutliche und verworrene Vorstellungen spricht.

Der Konzeption der demonstrativen und vor allem intuitiven Erkenntnis würden weder Descartes noch Leibniz widersprechen. Einzig den Ursprung der Ideen aus den Sinneseindrücken würden sie in Zweifel ziehen. Aber es ist noch ein anderer Aspekt, der Rationalisten und Empiristen unterscheidet, nämlich die Erklärung, woher wir diese Fähigkeiten des Verstandes haben. Sind sie erworben, wie die Empiristen sagen, oder eingeboren, wie die Rationalisten behaupten? Für Empiristen sind diese Fähigkeiten erworben, und zwar durch Erfahrungslernen. Ein prominentes Beispiel gibt David Hume in seiner *Untersuchung in Betreff des menschlichen Verstandes* von 1748. Hume ließ über die Erfahrung hinaus einzig Ursache-Wirkungsketten als Erkenntnismöglichkeit gelten. Doch wie erkennen wir den Zusammenhang von Ursache und Wirkung? Die klassische Antwort lautete, wir erkennen die Kausalität, die den Ursache-Wirkungsketten äußerer Zustände zukommt. Kausalität wurde als eine Art Kraftübertragung von der Ursache auf die Wirkung verstanden. Die Antwort Humes lautete anders, denn er argumentierte, dass sich eine Kraftübertragung nicht beobachten lasse. Er brachte ein neues Denkkonzept ins Spiel, das in der darauffolgenden Philosophie viel diskutiert wurde: die Gewöhnung (›association‹). Indem wir öfter bestimmte Ursache-Wirkungsketten beobachten, so Hume, gewöhnen wir uns daran. Das bedeutet, irgendwann nehmen wir an, das Beobachtete sei grundsätzlich so. Doch es sind nur beobachtete Regelmäßigkeiten, aus welchen kein allgemeiner Schluss derart gezogen werden darf, dass es immer oder grundsätzlich so sei.

Obwohl Hume als Erster auf das sogenannte ›Induktionsproblem‹ aufmerksam machte und damit eine Grenze der empirischen Erfahrung aufzeigte, rückte diese als Absage an rational-philosophische und theologische Spekulationen immer mehr in den Mittelpunkt. Hume schloss seine Untersuchung mit der folgenden provokanten Empfehlung: »Nimmt man z.B. ein theologisches oder streng metaphysisches Werk in die Hand, so darf man nur fragen: *Enthält es eine dem reinen Denken entstammende Untersuchung über Grösse und Zahl?* Nein. *Enthält es eine auf Erfahrung sich stützende Untersuchung über Thatsachen und Dasein?* Nein. Nun, so werfe man es ins Feuer; denn es kann nur Spitzfindigkeiten und Blendwerk enthalten.«[24]

Es war kein Zufall, dass der Empirismus sich parallel zum Aufkommen der neuzeitlichen Wissenschaft entwickelte, die die empirische Erfahrung durch Beobachtung, Messung und Experiment in den Mittelpunkt stellte. Das war neu, denn bis dahin war der wissenschaftliche Denkstil durch die theologische Interpretation der Welt geprägt. Philosophieren hieß, die theologischen Schriften zu interpretieren. Forschen hieß, über die Naturschöpfung zu staunen und allenfalls über die göttliche Ordnung der Natur zu spekulieren. Neugierde oder gar Eingriffe in die natürliche Ordnung durch Experimente galten als verwerflich. Bereits 1248 versuchte Albertus Magnus, der in Köln neben den Domschulen das erste Studium generale im deutschsprachigen Raum begründete, einen Sinneswandel zu propagieren: »Wenn wir Naturwissenschaften betreiben, dann müssen wir danach forschen, was auf natürliche Weise in der natürlichen Wirklichkeit geschehen kann, nach den inneren Ursachen der Natur, und nicht nach der Art und Weise erkunden zu suchen, nach der Gott, der Schöpfer, gemäß seinem freien Willen das von ihm geschaffene Wunder vollbringt, um seine Macht zu demonstrieren.«[25] Dieser neue Weg, ›via moderna‹, setzte sich jedoch nur langsam durch, denn im mittelalterlichen Denken spielte die sinnliche Erfahrung eine untergeordnete Rolle. Seit Aristoteles galt nur das allgemein Einsichtige als wissenschaftlich relevant und eben nicht das Einzelne, das sich in den Laboren den ersten Naturforschern zeigte. Daher dauerte es, bis der ›neue Weg‹ im 17. Jahrhundert in die wissenschaftliche Revolution mündete.

Auch wenn Descartes und Leibniz weit über das mittelalterliche Denken hinausführten und den Beginn der Neuzeit markierten, so waren sie doch nicht bereit, alles auf Erfahrung durch sinnliche Wahrnehmung zu gründen; dies vor allem, weil die einzelnen Sinneserfahrungen eben keine allgemeine Einsichtigkeit beanspruchen konnten. Anders Locke und Hume, die die Sinneserfahrung für ihre philosophischen Überlegungen zentral machten. Und doch erkannte insbesondere Hume das Problem, dass die einzelnen Sinneserfahrungen keine Allgemeinheit beanspruchen können, und formulierte dies als Induktionsproblem urteilsanalytisch.[26] Das heißt, wir können aus Beobachtungen, egal wie oft wir dasselbe Phänomen beobachten, keinen Allgemeinschluss respektive kein Allgemeinurteil in der Art, dass dieses Phänomen immer so sein wird, ableiten. Wie oft auch immer wir beobachtet haben, dass die Sonne aufgeht, wir können doch nicht daraus schlussfolgern, dass sie immer aufgehen wird. Für die empirische Wissenschaft bedeutet dies bis heute, dass sie induktiv nur wahrscheinliche, aber keine allgemeinen Erkenntnisse gewinnen kann. Einzig die Mathematik kann allgemeine und sichere Erkenntnisse generieren, da sie rein deduktiv und eben nicht induktiv vorgeht. Auch für Hume ist die Mathematik das Vorbild für klare und sichere Erkenntnis. In der *Untersuchung in Betreff des menschlichen Verstandes* von 1748 schreibt er: »Ein Oval verwechselt man nie mit einem Kreise, und eine Hyperbel nicht mit einer Ellipse.«[27] Indem sich die Objekte deutlich voneinander unterscheiden und sich die Unterschiede aufzählen lassen, gewinnt man in der Mathematik eine klare Erkenntnis. Es sind diese basalen Operationen des Verstandes – das Vergleichen, das Erkennen von Identität respektive Differenz, das Assoziieren –, die sich in den Überlegungen zum Erkenntnisprozess immer deutlicher herauskristallisierten. Insbesondere Leibniz versuchte die Verstandesoperationen als ›Characteristica universalis‹, als universelle Zeichensprache, zu explizieren und zu formalisieren.

1.3 Leibniz' Faible für Kalküle

Leibniz formulierte mit seinen *Neuen Abhandlungen über den menschlichen Verstand* von 1704 eine harsche Kritik an der empiristischen Position Lockes. Allerdings hatte er das Grundproblem des Rationalismus, mit dem sich Descartes konfrontiert sah, klar erkannt: wie nämlich ein erfahrungsunabhängiges Denken mit der äußeren Welt in Verbindung gebracht werden kann. Oder anders gewendet: Wie Descartes' Dualismus von ›res cogitans‹ und ›res extensa‹ überwunden werden könne. Leibniz' Antwort überzeugt heute nicht mehr, denn er ging von einer ›prästabilierten Harmonie‹ zwischen Ideen und Substanzen, also zwischen Geist und Körper aus, ähnlich zwei Uhren, die gleich laufen. Dass dies so sei, verdanke sich Gott. Heute nennen wir das einen starken Determinismus ab initio. Doch unabhängig davon ist Leibniz' analytische Zeichentheorie für die Frage nach dem Digitalen von großem Interesse. So antiquiert seine Idee der prästabilierten Harmonie heute klingt, so modern war sein Übergang von einer konkreten Substanzlehre, wie sie seit Aristoteles für die Philosophie und Naturforschung zentral war, zu einer abstrakten Begriffs- und Urteilstheorie. Laut Aristoteles war nur das allgemein Einsichtige relevant für die Abstraktion von Merkmalen in Form wissenschaftlicher Schlüsse wie etwa: Alle Lebewesen, die atmen, haben Hälse. Heute würden wir dies als einen naiven Induktivismus bezeichnen, der fälschlicherweise aus Beobachtungen Allgemeinschlüsse zieht. Doch da Aristoteles die allgemeine Einsichtigkeit seiner Beobachtungen konkreter Einzeldinge (erste Substanzen) voraussetzte, waren seine Allgemeinschlüsse in seinem System zulässig. Erst Hume kritisierte einen solch naiven Induktivismus mit der Formulierung seines Induktionsproblems.

Anders Leibniz, der Schlüsse und Erkenntnisse nicht aus Beobachtungen zog, sondern als Rationalist nur (eingeborene) Ideen betrachtete, die ihm zufolge einfachen oder individuellen Substanzen innewohnten. Ideen, Substanzen und Begriffe wurden von ihm gleichgesetzt. Das Interessante daran ist, dass die Gleichsetzung von einfachen Substanzen mit Ideen – später nannte Leibniz diese Monaden – über die Klärung der Begriffe Einsichten in die Substanzen liefern soll und damit über die Welt. Begriffsanalyse, nicht Wahrnehmungsanalyse wie bei den Empiristen, wurde zum zentralen Mittel der Erkenntnis. Begriffsanalyse hieß für Leibniz, die Prädikate, die den Begriffen zukamen, zu analysieren und dadurch die Begriffe zu bestimmen. Durch diese Analyse der Prädikate ließen sich für ihn die

Begriffe immer besser klären und so immer deutlichere Erkenntnisse gewinnen. »Die Natur einer individuellen Substanz besteht darin, daß es zu ihr einen erfüllten Begriff gibt, aus dem alle Prädikate des Subjekts, dem er zugeschrieben wird (also der Substanz), verstanden und abgleitet werden können.«[28] Ein ›erfüllter Begriff‹ ist also einer, der komplett geklärt wurde, indem alle Prädikate bekannt sind. Die Frage ist jedoch, ob es überhaupt gelingen kann, alle Prädikate, die einem Begriff zukommen, vollständig abzuleiten und aufzuzählen. Doch es gibt noch ein anderes Problem: Wenn alles bereits in den eingeborenen Ideen vorhanden ist, müssen diese vollständig sein. Doch woher lässt sich dies erkennen? Bedeutet dies außerdem, dass es nicht Neues geben kann? Wie sind Erkenntnisfortschritt und Veränderung in einem derart geschlossenen und vorgegebenen System möglich? All diese Fragen beschäftigten nicht nur Leibniz, sondern spielen bis heute im Kontext des Digitalen eine zentrale Rolle.

Es ist kein Zufall, dass auch für Leibniz die Mathematik das Vorbild für seine Begriffsanalyse war. Doch ihn interessierte, anders als Descartes, nicht nur die Analysemethode der Mathematik, sondern auch die Art und Weise, wie die Mathematik diese durchführte: mit artifiziellen Zeichensystemen wie dem figuralen Zeichensystem der Geometrie oder den symbolischen Zeichensystemen der Arithmetik, Algebra oder Logik. Descartes folgend entwickelte Leibniz dessen ›Mathesis universalis‹ – Universalmathematik oder besser: deduktive Wissenschaft – zu einer ›Characteristica universalis‹ weiter. Leibniz' Universalsprache sollte als ein System von Zeichen alle Objekte, ihre Beziehungen und Gesetze isomorph abbilden.[29] Doch sie führte Leibniz auch zur unlösbaren Frage, ob es eine bestimmte Anzahl von Grundbegriffen im Sinne eines ›Alphabetum cogitationum humanorum‹ gebe. Diese Frage war insofern entscheidend, als Leibniz davon ausging, dass eine Begriffsanalyse erst dann vollendet sei, wenn sie auf nicht weiter reduzierbare Grundbegriffe führe. »Ob aber jemals von Menschen eine vollkommene Analyse der Begriffe bis zum ersten Möglichen und bis zu den unauflösbaren Begriffen durchführbar ist, ob sie (was dasselbe bedeutet) ihre Gedanken bis zu den absoluten Attributen Gottes selbst, welche die ersten Ursachen und der letzte Grund der Dinge sind, zurückführen können, das möchte ich jetzt nicht zu entscheiden wagen.«[30] Wenn aber kein Ende einer Begriffsanalyse zu erreichen ist oder man nicht sicher sein kann, dass man alle Prädikate aufgezählt hat, ist auch keine sichere und absolut klare Erkenntnis möglich. Hier wendete Leibniz nun einen interessanten Kunstgriff an, indem er nicht die ungeheuerliche Menge der individuellen Begriffe und ihrer Prädikate weiter zu ergründen suchte, sondern indem er von einer Begriffstheorie zu einer (wahren) Urteilstheorie wechselte. Denn fragt man, wie Wahrheit festgestellt werden kann, so verlagert sich der Analysefokus auf die Urteile, die Begriffe konstituieren. Mit diesem Wechsel gerät die Wahrheit der Urteile und eben nicht die Vollständigkeit der Aufzählungen in den Mittelpunkt der Analyse. In einem wahren Urteil sind die Prädikate im (Subjekt-)Begriff enthalten, und dieses Enthaltensein hängt wiederum mit dem menschlichen Erkenntnisprozess zusammen. Erkenntnis, die auf Wahrheit abzielt, besteht für Leibniz im Vergleich zweier oder mehrerer Ideen. Das bedeutet, was in Urteilen festgestellt werden kann, ist die Übereinstimmung respektive Nicht-Übereinstimmung von Ideen, Begriffen, Prädikaten, usf.

Kurz gesagt: Leibniz unterschied identische (A=A) und nicht-identische Urteile (A=B). Vereinfacht ausgedrückt lässt sich in identischen Urteilen feststellen, dass Begriff und Prädikat identisch sind. Es ist schnell ersichtlich, dass identischen Urteilen notwendig Wahrheit zukommt. Anders bei den nicht-identischen Urteilen. Hier lässt sich nur feststellen, ob die Prädikate sich zum Begriff wie Teile zum Ganzen verhalten (A=B meint, B ist in A enthalten). Leibniz unterschied zwei Arten von Wahrheit für nicht-identische Urteile, die mit der Art und dem Ergebnis der Begriffsanalyse zusammenhängen: mögliche Wahrheit und zufällige Wahrheit. Mögliche Wahrheit kommt Urteilen zu, von welchen nur bewiesen werden kann, dass die Analyse der Prädikate auf keine Widersprüche führt; zufällige Wahrheit kommt Urteilen zu, die sich identischen (widerspruchsfreien) Wahrheiten annähern, deren Analyse sich jedoch ins Unendliche hinein fortsetzten lässt.[31] Das Ziel seiner Analyse war die Rückführung aller Begriffe auf identische Urteile, um so an die Grundbegriffe zu gelangen. Für Leibniz war klar, dass alle Lehrsätze einer Wissenschaft auf solchen Grundbegriffen basierten. Die identischen Urteile (A=A) stellten für ihn das erfolgreiche Ende einer ausführlichen Analyse dar. Auf dieser Annahme führte Leibniz das Kriterium der Austauschbarkeit ›salva veritate‹ ein, was bedeutet, dass wenn A und B dasselbe sind, sich in einem Satz das eine durch das andere ersetzen lässt, ohne dass dadurch die Wahrheit des Satzes verändert wird.

Mit einer solchen Begriffs- und Urteilstheorie war es für Leibniz nun ein Leichtes, den Analyseprozess der wahren und damit klaren Erkenntnis nach außen zu verlagern und mittels formaler Zeichensysteme durchzuführen. Dies war der Zweck seiner ›Characteristica universalis‹, die eine »algebraische und arithmetische Darstellung der Sätze und Terme sowie ihre Auflösung in einfachere Sätze und Terme durch charakteristische Zahlen und Buchstaben« zum Ziel hatte.[32] Sätze und Terme in Form logischer Kalküle stehen für Begriffe respektive Ideen. Wie weit Leibniz im Verständnis seiner ›Characteristica universalis‹ ging, zeigt die 1693 verfasste Schrift *De analysi situs* (Kalkül der Lage). Mit Lage ist die Beziehung geometrischer Objekte zueinander gemeint. In dieser Schrift kritisierte Leibniz die Feststellung der

Ähnlichkeit zweier geometrischer Objekte durch sinnliche Anschauung. Statt figürlicher Ähnlichkeit schlug er einen »aus den Symbolen abgeleiteten« Ununterscheidbarkeitsbegriff vor.[33] Dabei wendete Leibniz den Kunstgriff an, die intuitive Erfassung der qualitativen Ähnlichkeit durch den symbolischen Begriff der quantitativen Gleichheit zu ersetzen und diesen mathematisch als Äquivalenz zu interpretieren. Auf diesem Äquivalenzbegriff der Ähnlichkeit respektive Gleichheit konnte er einen formalen Kalkül entwickeln, von dem er begeistert erwartete, dass sich damit »[...] all die Fragen, für die das Vermögen der Anschauung nicht mehr zureicht, weiter verfolgen [lassen], so daß der hier geschilderte Kalkül [...] die Ergänzung der sinnlichen Anschauung und gleichsam ihre Vollendung darstellt. Ferner wird er, außer in der Geometrie, auch in der Erfindung von Maschinen und in den Beschreibungen der Mechanismen der Natur bisher unbekannte Anwendungen verstatten.«[34] Damit hatte Leibniz bereits 1693 (sic!) treffend das Potenzial des Digitalen in seiner algorithmischen Form erkannt – so wie wir es heute allerorts nutzen.

In diesem Hinausgehen über die sinnliche Anschauung lag Leibniz' Faible für Kalküle begründet. Natürlich ist es dann nicht mehr weit zu der Frage, ob es nicht noch bequemer ginge, ob man die Ausführung der Kalküle an Maschinen delegieren könne. Auch wenn Leibniz mit dem Prinzip der Staffelwalze eine Rechenmaschine entwickelte, die alle Grundrechenarten mechanisch ausführen konnte, so hätte ein solcher Kalkül eine ganz andere Art von Maschine gebraucht: den modernen Digitalrechner, der auf der booleschen Logik algorithmisch operiert. Dass Leibniz sich dennoch mit dem binären Rechnen beschäftigte und alle Zahlen auf eine Darstellung mit 0 und 1 zurückführte, lag nicht nur in seinem Interesse an Kalkülen und Rechnen begründet, sondern in seiner theologischen Überzeugung, dass Gott (1) die Welt aus dem Nichts (0) geschaffen habe. 1703 übersandte er seine *Explication de l'Arithmétique Binaire* an die Pariser Akademie der Wissenschaften, die diese 1705 veröffentlichte.

1.4 Resultate der Operationalisierung des Geistes

Was sind nun die Resultate, die sich aus dem – sehr skizzenhaft dargestellten – neuzeitlichen Programm der Operationalisierung des Geistes für die Frage nach dem Digitalen gewinnen lassen? In einem ersten Resümee zeigen sich folgende Ergebnisse, die eine Entwicklung in Richtung heutiger Digitalcomputer aufzeigen:

1. Durch den Rationalismus verlagert sich die Frage nach der Erkenntnis von außen nach innen ins Denken. Anders jedoch als beispielsweise bei Platon und seiner Ideenschau, rückt der Erkenntnisprozess selbst in den Mittelpunkt des Interesses, denn erst wenn ich denke, weiß ich, dass ich bin.
2. Damit verschiebt sich der Fokus auf das Subjekt (Individuum) und seinen Denkvollzug, der dadurch introspektiv analysierbar wird. Descartes »am Kamin, mit einem Winterrock angethan« blendet alles Äußere aus, um sich auf die Introspektion zu konzentrieren.[35]
3. Durch die Introspektion treten zunehmend deutlicher die Funktionen des Denkens zutage. Bei Descartes als grundlegender Analysealgorithmus, der Wahrheit als das unbezweifelbar Erkannte durch die Zergliederung eines jeglichen Problems in Teilprobleme bestimmt, die mit Gewissheit erkannt werden können. Falls alle Teilprobleme vollständig erkannt wurden, lässt sich aus diesen das Ganze wieder synthetisieren.
4. Damit wird der erste Kunstgriff auf dem Weg zum Digitalen möglich, nämlich von allem Inhaltlichen zu abstrahieren und sich auf die Analyse als rein formalen Prozess zu konzen-

trieren. Das Vorbild ist die Mathematik, genauer das geometrische Beweisen. Es liegt auf der Hand, dass sich der formale Analysealgorithmus eines Problems automatisieren und an Maschinen delegieren lässt. Dies ist heute die tägliche Aufgabe von Programmierern und Programmiererinnen.

5. Indem Descartes die Methode des skizzierten Analysealgorithmus mit Gewissheit identisch setzt – Vorbild ist hier wieder die Mathematik –, wird das Methodische zum Inbegriff des gewissen, vernünftigen und wahren Denkens schlechthin.
6. Der Preis dieser extremen Introspektion ist allerdings ein zweifacher. Zum einen die Spaltung zwischen Denken und Welt, Geist und Körper, die sich in der Trennung von Soft- und Hardware fortschreibt. Zum anderen die Abstraktion und Formalisierung der Welt als ›res extensa‹, losgelöst von allem Inhaltlichen und Mannigfaltigen der Phänomene und Entitäten.
7. Doch Introspektion meint mehr: Sie macht Denkprozesse beobachtbar und dadurch analysierbar. Was sich klar (introspektiv) beobachten lässt, lässt sich begrifflich explizieren und symbolisch externalisieren. Bei aller Differenz zwischen Rationalisten und Empiristen gelangen beide am Ende zu sehr ähnlichen Operationsmodellen des Denkens.
8. Fragt man, welche Verstandesfunktionen sich operationalisieren lassen, so sind dies die sehr einfachen Operationen des Vergleichens, Feststellens von Identität oder Nicht-Identität, des Auseinanderdividierens (Analyse) und des Zusammensetzens (Synthese). Hume fügte dem noch die Operation der Gewöhnung (Assoziation) hinzu, doch diese ist schon schwieriger zu operationalisieren. Das Feststellen von Identität oder Nicht-Identität (Negation) sowie das Zusammensetzen in Form der Addition (Konjunktion) konstituieren das Spektrum der aussagenlogischen Verknüpfungen, die die

primitiv-rekursive und entscheidungsdefinite Grundlage der mit Computern berechenbaren Entscheidbarkeit bilden.[36] Alle Formeln eines solchen Systems sind rekursiv-entscheidbar.

9. Mit diesen neuzeitlichen Operationsmodellen des Denkens wird selbst das Unbekannte fassbar und symbolisch explizierbar. Der Kunstgriff von Descartes war es, irgendein Zeichen für das Unbekannte zu setzen und es mit einem hypothetisch gesetzten Bekannten zu identifizieren (mathematische Gleichung).
10. Leibniz versuchte mit seinem Konzept der Monaden (Begriffe, Ideen), die Vielfalt der Phänomene und Entitäten wieder in die (formale) Analyse zu integrieren. Sein Kunstgriff war es, die Menge an Begriffen und damit die Vielfalt der Phänomene und Entitäten urteilstheoretisch als Verhältnis zwischen Begriffen und Prädikaten zu fassen. So gelang es ihm, die Vielfalt in die formale Analyse zu integrieren. Das Feststellen von Identität oder Nicht-Identität spielt hier die tragende Rolle und mündete in Leibniz' Credo ›salva veritate‹: Insofern sich über Merkmalsanalyse zeigen lässt, dass A und B dasselbe sind, lässt sich in einem Satz das eine durch das andere ersetzen, ohne dass dadurch die Wahrheit des Satzes verändert wird.
11. Diese wahrheitserhaltende Ersetzung wird in der Folge zum zentralen Diktum der symbolischen Logik wie der analytischen Philosophie. Dieses Diktum wird umso wirkungsreicher, je effizienter Ähnlichkeit durch quantitative Äquivalenz und durch Identität ersetzt wird.

Wenn hier öfter von ›Kunstgriffen‹ die Rede war, dann meint dies sehr geschickte Ersetzungsverhältnisse der Art: ›X *als* U‹. Denken wird *als* Problemlösen definiert, Problemlösen *als* Analyse/Synthese, Analyse/Synthese *als* (mathematische) Methode, (mathematische) Methode *als* folgerichtiges Denken, folgerichtiges Denken *als* sicheres und wahres Erkennen, sicheres und wahres Erkennen *als* das Fällen identischer Urteile und dieses *als* wahrheitserhaltendes Ersetzen; wahrheitserhaltendes Ersetzen *als* Denken. Der Kunstgriff besteht darin zu behaupten, dass das eine gleichumfänglich dem anderen entspricht. Doch in jedem dieser Ersetzungsverhältnisse geht etwas durch Abstraktion verloren. Je mehr verloren geht, desto einfacher lässt sich Denken *als* simple Operationen definieren, formal explizieren und automatisieren. Eine kritische Philosophie des Digitalen, insbesondere der Strukturen des Digitalen, muss diese Ersetzungsverhältnisse im Blick behalten, um ihre aktuelle Kaschierung durch anspruchsvolle Softwareprogramme oder Künstliche Intelligenzen offenlegen zu können. Doch es geht nicht nur etwas verloren, aus der Perspektive der maschinenlogischen Ersetzung kommt auch etwas hinzu. Dadurch verschiebt sich das, was zunehmend als Maschinenrationalität der menschlichen Rationalität entäußert entgegengestellt wird (Verfremdungseffekt). Welche Verfremdungen dies sind und welche lebensweltlichen Folgen dies haben kann, ist Thema der philosophischen Analyse der Signatur des Digitalen.

2. Das Programm der Formalisierung der Sprache

Auch wenn Descartes von einer ›Mathesis universalis‹ sprach und Leibniz von einer ›Characteristica universalis‹, so fehlten ihnen doch die formalsprachlichen Mittel, um ihre jeweiligen Programme konsequent umzusetzen. Leibniz war bezüglich seiner Formalisierungsversuche der Sprache seiner Zeit zwar weit voraus, aber seine Gedanken zur Logik lagen nur über seine vielen Schriften verstreut vor und wurden erst 1903 als *Opuscules et fragments inédits* (*Fragmente zur Logik*) von Louis Couturat editiert. Ihre Relevanz wurde deshalb erst spät erkannt, obwohl bereits 1857 Adolf Trendelenburg in einem Vortrag »Über Leibnizens Entwurf einer allgemeinen Charakteristik« das Leibniz-Programm der formalsprachlichen Darstellung bekannt machte und als ›Begriffsschrift‹ bezeichnete.[37] Nicht zufällig gab später Gottlob Frege seinen logischen Untersuchungen der Sprache von 1879 den Titel *Begriffsschrift*. Freges *Begriffsschrift* gilt vielen als Markstein der modernen Sprachlogik und als Beginn der analytischen Sprachphilosophie. Doch die moderne Logik nahm etwas früher, am Beginn des 19. Jahrhunderts, ihren Anfang. Im Zuge der Algebraisierung der Mathematik fingen Mathematiker an, über formale Logiken nachzudenken. Das, was heute ›symbolische Logik‹ genannt wird, hatte den Ursprung im formalen Operieren mit algebraischen Symbolen.

2.1 Formalisierung, Kalkülisierung, Mechanisierung

Mathematik operiert mit Symbolen, und diese Symboloperationen lassen sich als eine formale Sprache verstehen, die nichts mit unserer Alltagssprache gemein hat außer den Zeichen, die sie nutzt. Doch das war nicht von Beginn an der Fall. Die klassischen Bereiche der Mathematik waren die Arithmetik (Zahlenrechnen), die Geometrie (Figurenrechnen) und die Algebra (Buchstabenrechnen), wobei der Begriff ›Rechnen‹ meint, dass es eindeutige Regeln gibt, um mit Zahlen, Figuren oder Buchstaben zu operieren. Doch Regeln allein genügen noch nicht zur Formalisierung. Denn auch wenn alle drei Formen der Mathematik in der Antike entstanden und bis auf die Algebra, die erst durch Francois Viètes Werk *Opera mathematica* von 1646 eingeführt wurde, in Europa bekannt waren, bedeutete dies nicht, dass die Mathematik von Beginn an formalisiert war. Ein Beispiel hierfür ist die Arithmetik, die seit der Antike genutzt wurde, doch erst mit den aus Indien kommenden Zahlzeichen und dem sogenannten Stellenwertprinzip als Rechnen auf der Linie im 16. Jahrhundert formalisiert wurde. Rechnen auf der Linie bezeichnet das Rechnen auf Papier, wie wir es aus der Schule kennen, und nicht mit dem Abakus, wie im Mittelalter üblich, oder mit Rechensteinen. Um aber mit Zeichen auf Papier operieren zu können, werden andere Regeln benötigt als für das Operieren mit Steinen auf einem Rechenbrett oder römischen Ziffern (I, II, III, IV, V, ...). Regeln für das Rechnen auf Papier wurden mit indischen Ziffern, die dem Stellenwertprinzip folgen, möglich: Abhängig von der Stelle in der Reihe der Ziffern (Einer, Zehner, Hunderter, etc.) ergibt sich der Wert der Zahl: 1, 20, 300, etc. Das Stellenwertprinzip erlaubte nicht nur die mühelose Bildung großer Zahlen, sondern es erleichterte auch den Umgang mit den vier Grundrechenarten durch die schriftbildliche Notation auf Papier. Was heute Lehrstoff für die Grundschule ist, war für das 16. Jahrhundert Expertenwissen, das nur wenige beherrschten. Bei genauerer Betrachtung zeigt sich, warum der Übergang zum Stellenwertprinzip eine tiefgreifende Formalisierung der Arithmetik darstellte. Denn erst das Stellenwertprinzip, dem die Ordnung der Ziffern folgt, ermöglicht die Einführung von formalen Rechenregeln, wie von Sybille Krämer in *Berechenbare Vernunft* dargestellt: »Dies mag überraschen, ist doch auch das Brettrechnen eine lehr- und lernbare Technik, bei der es vorgegebene Rechenschemata einzuhalten gilt. Doch eine schematische Regel ist noch keine formale Regel (wenn auch eine formale stets eine schematische ist). Von einer formalen Regel kann erst dann gesprochen werden, wenn mit Symbolen nach Regeln operiert wird, die keinen Bezug nehmen auf das, was die Symbole bedeuten.«[38]

Formalisierung setzt neben Regeln das rein typografische Operieren mit Zeichen voraus, ohne dass diese auf etwas Bezug nehmen. Es geht also nur um die Syntax (Form respektive intrasymbolische Verwendung) der Zeichen und nicht um ihre Semantik (Bedeutung respektive extrasymbolischer Bezug). Anders in der natürlichen Sprache, deren Verwendung in ihrer Semantik liegt. Der Vorteil natürlicher Sprachen ist ihre Ausdrucksvielfalt; ihr Nachteil ist die Ambiguität vieler Begriffe und Ausdrücke. In formalen Sprachen bedeuten die Ausdrücke nichts, sie müssen lediglich korrekt – nach den Regeln – gebildet sein. Bei allen Unterschieden zwischen natürlichen und formalen Sprachen ist ihr Gemeinsames die unglaubliche Produktivität: Mit wenigen Grundzeichen (Alphabet) lassen sich unendlich viele Ausdrücke (Worte) bilden. Dies gilt auch für Zahlsysteme, die mit wenigen Grundzeichen (Ziffern) unendlich viele Zeichenfolgen (Zahlen) bilden können. Vor dem Hintergrund dieser semiotischen Eigenschaften wird der Nutzen des Stellenwertprinzips der indischen Ziffern deutlich, da es die Produktionsordnung bereits in der Struktur der Grundzeichen beinhaltet.

Im Unterschied zur Arithmetik stellte die Algebra von Beginn an ein rein formales Operieren mit Zeichen dar. Ganz anders die Geometrie, die wesentlich mehr Zeit benötigte, bis aus ihr eine formale Geometrie wurde; auch wenn Descartes mit seiner analytischen *Geometrie* bereits 1637 den Auftakt dazu gemacht hatte, indem er Geometrie und Algebra verband. Das bedeutet, dass Descartes anstelle der geometrischen Konstruktion einer Linie von A nach B den symbolischen Ausdruck AB setzte. Seine Motivation dafür lag in der mathematischen Analyse des Unbekannten, das sich mit seiner algebraisierten Geometrie in Form eines Algorithmus rein symbolisch erforschen lassen sollte: »Erstelle ein Diagramm, in dem Du die gegebene Situation und die bekannt angenommene Lösung darstellst; benenne die dazugehörigen Strecken mit Buchstaben; übersetze das geometrische Problem in eine oder mehrere Gleichungen, in denen die eingeführten Buchstaben verknüpft sind; löse die Gleichung(en) und übersetze den algebraischen Ausdruck der Lösung in eine Reihe geometrischer Operationen, aus denen sich die gesuchte Strecke ergibt.«[39] Das klingt vertraut nach Anweisungen im Mathematikunterricht, doch 1637 war es neu.

Die Ersetzung geometrischer Verhältnisse durch algebraische eröffnete neue Freiheiten des symbolischen Rechnens. Mit Symbolen ließen sich dadurch weit über die Geometrie hinaus beliebige Operationen und Gebilde formulieren, die jeglicher (geometrischer) Anschaulichkeit entbehrten. Beispielsweise lässt sich der algebraische Ausdruck a^3 als Kubus geometrisch darstellen, doch mit a^4 ist das nicht mehr möglich. Während die Algebra in sich selbst bereits ein formales Verfahren ist und sich die Arithmetik im 16. Jahrhundert mit dem Stellenwertprinzip zunehmend als formales Verfahren durchsetzte, blieb die Geometrie dennoch weitgehend ihrem extrasymbolischen Bezug auf konstruierbare Figuren treu. »Erst seit dem Ende des 18. Jahrhunderts [machte sie] prinzipielle Schritte nach vorne in Richtung auf die Ablösung antiker Auffassungen vom Wesen der Geometrie.«[40] Dies hatte seinen Grund in der Bedeutung der euklidischen Geometrie als Konstruktionsgeometrie für die Physik und die Technik sowie dem Bezug der Geometrie zum dreidimensional Räumlichen der Alltagserfahrung.

Formalisierung geht mit einem rein typografischen, regelbasierten Operieren mit Zeichen einher sowie dem Verlust extrasymbolischer Bezüge. Doch Formalisierung bringt noch etwas anderes mit sich, und dies wird im Folgenden sehr wirkmächtig werden. Wie Krämer in *Symbolische Maschinen* feststellte, verbindet Formalisierung zwei Seiten einer Medaille: »Kalkülisierbarkeit und Mechanisierbarkeit [sind] zwei Seiten jener Münze [...], die wir Formalisierbarkeit nennen.«[41] Von der Formalisierung ist es also nur ein kleiner Schritt zu Kalkülsystemen und schließlich zur deren Mechanisierung. In anderen Worten: Das neuzeitliche Programm der Operationalisierung des Geistes transformierte sich Mitte des 19. Jahrhunderts in das Programm der strengen Formalisierung der (mathematisch-logischen) Zeichensprache. Am Ende des 19. Jahrhunderts standen erste Überlegungen zu Digitalrechnern, die jedoch erst Mitte des 20. Jahrhunderts als konkrete Maschinen – Digitalrechner, oder allgemein: Computer genannt – realisierbar wurden. Mit Computern hat das Digitale seine dominante kulturtechnische Ausprägung gefunden.

2.2 Formalisierung der Logik bei Boole

Auch wenn Formalisierung, abstrakt betrachtet, mit Kalkülisierbarkeit einhergeht und die streng formalen Kalkülsysteme die Voraussetzung der Mechanisierbarkeit sind, so bedurfte es doch einer ganz spezifischen Formalisierung, um von Rechenmaschinen zu frei programmierbaren Computern zu gelangen, mit welchen sich jegliche Form des Rechnens realisieren lässt. Diese ganz spezifische Formalisierung war die der Logik selbst, und der maßgebliche Protagonist dieser Entwicklung war George Boole, der 1847 in seiner *Mathematical Analysis of Logic* die aristotelische Begriffslogik formalisierte. Die Motivation von Boole, sich mit der Formalisierung der Logik zu beschäftigen, lag in der zunehmend abstrakteren Entwicklung, die die Mathematik seiner Zeit durch die Formalisierung nahm. Denn eine abstrakter werdende Mathematik benötigte allgemeine Regeln im formalen Umgang mit den Symbolen. Woher sollte man diese Regeln nehmen? Die Antwort von Boole lautete: aus der Logik. Mehr noch: Diese Regeln sollten für alle formalen Zeichensysteme gelten, wie auch immer man sie interpretierte, als geometrische, arithmetische oder algebraische. Das Problem jedoch war, dass die Logik des frühen 19. Jahrhunderts immer noch weitgehend die aristotelische Begriffslogik der Antike war. Sie genügte bei weitem nicht den formalen Ansprüchen der Mathematik. Daher analysierte Boole die aristotelische Logik grundlegend und formulierte sie in formalisierter Weise neu.

Die aristotelische Begriffslogik ist bis heute als Syllogistik bekannt und umfasst Sätze wie:

Alle Menschen sind sterblich.
Sokrates ist ein Mensch.
Also ist Sokrates sterblich.

Aus einem Mittelbegriff oder Subjekt (Mensch) und einem Oberbegriff oder Prädikat (ist sterblich) wird über einen Unterbegriff (Sokrates) eine Schlussfolgerung gezogen. Das Beispiel ist ein allgemein bejahendes Urteil (alle S sind P). Es gibt aber auch allgemein verneinende Urteile (kein S ist P), partikular bejahende (einige S sind P) und verneinende Urteile (einige S sind nicht P). Die Urteilsformen lassen sich nun analysieren, und dabei lässt sich feststellen, dass gewisse Kombinationen von Urteilen sich gegenseitig ausschließen wie beispielsweise allgemein bejahende und partikular verneinende Urteile. Gewisse Urteile stehen aber auch in Folgezusammenhängen wie allgemein bejahende und partikular bejahende Urteile (wenn alle S P sind, dann gibt es auch tatsächlich einige S, die P sind). Es sind aber auch Zusammenhänge zwischen Teilen der Urteilsformen (Subjekt, Prädikat) analysierbar wie die Distribution eines Begriffs, also dessen Reichweite auf die Sätze eines Syllogismus.

Diese Analysen der logischen Urteile wiesen in Richtung allgemeiner Regeln, aber sie waren nur erste Schritte in Richtung eines ›Calculus of Logic‹, wie er Boole vorschwebte. Ein solcher Logikkalkül »is a method resting upon the employment of Symbols, whose laws of combination are known and general, and whose results admit of a consistent interpretation«[42]. Für Boole war klar, dass ein solcher Kalkül der Logik nur ein generalisierter sein konnte, denn sein Ziel war kein Kalkül für die aristotelische Begriffslogik, sondern die Schaffung einer mathematischen Analysis im Allgemeinen. Was die Logik in seinem Verständnis hierfür prädestinierte, war Folgendes: »That which renders Logic possible, is the existence in our minds of general notions, – our ability to conceive of a class, and to designate its individual members by a common name. The theory of Logic is thus intimately connected with that of Language.«[43] Logik wurde über die Operationalisierung des Geistes als fruchtbar für die Kalkülisierung der Mathematik verstanden, insofern bestimmte Verstandesoperationen sich funktionalisieren und in Symbolsystemen externalisieren ließen. Nicht zufällig hieß Booles Folgewerk von 1854 *An Investigation of the Laws of Thought on Which are Founded the Mathematical Theories of Logic and Probabilities.* Die Operationen, die Boole im Blick hatte, waren die Fähigkeit der Klassenbildung sowie die der Differenzierung von Individuen. Doch er war weniger an der Formalisierung der Verstandesoperationen interessiert, das sei Aufgabe der Philosophen, sondern an einem formalisierbaren Mechanismus: dem Akt der Klassifikation und der Auswahl von Individuen, die nicht länger ein Geschäft der aristotelischen Metaphysik, sondern der Mathematik zu sein hätten. Logik sollte eine exakte Wissenschaft basierend auf Grundsätzen werden.

Um dies zu erreichen, führte Boole grundlegende Prinzipien für die Kombination von Symbolen ein: Neben der Identität der Zeichen ($x = x$) 1. die Unabhängigkeit der Gruppierung bei der Auswahl ($x(u + v) = xu + xv$), 2. die Invarianz der Auswahlakte ($xy = yx$) sowie 3. die Identität der Art eines Auswahlakts unabhängig von der Häufigkeit seiner Wiederholung ($xx = x$, $x^2 = x$, $x^n = x$). Genauer gesprochen bezeichnete 1. Distributivität, 2. Kommutativität und 3. das von Boole genannte ›Index-Law‹, welches er zu Abstraktionszwecken einführte und das zentral für seinen Kalkül war. Als Nächstes formulierte Boole die oben aufgelisteten vier Urteilsformen der allgemein bejahenden (alle X sind Y) und verneinenden Urteile (kein X ist Y) sowie der partikular bejahenden (einige X sind Y) und verneinenden Urteile (einige X sind nicht Y) der aristotelischen Syllogistik. Dabei führte er etwas entscheidend Neues ein: »The class X and the class not-X together make the Universe. But the Universe is 1, and the class X is determined by the symbol x, therefore the class not-X will be determined by the symbol 1-x.«[44] Man ist schnell verleitet zu folgern, 1-x ist 0, doch Boole meinte damit die Auswahl aller nicht-Xs, beispielsweise Ys. Entsprechend bedeutete für ihn y(1-x) die Klasse aller Ys, aber keine Xs. Folgerichtig bezeichnete der Ausdruck ›nicht-X‹ die Klasse aller Elemente, die nicht X sind. Angewandt auf die Urteile der aristotelischen Syllogistik definierte Boole diese als algebraische Formeln:

Alle X sind Y: $xy = x$
Kein X ist Y: $xy = 0$
Einige X sind Y: $v = xy$
Einige X sind nicht Y: $v = x(1-y)$

Die Interpretation von v bedeutete ›einige X‹ oder ›einige nicht-Y‹. Der Gewinn dieser Formalisierung war, dass sich mit den algebraischen Formeln der aristotelischen Logik mathematisch verfahren ließ, das heißt, dass sie sich multiplizieren, umformulieren, usf. ließen. Auch die Syllogismen selbst, also die Schlussformen basierend auf den vier Urteilsformen, stellte Boole algebraisch dar. Dadurch war auch der algebraische Umgang in Form von Gleichungen mit den logischen Schlussfolgerungen möglich. Der Schritt, diese algebraisierten Schlussfolgerungen an Maschinen zu delegieren, sie zu mechanisieren, ist dann nur noch ein kleiner. Doch dies war nicht Booles Interesse. Er wollte die Algebraisierung der Logik weiterentwickeln und formulierte dazu in *An Investigation of the Laws of Thought* die grundlegenden semiotischen Eigenschaften formalsymbolischer Systeme als Kalkülsysteme:

»All the operations of Language, as an instrument of reasoning, may be conducted by a system of signs composed of the following elements, viz:

1st Literal symbols, as x, y, & c., representing things as subjects of our conceptions.

2nd Signs of operation, as +, -, x, standing for those operations of the mind by which the conceptions of things are combined or resolved so as to form new conceptions involving the same dements.

3rd The sign of identity, =.

And these symbols of Logic are in their use subject to definite laws, partly agreeing with and partly differing from the laws of the corresponding symbols in the science of Algebra.«[45]

Während Formalisierung ein Vorgang ist, Entitäten und regelbasierte Operationen rein typografisch mit Zeichen ohne extrasymbolische Bezüge zu formulieren, geht Kalkülisierung darüber hinaus. Kalkülisierung bedeutet, abgeschlossene Zeichensysteme für die Formalisierung eineindeutig zu erfassen. Ein solches Kalkülsystem muss alles für seine Ausführung enthalten: Die Zeichen müssen eindeutig definiert und zugeordnet sein (Objektzeichen (Alphabet), Operationszeichen (Operatoren), Hilfszeichen), die Operationen müssen regelbasiert definiert und widerspruchsfrei sein. Welche Eigenschaften dann ein solches Kalkülsystem besitzt, ob es distributiv, kommutativ, etc. ist, hängt von der Konzeption des Kalkülsystems ab. Entscheidend sind jedoch die intrasymbolische Eineindeutigkeit und die Geschlossenheit eines Kalkülsystems, denn die Interpretation kann variieren. Ob die Objektzeichen für Zahlen, für algebraische Variablen oder für geometrische Figuren stehen, hängt von der Interpretation ab. Natürlich basieren Zahlensysteme auf anderen regelbasierten Operationen als Logikkalküle, daher müssen die Operationen eineindeutig im Kalkülsystem definiert sein. Dabei darf nichts vergessen werden, sonst funktioniert der Kalkül nicht. Das heißt, ein Kalkülsystem muss geschlossen sein. Widerspruchsfreiheit, Eineindeutigkeit und Abgeschlossenheit sind die wichtigsten Charakteristika von Kalkülsystemen. Sie sorgen dafür, dass sich Kalkülsysteme an Maschinen delegieren lassen.

Fragt man nun, was die ›Signs of operation‹ (Operatoren) im Falle von Booles Logikkalkül bedeuten, dann sind dies die logische Multiplikation (x) als Vereinigung von Klassen, die logische Disjunktion (+) als Unterscheidung von Klassen und die logische Negation (-) als Komplettierung von Klassen durch Entgegensetzung, beispielsweise die Klasse der Menschen und die Klasse der Nicht-Menschen. Und hier wird es für den Kontext der Digitalisierung interessant, denn die logische Negation lässt sich auch anders, nämlich als leere Klasse interpretieren. Heute werden die grundlegenden logischen Operatoren der sogenannten booleschen Algebra mit AND, OR, NOT bezeichnet, wobei die Negation von der Interpretation der Operation als Nichts oder Komplettierung abhängig ist: Binär interpretiert, bezeichnet 1 das ›Universum‹ und 0 das ›Nichts‹, und beide sind, laut Boole, von ›1-x‹ als Ausdruck der entgegensetzten Klasse von 1 zu unterscheiden. Ersteres entspricht einer numerischen Interpretation (NOT), letzteres einer logischen Interpretation (NON) der Negation. Dieser Unterschied in der Interpretation markiert eine entscheidende Differenz zwischen den Operationen der Mathematik und der Logik. Aber auch die logische Disjunktion (OR) lässt sich unterschiedlich interpretieren, als exklusive (XOR) oder inklusive Disjunktion (OR); also als klares ›entweder – oder, aber nicht beides‹ (XOR) oder als ›A oder B oder beides‹ (OR). Die in den Klammern angegebenen Bezeichnungen entsprechen den heutigen Interpretationen der booleschen Algebra, wie sie für die Schaltatalgebra der Digitalrechner relevant werden. Tatsächlich interpretierte Boole seine logische Disjunktion weder als OR noch als XOR, sondern als »mental operations whereby we collect parts into a whole, or seperate a whole into its parts«[46]. Das heißt, dass Booles Algebra von 1847 und 1854 nicht mit der booleschen Algebra identisch ist, wie sie heute für Computerschaltungen genutzt wird.

Es wird deutlich, dass auch die Interpretation der Operationen des Geistes durch logische Kalküle nicht so eindeutig ist, wie man meinen könnte. Der Grund liegt darin, dass die Frage, was die Operationen genau bedeuten, unterschiedlich beantwortet werden kann. In der Nachfolge Booles bemühte sich vor allem der Logiker Ernst Schöder um präzisere Interpretationen. Schröder interpretierte die logische Multiplikation als Selektion von Elementen, die durch gemeinsame Merkmale charakterisiert sind, und die logische Disjunktion als Kollektion von Individuen mit verschiedenartigen Merkmalen.[47] Daraus resultierten leicht veränderte, regelbasierte Operationen für die logische Multiplikation. Doch in einem Kalkül ist die Interpretation der Operatoren irrelevant, solange eineindeutige Regeln ihrer Anwendung gegeben sind. Irgendwann verloren sich daher die Spekulationen über mögliche Interpretationen der logischen Operatoren wie auch die Idee, sie würden Operationen des Geistes ausdrücken. Insbesondere Frege plädierte 1893 in seinen *Grundgesetzen der Arithmetik* dafür, logische Gesetze und Denkgesetze nicht automatisch gleichzusetzen. »Nur in diesem Sinne können die logischen Gesetze Denkgesetze genannt werden, indem sie festsetzen, wie gedacht werden soll«, und nicht indem sie vorschreiben, »was sein soll«; zudem regieren die Denkgesetze nicht das Denken wie die »Naturgesetze die Vorgänge der Aussenwelt«, denn »das Denken ist ein seelischer [psychologischer] Vorgang«[48]. Das aber hatte schwerwiegende Folgen für das neuzeitliche Programm der Operationalisierung des Geistes wie die neuzeitliche Erkenntnistheorie generell, indem beides im Verlauf der Formalisierung ihrer Erträge als ›psychologisch‹ diskreditiert wurde. Dieser Psychologismusvorwurf findet sich bis heute in der analytischen (Sprach-) Philosophie gegen die Erkenntnistheorie als Subjektphilosophie.

2.3 Logische Maschinen von Peirce und Marquand

Wie lassen sich die logischen Operationen nun tatsächlich mechanisieren, also an Maschinen delegieren? Diese Frage beschäftigte die Mathematiker und Logiker des 19. Jahrhunderts. Im Unterschied zu mechanischen Rechenmaschinen, die die vier Grundrechenarten bewerkstelligen, ging es nun um logische Maschinen, die logisch schlussfolgern können sollten. Wie Boole beschrieb, diente das Programm der Formalisierung dazu, »Language, as an instrument of reasoning« zu kalkülisieren und schließlich zu mechanisieren.[49] Heute nennen wir das boolesche Algebra wie auch Künstliche Intelligenz (KI). Das Interessante dabei ist, dass moderne Computer nicht entweder rechnen oder logisch schlussfolgern, sondern zu beidem in der Lage sind. Dies ist der Algebraisierung der Arithmetik auf Basis der symbolischen Logik, wie von Boole beschrieben, zu verdanken. Alles wird zum formalen Operieren mit Zeichen, wobei die Logik den Rechenregeln weitere Regeln des Schlussfolgerns hinzufügt. Alles zusammen lässt sich nun an Maschinen delegieren, die Frage ist jedoch: Wie?

Bereits Leibniz hatte sich sehr für die Mechanisierung des Rechnens interessiert. Rechnen ist Zählen, und Zählen wiederum lässt sich in mechanische Bewegung umsetzen. Genau dies leistete Leibniz' Staffelwalze, die dieser 1673 der Royal Society in London vorstellte. Sie bestand aus unterschiedlich langen Zähnen an einem beweglichen Zahnrad, deren Länge die Ziffern entsprechend dem Stellenwertprinzip repräsentierten. 1676 konzipierte er eine weitere mechanische Umsetzung des Rechnens mit einem Sprossenrad, das sich gleichmäßig bewegte, dabei aber nur jeweils einen Zahn emporhob, der alle seine Vorgänger mit anhob. In diesem Sinne ließ sich mit dem Sprossenrad nach oben oder unten zählen. Das entscheidende mechanische Prinzip des Zählens war dabei die Herstellung von Differenzbildung (Zählwerte) durch gleichmäßige Bewegung (Zählen von Einheiten) – so wie wir mit Fingern zählen. Dieses Prinzip des Zählens lässt sich jedoch nicht für logische Operationen nutzen, weshalb es bis ins 19. Jahrhundert nicht gelang, logische Maschinen zu konstruieren. Auch war es nicht wirklich möglich, rein mechanisch binäres Rechnen zu realisieren.

Schon vor dem 19. Jahrhundert versuchte man sich an logischen Maschinen im Sinne der aristotelischen Begriffslogik. Kombinationen von Buchstaben repräsentieren Begriffe und Prädikate. Aber rein begriffslogisch ließen sich nur Kombinationen von Zuordnungen der Prädikate zu Begriffen bilden, die sich aber nicht mechanisieren ließen, solange es sich um semantische Zuordnungen handelte. Schon Leibniz versuchte sich an einem ›Alphabetum cogitationum humanarum‹, einem Alphabet des menschlichen Denkens. In diesem Alphabet sollten sich, entsprechend seiner Begriffsanalyse, die Begriffe durch Kombinationen von Prädikaten generieren lassen. Erst die Loslösung von den semantischen Zuordnungen durch formalisierte Zuordnungsoperationen basierend auf Selektionsprozessen, wie von Boole beschrieben, ermöglichte es, den Prozess des ›Zuordnens‹ *als* Selektion zu operationalisieren. 1869 entwarf William Stanley Jevons ein ›logisches Piano‹, das zwar auch Begriffe durch Prädikate darstellte, aber einen Mechanismus der Elimination in der Auswahl von Begriffen basierend auf Booles Formalisierung der Begriffslogik mechanisch realisierte.[50] Zur gleichen Zeit wie Jevons arbeitete Allan Marquand an logischen Maschinen. Wie schon zuvor Jevons' logisches Piano konnte Marquands' *New Logical Machine* nur mit vier Objektzeichen (A, B, C, D) für die Zusammensetzung formaler Begriffe operieren. Die Registratur seiner Maschine umfasste folgendes Alphabet:

A a B b 0 1 c C d D,

wobei A, B, C, D Begriffe und a, b, c, d die negierten Begriffe darstellten. Zum Alphabet kamen die beiden Operationszeichen 0 und 1 hinzu, mit welchen sich mechanische Operationen der Alphabetzeichen ausführen ließen: Mit dem Drücken der Taste für 0 wurden alle Alphabetzeichen auf einen Ausgangszustand zurückgesetzt, mit dem Drücken der Taste für 1 ließen sich die Alphabetzeichen in eine bestimmte Position versetzen. Denn der Kunstgriff von Marquands *New Logical Machine* bestand darin, in einer Matrix alle möglichen Kombinationen vorkonfiguriert zu haben: Mit dem Alphabet von zwei mal vier Zeichen konnte die Maschine 16 logische Kombinationen generieren. Alle möglichen 16 Kombinationen ließen sich auch in einer Liste als Gleichungen anschreiben. Das hieß, die Maschine war lediglich die Übersetzung der Ausführung dieser Gleichungen mithilfe eines geeigneten Mechanismus. Eine Mechanik im Inneren der Maschine erlaubte logisch zulässige Kombinationen. Konkret muss man sich dies, wie von Marquand 1886 in »A New Logical Machine« illustriert, so vorstellen: »Thus, in general, $A \prec B$ (every *A* is *B*) may be expressed $Ab \prec 0$ (*A*'s which are b do not exist). This we express upon our machine by pressing the letter keys *A* and *b*, and then the destruction key. The failing of the *Ab* pointers indicates exactly the change effected in the logical universe by the introduction of the premises $A \prec B$.«[51]

Wie Marquand in einer Fußnote schrieb, ging das von ihm verwendete Operationszeichen $\prec$ auf Charles Sanders Peirce zurück, der dies 1873 als allgemeines Zeichen für Schlussfolgern eingeführt hatte. A $\prec$ B meint, wenn A, dann B. Logisch bezüglich Selektion von Prädikaten interpretiert, bedeutet das Operationszeichen $\prec$, dass A in der Klasse B enthalten ist. Marquand war Doktorand bei Peirce, der in der Philosophie vor allem als Semiotiker und Sprachphilosoph bekannt ist. Doch Peirce war nicht nur Philosoph, sondern auch Mathematiker und Logiker. Zudem war er als Ingenieur tätig. Gemeinsam mit Marquand arbeitete er an der Verbesserung von dessen Logikmaschine. Er schlug vor, sie elektrisch zu betreiben, und entwarf dafür einen Schaltkreis, der Booles Logik elektrisch interpretierte. 1937 wird Claude Shannon genau dies in seiner Masterarbeit *Symbolic analysis of relay and switching circuit* beschreiben und damit die Grundlage elektronischer Digitalcomputer legen. Doch Peirce hatte die Idee bereits 1886. Seine Motivation, Elektrizität zu nutzen, gründete in seiner Kritik an Marquands mechanischer Logikmaschine, die sich auf ein Alphabet von nur vier Buchstaben beschränken musste. Ein größeres Alphabet hätte wesentlich mehr Kombinationen zur Folge gehabt, die mechanisch nicht handhabbar gewesen wären. Doch mit einem Alphabet von vier Objektzeichen ließen sich nur sehr einfache logische Problemlösungen automatisieren. Peirce wollte mehr und schlug daher einen Schaltplan vor, der eine Kombination von geschlossenen und offenen Zuständen elektrischer Schaltungen darstellte. Die Kombinationen dieser offenen oder geschlossenen Zustände ermöglichten die logischen Operationen. Solche Schaltungen waren wesentlich einfacher erweiterbar und kombinierbar als mechanische Konstruktionen.

Doch Peirce beschäftigte sich auch ausführlich mit den Regeln der logischen Algebra von Boole und erkannte, dass sich die logischen Operationen (AND, OR, NOT) durch die NAND- oder NOR- (Peirce-Operator) Operation vollständig darstellen ließen. Dies war insofern hilfreich, als Booles Algebra damit auf eine einzige logische Operation reduziert werden konnte und diese in einer einzigen Art von elektrischer Schaltung realisierbar wurde. Heutige Computer basieren zumeist auf NAND-Schaltungen. Das Interesse von Peirce an Booles Version der logischen Algebra war jedoch begrenzt, denn laut Peirce ließ sich damit nur ein Bruchteil logischer Schlussformen formalisieren. Tatsächlich entsprach Booles Algebra der heutigen Aussagenlogik mit logischer Addition, Konjunktion und Negation, wenn 0 als ›falsch‹ und 1 als ›wahr‹ interpretiert wird. Doch Booles Algebra umfasste keine logischen Schlussregeln. Hier setzte Peirce mit seiner Kritik an und entwickelte seinen Relationskalkül als komplettes Logiksystem.[52] Dabei kam Peirce zu dem Schluss, dass jede Art von Denken ein Prozess der Symbolisierung sei und es daher erforderlich sei, die Grundlagen der Symbolisierung näher zu untersuchen. Daraus resultierte sein Interesse an der Semiotik, die er in der modernen Version begründete.

Es liegt auf der Hand, dass in den Arbeiten von Boole, Marquand und Peirce der Beginn des Computers wie auch der Künstlichen Intelligenz und damit der Struktur des Digitalen erkennbar wird. In seinem Essay »Logical Machines« von 1887 schrieb Peirce: »Precisely how much of the business of thinking a machine could possibly be made to perform, and what part of it must be left for the living mind, is a question not without conceivable practical importance; the study of it can at any rate not fail to throw needed light on the nature of the reasoning process.«[53] Die Logikmaschinen standen am Ende einer jahrhundertealten Entwicklung der Operationalisierung und Formalisierung des Geistes. Nun sollten die Logikmaschinen helfen, Einblicke in menschliches Denken zu gewinnen. Diese Verkehrung ist typisch für Technikentwicklung generell. Am Computer und der KI zeigt sich dieser Umkehrschluss jedoch als besonders wirkmächtig, indem er eine ganz eigene Signatur des Maschinenrationalen in die Lebenswelt einschreibt.

2.4 Die Frage nach der Entscheidbarkeit bei Gödel und Turing

Peirce hatte schon angedeutet, was zu einem der zentralen Probleme der Formalisierung im 20. Jahrhundert werden sollte und in den Grundlagenstreit der Mathematik mündete: die Frage nach der Vollständigkeit der Kalküle. Vollständigkeit meint dabei allerdings nicht, ob alle Operatoren der Logik vollständig in einem einzigen Kalkül erfassbar sind, wie Peirce dies für seinen Relationskalkül behauptete. Vollständigkeit meint die Eigenschaft eines Kalküls, die besagt, dass sich in dem Kalkül alle generierbaren korrekten Sätze (Zeichenketten) mit den angegebenen Operationen und Schlussregeln gewinnen lassen, und umgekehrt. In einem vollständigen System lässt sich die Frage danach, ob A ableitbar ist oder nicht-A, immer beantworten. Es ist entscheidbar, dass sich A oder eben nicht-A ableiten lässt. Diese Entscheidbarkeitsfrage wird für jegliche Nutzung von Computern zur Lösung von Problemen zentral werden, denn es lässt sich nur für wenige Logiksysteme beweisen, dass sie vollständig sind. Die Aussagenlogik (als Spezialfall der Prädikatenlogik erster Stufe), auch in Form der booleschen Algebra, ist vollständig. Dies hatte Kurt Gödel 1930 mit seinem Vollständigkeitssatz bewiesen: Er nannte vollständige Systeme ›entscheidungsdefinit‹.[54] Die Vollständigkeit der Prädikatenlogik erster Stufe wurde 1949 von Leon Henkin bewiesen. Die Prädikatenlogik höherer Stufe oder die Modallogik hingegen sind nicht vollständig. Für die Prädikatenlogik hatte dies Gödel in seinen berühmten Unvollständigkeitsbeweisen von 1931 nachgewiesen.[55]

Warum ist die Entscheidbarkeitsfrage für die Struktur des Digitalen so zentral? Die Antwort ist verblüffend einfach: Wenn ein automatisiertes System wie ein Computer nicht durch den Formalismus des Kalküls entscheiden kann, ob A oder nicht-A, dann rechnet es endlos weiter. Vielleicht haben Computer endlos Zeit, aber nicht wir Menschen. Daher ist es bis heute in der Berechnung von Problemen wichtig zu wissen, ob sich ein Problem in (für den Menschen) absehbar endlicher, in endlicher oder in unendlicher Zeit lösen lässt. Die Komplexitätstheorie der Informatik beschäftigt sich mit dieser Frage. Philosophisch lässt sie sich als ›Performanzargument‹ reformulieren. Doch für die Struktur des Digitalen ist die Entscheidbarkeitsfrage auch noch aus einem anderen Grund zentral. Und hier wird es philosophisch interessant. Denn wenn sich rein formal entscheiden lässt, ob A oder nicht-A, dann muss man gar nichts berechnen; es lässt sich schlichtweg beweisen und damit vorhersagen (Entscheidbarkeit). Computer werden dann interessant, wenn man es mit Fragen zu tun hat, die sich entweder in absehbar endlicher Zeit berechnen lassen oder für die man ein Abbruchkriterium der Berechnung angeben kann (Berechenbarkeit). Alan Turing hat dies 1936 in seinem Artikel »On Computable Numbers, with an Application to the Entscheidungsproblem« treffend beschrieben: »According to my definition, a number is computable if its decimal can be written down by a machine. [...] In particular, I show that certain large classes of numbers are computable.«[56] Dazu fasst er den Begriff des Entscheidens respektive des Berechnens allgemein als einen Begriff des Schreibens von Zeichen, und zwar so, wie wir es aus der Schule kennen: »Turing greift dazu auf seine Schulzeit zurück und beschreibt den Vorgang des Rechnens als Notieren von Zahlen nach festen Regeln in den Rechenkästchen karierter Schulhefte. Dies ist ein völlig mechanischer Prozeß, und Turing beschreibt ihn deshalb angemessen im Modell einer programmierten Maschine, der Turing-Maschine.«[57] Die sogenannte Turing-Maschine – ein Gedankenexperiment, keine real gebaute Maschine – sollte Zeichen schreiben, lesen und löschen können, indem sie sich nach den Anweisungen eines Programms entlang eines Papierbandes von einem Feld zum nächsten bewegte. Jede Anweisung musste derart formuliert sein, dass sie schrittweise ausgeführt werden konnte. Dies ist die allgemeinste Beschreibung eines Computers als eines symbolverarbeitenden Systems. Oder, kurz gesagt: als einer frei-programmierbaren ›Schreibmaschine‹. Das Ziel dabei ist, eine Ausgangskonfiguration von Zeichen in endlich vielen Feldern in eine neue Konfiguration zu überführen. Turing behauptete nun, dass jeder Algorithmus (Kalkül), der diesen Regeln folgt, berechenbar und daher von einer frei-programmierbaren Maschine ausführbar sei. Und wie gesagt: Entweder die Maschine kommt in absehbar endlicher Zeit zu einem Ende, oder es muss ein Abbruchkriterium vorhanden sein bzw. von außen vorgegeben werden.

Vor diesem Hintergrund lassen sich vier Klassen von Problemen definieren, die die Reichweite des Digitalen von seiner maschinenlogischen Seite her definieren: entscheidbare, berechenbare, simulierbare und prinzipiell nicht-berechenbare Probleme. Die entscheidbaren Probleme lassen sich auch rein formal auf Papier mithilfe entscheidungsdefiniter Kalküle lösen (rekursiv-entscheidbar). Erst für die Klasse der berechenbaren Probleme werden Computer unabdingbar (rekursiv-aufzählbar). Simulierbare Probleme entziehen sich eigentlich der Berechenbarkeit, falls sie sich nicht approximieren lassen, indem man die Berechnung irgendwann abbricht. Wie aussagekräftig das approximierte Resultat ist, lässt sich jedoch in der Regel nicht exakt abschätzen. Hier begibt sich die Mathematik auf das vage Terrain der Computersimulation. Manche Probleme sind, wie Turing 1936 nachwies, prinzipiell nicht-berechenbar.

Die Signatur des Digitalen in ihrer gesamten Vielfalt verdankt sich dieser Erweiterung der handhabbaren Problemklassen um berechenbare und simulierbare Probleme. Indem heutige Computer immer schneller werden und damit immer mehr Zeichenoperationen pro Sekunde ausführen können (Performanz), erweitert sich der Bereich der handhabbaren Problemklassen zunehmend. Diese Erweiterung der berechenbaren Objekte verdankt sich allein der Performanz der Computer (Performanzargument). Heutige ›Supercomputer‹ berechnen Milliarden von Operationen pro Sekunde. Das bedeutet, dass sich immer mehr Phänomene und Prozesse in endlose Berechnungen auflösen und damit in das Digitale transferieren lassen. Ein Beispiel dafür sind die numerischen Computersimulationen komplexer Systeme.

Doch diese vier Klassen an Problemen sind auch insofern von großem Interesse für die Philosophie, als Entscheidbarkeit und Berechenbarkeit moderne Existenzbegriffe begründen – ›modern‹ im Unterschied zu antiken substanzontologischen Existenzbegriffen.[58] Deutlich wird dies im Vergleich zur euklidischen Geometrie. In der antiken Geometrie waren nur solche Figuren zulässig (existent), die sich mit Zirkeln konstruieren und damit axiomatisch fassen ließen. Dennoch ›experimentierte‹ auch die antike Geometrie mit Figuren, die mit anderen, nicht zulässigen Hilfsmitteln herstellbar waren; beispielsweise Spiralen, die sich mit einem Stift an einer Schnur, die um einen Stock gewunden wurde, zeichnen ließen. Je kürzer die Schnur durch die Umwindungen wurde, desto enger die Spirale (Archimedes' mechanische Spirale). Auch die antike Theorie der Kegelschnitte gehörte in diesen experimentellen Bereich jenseits der euklidischen Konstruierbarkeit. Zudem gab es Figuren, von welchen gezeigt werden konnte, dass sie sich im Rahmen der euklidischen Geometrie definieren, aber nie konstruieren ließen. Der Hendekaeder (11-Eck) ist ein solches nicht-existentes Objekt, das analog zum regelmäßigen Dodekaeder (20-Eck) definierbar war, von dem sich aber beweisen ließ, dass es nicht konstruierbar war. Dies wirft die spannende Frage nach dem ontologischen Status solcher Objekte als ›nominale‹ oder ›virtuelle‹ auf. Ob nun solche nominalen Objekte als existent verstanden werden, hängt von der zugrunde liegenden Philosophie ab. Descartes hätte sie abgelehnt, Leibniz begeistert gefeiert. Bis heute ist die Mathematikphilosophie mit der Frage nach dem Status solcher Objekte beschäftigt, und die moderne Mathematik hat wesentlich zahlreichere nominale Objekte in petto als die antike Geometrie. Insbesondere in der Anwendung der Mathematik in naturwissenschaftlichen Theorien stellt sich heute die Frage nach der Existenz solcher nominalen Objekte.

2.5 Resultate der Formalisierung der Sprache

Was bedeutet die Formalisierung der Sprache nun für die Konstitution der Struktur des Digitalen? So wie im Programm der Operationalisierung des Geistes ergeben sich im Programm der Formalisierung zahlreiche Ersetzungsverhältnisse. Dabei ist im Auge zu behalten, dass jede Ersetzung mit Reduktionen, aber auch Erweiterungsmöglichkeiten einhergeht, die sich in der Signatur des Digitalen niederschlagen.

1. Im historischen Rückblick wird deutlich, dass die Mathematik per se keine formale Wissenschaft war. Arithmetik, Geometrie und Algebra durchlaufen unterschiedliche Stadien der Formalisierung, wobei die Algebra als abstraktes Buchstabenrechnen von Beginn an eine formale Wissenschaft ist. Die Geometrie wurde von Descartes 1637 zwar als analytische Geometrie konzipiert, fand aber erst Mitte des 19. Jahrhunderts ihre volle formale Ausprägung; die Arithmetik wurde durch das Stellenwertprinzip und dessen implizierte Ordnung sowie die indischen Ziffern zu einem formalen Zahlenrechnen als ›Rechnen auf der Linie‹.
2. Formalisierung geht also nicht nur mit der Ersetzung von Objekten durch abstrakte Zeichen wie Buchstaben einher, eben AB statt der Figur einer Linie, sondern mit der Loslösung von jeglichen extrasymbolischen Bezügen: AB muss sich nicht mehr auf eine Linie beziehen. Formalisierung wird zu einem rein typografischen, regelbasierten Operieren mit Zeichen, das ausschließlich die syntaktischen Eigenschaften von Zeichen berücksichtigt. Semantische Aspekte spielen in formalen Zeichensystemen keine Rolle.
3. Dabei wird schnell deutlich, dass strenge Formalisierung mit Kalkülisierung einhergeht, insofern der Gebrauch der Zeichen in einem geschlossenen Zeichensystem sowie die Regeln des

typografischen Operierens eineindeutig festgelegt sein müssen. Ein Kalkülsystem ist ein abgeschlossenes System formaler Zeichenoperationen, das widerspruchsfrei, vollständig und eineindeutig ist. Kalkülisierung wiederum geht mit Mechanisierbarkeit einher, insofern sich die Kalküloperationen maschinell umsetzen lassen.

4. Die wohl wirkmächtigste Formalisierung war die der Logik durch George Boole 1847. Indem Boole die aristotelische Syllogistik auf Basis der geistigen Operation der Klassenbildung in Formeln darstellte, schuf er die Grundlage der symbolischen Logik. Doch noch waren seine formallogischen Operationen unterschiedlich interpretierbar. Frege hat deshalb später seinen Psychologismusvorwurf gegen die Logik als Denkgesetzlichkeit sowie die Erkenntnistheorie generell erhoben.
5. Mit der strengen Kalkülisierung von Booles formaler Logik durch Ernst Schröder schuf dieser den eineindeutigen Kalkül der Aussagenlogik (boolesche Algebra mit den logischen Operationen AND, OR, NOT), der sich an Maschinen delegieren ließ und zentral für alle Logikschaltungen in Digitalrechnern werden wird.
6. Boole definierte aber auch die semiotischen Eigenschaften von formalen Zeichensystemen, auf welchen Peirce einen noch allgemeineren Logikkalkül aufbaute und schlichtweg jegliches Denken als Prozess der Symbolisierung auffasste. Vor diesem Hintergrund begründete er die moderne Semiotik.
7. Peirce, aber auch Marquand und Jevons beschäftigten sich vor allem vor dem Hintergrund ihres Interesses an mechanischen Logikmaschinen mit der Kalkülisierung der Logik sowie der Semiotik. Diese logischen Maschinen unterschieden sich in ihrem Prinzip von Rechenmaschinen und bildeten die Basis heutiger Computerschaltungen, auch wenn sie deren Allgemeinheit noch nicht erreichten. Doch bereits hier zeigte sich ein

wirkmächtiger Umkehrschluss, insofern Peirce 1887 die Analogie von Denken und Logikmaschine verkehrte und hoffte, dass nun Logikmaschinen Einblicke in das menschliche Denken geben würden.

8. Noch waren die mechanischen Logikmaschinen sehr spezifisch und auf wenige Zeichen limitiert. Daher bedurfte es noch eines weiteren Abstraktionsschritts, der von den spezifischen Symboloperationen – ob logischen oder mathematischen – ganz absah und nur den Umgang mit Zeichen als allgemeinste Symboloperationen des Zeichenerstellens, -veränderns und -löschens formulierte. Turings ›a-machine‹ (Turing-Maschine) wurde 1936 zum allgemeinen Denkmodell eines symbolverarbeitenden, frei-programmierbaren Computers, insofern nun eine Liste an Vorschriften (Turing-Tafeln) die Symboloperationen der Maschine steuerte.
9. Doch mit dieser Freiheit und Allgemeinheit der Programmierbarkeit ergab sich schnell die Frage, ob sich jedes formalisierte Problem an Computer delegieren ließ (Berechenbarkeit); ob ein Computer irgendwann zur Entscheidung, ob A oder nicht-A käme (Entscheidbarkeit) und wie lange dies dauern würde (Komplexität). Mit Turings Vorschlag erweiterte sich der Bereich der numerisch lösbaren Probleme in entscheidbare, berechenbare (abbrechend), simulierbare (anhand eines externen Abbruchkriteriums approximierbar) und prinzipiell nicht-berechenbare Probleme.
10. Es ist klar, dass je schneller ein Computer rechnen kann, er desto schneller zu einem Ergebnis kommt. Damit wird die Performanz, also die Rechenleistung eines Computers, zu einem entscheidenden Kriterium. Das Performanzargument wird insbesondere für berechenbare und simulierbare Probleme und Objekte zu einem Existenzkriterium, das den ontologischen Status dieser nominellen oder virtuellen Objekte

charakterisiert. Die Signatur des Digitalen bewegt sich in dieser ontologischen Sphäre des berechenbar Nominalen, deren Ausprägung es im zweiten Teil dieser Einführung detailliert zu untersuchen gilt.

3. Das Programm der Elektrifizierung der Sprache

Mit der Formalisierung geistiger Operationen – insbesondere der Logik durch George Boole 1847 und 1854 auf Basis der geistigen Operation der Klassenbildung und der Auswahl von Individuen – war die Grundlage für die Delegation aussagenlogischer Operationen an Maschinen gelegt. Zwar ließ sich Booles Logik als boolesche Algebra binär interpretieren, doch dies hatte noch nichts mit der Digitalisierung als maschinellem Prozess der digitalen Datengenerierung und -verarbeitung zu tun. Ähnliches galt für die Kalkülisierung, die zwar die Voraussetzung der Mechanisierbarkeit war, deren tatsächliche maschinelle Umsetzung jedoch weiterer Entwicklungen bedurfte. Was also noch fehlte, war eine geeignete elektrische respektive elektronische Maschine, die auf Basis von Logikschaltungen digitale Zustände erzeugen, speichern und verarbeiten konnte: der frei-programmierbare Digitalcomputer sowie geeignete Maschinen- und Programmiersprachen. Mit dieser Entwicklung gründete sich die formalisierte und logisierte Sprache über das rein Symbolische hinaus im materiellen Substrat der elektrischen Schaltung. Dieses Programm der Elektrifizierung der Sprache bot den Vorteil, dass die elektrifizierte Sprache ›zum Laufen‹ gebracht werden konnte. Metaphorisch lässt sich diese Entwicklung mit dem Übergang von der Fotografie zum Film vergleichen.

3.1 Signalverarbeitung bei Shannon

Der Ursprung der elektrifizierten Digitaltechnik liegt in der Signalverarbeitung der Telekommunikation der 1920er Jahre; in der Fernübertragung von Sprache durch Telefonie. Ein Telefon ist ein Apparat, der Schallwellen (Mikrofon) in elektrische Signale umwandelt und aus diesen wieder Schallwellen (Lautsprecher) erzeugt. Die Umwandlung von Schall in elektrische Signale kann mit unterschiedlichen physikalischen Effekten umgesetzt werden; beispielsweise durch elektromagnetische Induktion. In Deutschland startete die Telefonie 1877 mit ersten Versuchen in Berlin.

Die Digitaltechnik entstand, als in der Telefonie versucht wurde, kontinuierliche Signale in gepulste zu transformieren. Dabei müssen die gepulsten Signale nicht digital sein, aber diskret, also eindeutig voneinander unterschieden. Um kontinuierliche Signale der Sprachübertragung in gepulste zu transformieren, bedurfte es einer entsprechenden Theorie. Diese wurde in den 1920er Jahren in den Bell Labs von Harry Nyquist und Ralph Hartley entwickelt. Ihr technischer Ansatz lautete: Ein analoges Signal lässt sich durch Faltung (Rechteckfunktion) in ein diskret-quantisiertes Signal umsetzen. Dabei entstehen Verzerrungen des Frequenzspektrums, die durch entsprechende Filter kompensiert werden müssen. 1928 entwickelte Nyquist einen ersten Filter, der die nötige Abtastrate definierte, um ein analoges Signal ›abzutasten‹, ohne die Information (Nyquist nannte diese ›Intelligence‹) über die ursprüngliche Wellenform zu verlieren.[59]

Eine Abtastrate von beispielsweise 10 kHz tastet ein kontinuierliches Signal 10 000-mal pro Sekunde ab, wobei jede Abtastung einen unterschiedlichen, kontinuierlichen Wert haben kann. Hartley führte im selben Jahr die Quantisierung der Informationsübertragung der ›elektrischen Kommunikation‹ ein und

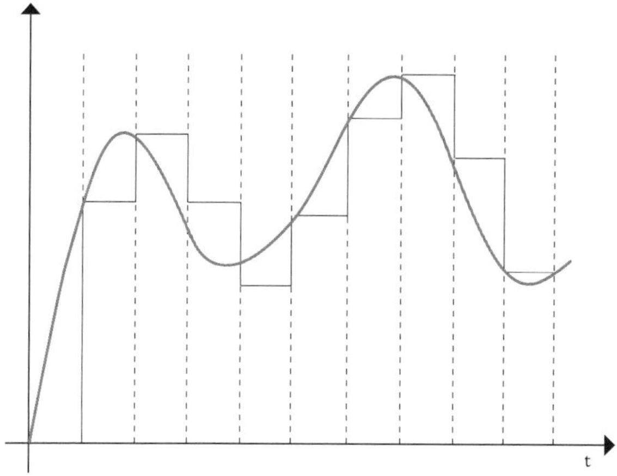

Abb. 1: Abtastung (gestrichelte Linien) und Quantisierung eines kontinuierlichen Signals (Kurvenlinie) in Quantisierungsstufen (Stufenlinie) in einer Abtast-Halte-Schaltung

quantisierte die unterschiedlichen, kontinuierlichen Werte der Abtastung in Quantisierungsstufen (Abb. 1).

Der nächste Schritt bestand dann im Übergang von der Orientierung am physikalischen Phänomen elektromagnetischer Trägerwellen zum Symbol. Dazu definierte Hartley die Informationsübertragung wie folgt: »In any given communication the sender mentally selects a particular symbol and by some bodily motion, as of his vocal mechanism, causes the attention of the receiver to be directed to that particular symbol.«[60] Das Sender-Empfänger-Modell der Kommunikationstheorie hat hier seinen Ursprung. Mathematisch bedeutete dieser Wechsel zum Symbol den Wechsel von Sinuswellen zur logarithmischen Funktion, da Logarithmen mathematisch für die technische Umsetzung besser geeignet sind. Mit Logarithmen lassen sich stark wachsende Zahlenreihen übersichtlich darstellen sowie die In-

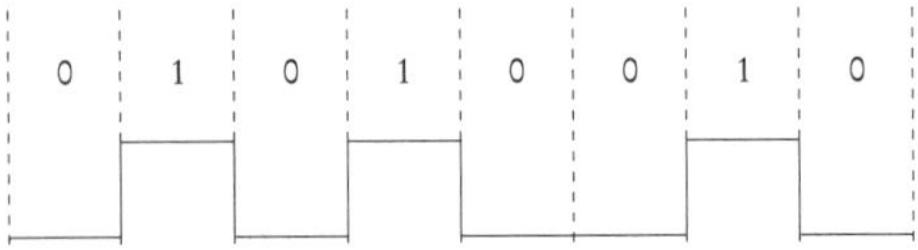

Abb. 2: Binarisierung (Byte)

tensität natürlicher Phänomene gut beschreiben. Noch ist das kontinuierliche Signal nur quantisiert, aber nicht digital codiert. Erst wenn jeder Quantisierungsstufe eine eindeutige Zahl (englisch ›digit‹ für Ziffer) zugeordnet wird, spricht man von einem Digitalsignal, wobei das Digitalsignal mit reellen Zahlen dargestellt wird. Und wenn das Digitalsignal mit Binärzahlen codiert und die Quantisierung in Bits – Maßeinheit für den Informationsgehalt – angegeben wird, entspricht es unserem heutigen Verständnis von ›Digitalisierung‹. 8 Bits ergeben üblicherweise 1 Byte (Abb. 2).

Doch es fehlte noch ein weiterer Schritt, nämlich den Informationsgehalt einer Symbolfolge (Nachricht) mathematisch zu bestimmen. Dies hat in den 1940er Jahren Claude Shannon mit seiner wegweisenden Untersuchung *A Mathematical Theory of Communication* geleistet. Er interpretierte *H* als ›Informationsentropie‹ und definierte damit eine Maßeinheit für den Informationsgehalt einer Symbolfolge. Um Information nun mathematisch adäquat beschreibbar zu machen, legte er seinen Überlegungen die Annahme zugrunde, dass ein Sender eine Folge von diskreten Symbolen in einer bestimmten Sprache generiert und diese Folge nicht zufällig ist, sondern dass sie eine gewisse statistische Struktur hat. »In general, they form sentences and have the statistical structure of, say, English. The letter E occurs more frequently than Q, the sequence TH more frequently than XP, etc.«[61] In diesen quantitativen Untersuchungen der

statistischen Eigenschaften spezifischer Sprachen liegt der Ursprung der heutigen Digital Humanities, wobei erste Analysen bereits aus dem 19. Jahrhundert stammten.[62] Beispielsweise gab Friedrich W. Kaeding 1898 das *Häufigkeitswörterbuch der deutschen Sprache* mit Wort- und Silbenzählungen heraus, dessen Korpus über 10 Millionen Wörter und 60 Millionen Buchstaben umfasste und von über tausend freiwilligen Helfern auf Karteikarten zusammengetragen wurde. Etwas später untersuchte Andrei Markov die Buchstabensequenzen in der russischen Literatur und entwickelte daraus seine Wahrscheinlichkeitsrechnung (Markov-Ketten).[63] Der Hintergrund von Shannons quantitativen Überlegungen resultierte jedoch weniger aus linguistischem Interesse als aus technischen Effizienzgründen, Zeit für die Übertragung statistisch häufig vorkommender Symbole zu sparen. Bereits in der Telegrafie mit einem artifiziellen Zeichencode aus kurzen (Punkte) und langen Zeichen (Striche) wurde ein häufig vorkommendes Symbol wie E mit dem kürzestmöglichen Zeichen (Punkt) codiert. »The standardized greeting and anniversary telegrams now in use«, so bemerkte Shannon, »extend this to the point of encoding a sentence or two into a relatively short sequence of numbers.«[64]

Der entscheidende Kunstgriff von Shannon war nun folgender: »We can think of a discrete source as generating the message, symbol by symbol. It will choose successive symbols according to certain probabilities depending, in general, on preceding choices as well as the particular symbols in question. A physical system, or a mathematical model of a system which produces such a sequence of symbols governed by a set of probabilities, is known as a stochastic process. We may consider a discrete source, therefore, to be represented by a stochastic process. Conversely, any stochastic process which produces a discrete sequence of symbols chosen from a finite set may be considered a discrete

source.«[65] Shannon stellte Informationen, die Nyquist als ›Intelligence‹ bezeichnete, mit Markov-Prozessen dar. Markov-Prozesse oder Markov-Ketten geben Wahrscheinlichkeiten für das Eintreten zukünftiger Ereignisse an. Mit ihnen lassen sich zukünftige Entwicklungen auf Grundlage des gegenwärtigen Wissens modellieren. Basierend auf dieser stochastischen Darstellung der Sprache stellte Shannon nun folgende Frage: »Can we define a quantity which will measure, in some sense, how much information is ›produced‹ by such a process, or better, at what rate information is produced?«[66] Indem sich die Wahrscheinlichkeit des Vorkommens eines Symbols in einer Symbolreihe sowie die Wahrscheinlichkeit der Abhängigkeit des Vorkommens eines Symbols von den vorhergehenden Symbolen angeben lässt, lassen sich zunehmend komplexere Approximationen von Symbolreihen einer natürlichen Sprache formalisieren. Je komplexer die Approximation durch eine Markow-Kette (Modell), desto mehr nähert sie sich der tatsächlichen Wahrscheinlichkeit des Vorkommens eines Symbols in einer natürlichen Sprache an; je niedriger die Komplexität, desto artifizieller ist die Häufigkeitsverteilung bis hin zur Gleichverteilung der Symbole: »The zero-order approximation is obtained by choosing all letters with the same probability and independently.«[67]

Auf dieser Basis kann Shannon nun *H* als Maßeinheit für den Informationsgehalt mathematisch definieren, und zwar als Informationsentropie. Der Begriff der Entropie fungiert hier als Analogie, indem das thermodynamische Konzept der Entropie auf Informationsverteilungen angewendet wird. Entropie ist aus dem Alltag gut bekannt: Eine Tasse heißer Kaffee kühlt im Laufe der Zeit auf die Umgebungstemperatur ab. Erst dann sind Umgebung und Kaffee im Gleichgewichtszustand, das System hat nun den Zustand größter Entropie erreicht, und die Zustandsgröße Temperatur ist gleichverteilt. Bezogen auf den Informationsgehalt bedeutet eine hohe Entropie, dass eine hohe Redundanz, also statistische Regelmäßigkeit, in einer Symbolreihe vorliegt. Als Vergleich schlug Shannon *Basic English* mit etwa 850 Wörtern als Beispiel für eine hohe Redundanz vor und James Joyces Buch *Finnegans Wake* als Beispiel mit einer wesentlich geringeren Redundanz, da Joyce eine eigene Version der englischen Sprache mit vielen neuen Wortbildungen für dieses Buch formuliert hatte.

Die Entropie einer Symbolfolge (Nachricht) wiederum bestimmt die notwendigen Übertragungskapazitäten (Bits pro Sekunde). Je redundanter eine Nachricht ist, desto geringer muss die Kapazität sein, um eine verlustfreie Datenübertragung über elektronische Kanäle zu gewährleisten und desto weniger Bits werden benötigt, um eine Nachricht zu codieren. Eine Nachricht bestehend aus zwei Zeichen, wobei jedes Zeichen gleichwahrscheinlich ist, hat den Informationsgehalt $\log_2(1/2)$ und benötigt 1 Bit (›*b*inary dig*it*‹) zur Übertragung. Hier zahlte sich die logarithmische Darstellung durch Nyquist aus, wie Shannon schrieb: »The choice of a logarithmic base corresponds to the choice of a unit for measuring information. If the base 2 is used the resulting units may be called binary digits, or more briefly bits, a word suggested by J. W. Tukey. A device with two stable positions, such as a relay or a flip-flop circuit, can store one bit of information. N such devices can store N bits.«[68] Die logarithmische Darstellung von Zahlen mit Basis 2 ($\log_2$) hat den Vorteil, dass sich Bits besonders einfach handhaben lassen. Ob ein Bit (Binärzahl) mit den Ziffern 0 und 1 dargestellt wird, hängt von der gewählten Konvention des Alphabets eines formalen Systems ab.

Damit sind die mathematischen Voraussetzungen für die Digitalisierung formuliert. Bereits 1937 hatte Shannon in seiner Masterarbeit (sic!) *A Symbolic Analysis of Relay and Switching Circuits* gezeigt, dass sich auf Basis der booleschen Algebra eine einfache

Schaltungslogik formulieren lässt. Shannon, der seine Masterarbeit am Bostoner Massachusetts Institute of Technology (MIT) schrieb und mit dem Pionier analoger Computer (Differential Analyzer) Vannevar Bush zusammenarbeitete,[69] war von der Komplexität analoger (mechanischer) Schaltungen wenig überzeugt. Schon wie vor ihm Peirce, entwickelte Shannon die Idee einer Schaltungslogik basierend auf einer binär interpretierten booleschen Algebra sowie elektrischen Schaltungen. Gemäß den Wahrheitswerten der booleschen Funktionen kann Shannon seine Schaltalgebra aufbauen: »The circuit is closed« entspricht dann »The proposition is false«.[70]

a	B	AND	OR
w	W	w	w
w	F	f	w
f	W	f	w
f	F	f	f

a	NOT
w	f
w	f
f	w
f	w

Abb. 3: Wahrheitswertetafeln der Konjunktion (AND), Disjunktion (OR) und Negation (NOT)

Hier schließt sich der Kreis zu Leibniz' *Explication de l'Arithmétique Binaire* von 1703 wie auch zu Ludwig Wittgenstein und den von ihm entwickelten Wahrheitstabellen zur systematischen Darstellung der Wahrheitsfunktionen logischer Funktionen im *Tractatus logico-philosophicus* 1921.[71] Shannons Schaltalgebra, sein probabilistisches Verständnis von Sprache sowie Bits als Grundeinheiten digitaler Information liegen bis heute allen Digitalrechnern zugrunde und konstituieren die Struktur des Digitalen.

3.2 Kulturtechnik der logischen Schaltung

Schaltungen, Reglungstechnik, Bits sind die materialen Aspekte der Kulturtechnik des Digitalen. Norbert Wiener, ein Mathematiker, der zur selben Zeit wie Bush und Shannon am MIT forschte, war ebenfalls wenig von der Komplexität der mechanischen Schaltungen von Bushs Analogcomputer überzeugt. Wiener war an der Digitalisierung von Bildern interessiert und wollte einen Computer konzipieren, der mit großen Datenmengen umgehen konnte. Wie er in der Einführung seines bekannten Buches *Cybernetics or Control and Communication in the Animal and the Machine* 1948 schrieb, sollte eine solche Maschine so konzipiert sein,

»1. daß das zentrale Addier- und Multiplizierwerk der Rechenmaschine numerisch sein sollte [... und eben] nicht von der Art stetiger Meßprozesse, wie beim Analogrechner von Bush;
2. daß diese Mechanismen [des Addierens und Multiplizierens], welche im wesentlichen Schalter sind, Elektronenröhren enthalten sollten und nicht Getriebe oder mechanische Relais, um nämlich einen schnelleren Arbeitsablauf zu sichern;
3. daß es [...] wahrscheinlich wirtschaftlicher wäre, zur Addition und Multiplikation binäre Zahlensysteme zu benutzen als das dekadische System;
4. daß die gesamte Folge an Operationen durch die Maschine selbst ausgeführt würde [...];
5. daß die Maschine eine Vorrichtung für das Speichern von Daten enthielte [...].«[72]

Damit beschrieb Wiener den modernen Digitalcomputer, der 1940 in Diskussionen mit Kollegen am MIT – darunter die Computerpioniere John von Neumann und Julian Bigelow sowie der Physiologe Arturo Rosenblueth – zunehmend Gestalt annahm, jedoch erst einige Jahre später gebaut werden sollte. Zentrale Bauteile waren Elektronenröhren, die zu Rechen-, Zähl- und Speichereinheiten zusammengeschaltet werden konnten, um Shannons Schaltalgebra zu realisieren respektive Bits zu speichern. Elektrische oder elektronische Schaltungen – heute realisiert als Transistoren aus Silizium, also elektronischen Halbleiter-Bauelementen – sind Elemente der Regelungstechnik und lassen sich zu integrierten Schaltungen verschalten. Sie sind aus sogenannten Logikgattern aufgebaut, den Grundbausteinen der Digitalrechner. Logikgatter sind Anordnungen von Schaltungen zur (binären) Realisierung boolescher Funktionen. Sie transformieren gemäß Shannons Schaltalgebra Eingangssignale durch die mit Schaltungen repräsentierten logischen Operatoren AND, OR, XOR sowie deren Negationen NOT, NAND, NOR, NXOR in Ausgangssignale. Aus mehreren Logikgattern lassen sich dann komplexere Schaltungen bauen, beispielsweise Flip-Flop-Schaltungen. Flip-Flop-Schaltungen sind Kippschaltungen, die zwei Zustände repräsentieren können. Daher ordnete Shannon diesen Kippschaltungen (›on/off‹) die Grundeinheit der Information zu: »a relay or a flip-flop circuit can store one bit of information.«[73] Aus mehreren Flip-Flop-Schaltungen lassen sich Speicherelemente oder Zähler generieren. Auf diese Weise baut sich aus der logischen und informationstheoretischen Atomisierung der natürlichen Sprache die künstliche Sphäre des Digitalen auf, die rein formal, quantisiert und digitalisiert lediglich korrekte, aber keine bedeutungsvollen Ergebnisse prozessieren kann. Ob eine Zeichenfolge einen Satz aus einem Roman oder ein digitalisiertes Bild ein Gesicht für uns darstellt, ist in der materiellen Sphäre des Digitalen bedeutungslos.

Das Faszinierende an dieser materiellen Struktur des Digitalen ist, dass sie durch logische Verschaltung Energie ›zähmt‹ und so symbolisch urbar macht. Die Erschließung der Energie teilt sich dabei in passive (lineare) Bauteile auf, beispielsweise zur Speicherung elektrischer Ladung (Kondensator) oder zur Schaltung von Strömen (Relais), sowie in aktive Bauteile (Elektronenröhren) zur Erzeugung, Gleichrichtung, Verstärkung und Modulation des Elektronenflusses. Dies führte Ende des 19. und Anfang des 20. Jahrhunderts zu völlig neuen Apparaten, die das komplette Anwendungsspektrum der elektromagnetischen Strahlung erschließen. Die Logik der ins Vakuum eingekapselten Röhrenschaltung folgte dabei dem Baukastenprinzip. Dadurch wurden immer komplexere Bauteile möglich wie eben Logikgatter.[74]

Dies eröffnete die neue Frage, wie aus diesen zunehmend komplexeren Schaltungen ein Computer aufgebaut werden konnte. Wiener hatte es bereits angedeutet, so ein Computer sollte aus Addier- und Multiplizierwerken sowie Speicherelementen zusammengesetzt sein. Die Maschine sollte alle Operationen selbst ausführen können. Bereits vor Wiener machten sich Ingenieure und Mathematiker über Digitalcomputer Gedanken. Tatsächlich gelang es Konrad Zuse 1941, den ersten funktionsfähigen, frei-programmierbaren Digitalcomputer zu bauen. Die Z3 bestand aus 600 elektromagnetischen Relais für das Rechenwerk und 1400 Relais für das Speicherwerk. Zuse hatte die Maschine zu Hause in seinem Wohnzimmer in Berlin gebaut, wo sie 1943 durch einen Bombenangriff zerstört wurde. Doch nicht nur Zuse dachte über Digitalcomputer nach. 1941 wurde der Atanasoff-Berry-Computer (ABC) von John Atanasoff und Clifford Berry am Iowa State College fertiggestellt. Der ABC-Computer war zwar ein Digitalrechner, aber er war nicht frei-programmierbar. Freie Programmierbarkeit wurde in den USA erst mit dem Electronic Numerical Integrator and Computer (ENIAC) realisiert, der 1946 vorgestellt wurde. ENIAC wurde von John Presper Eckert und John William Mauchly an der Universität von Pennsylvania im Auftrag der US-Armee gebaut. Der raumgroße Rechner bestand aus 17 468 Elektronenröhren, 7200 Dioden, 1500 Relais, 70 000 Widerständen und 10 000 Kondensatoren, um daraus Rechen-, Zähl- und Speichereinheiten zu konstruieren. ENIAC konnte Berechnungen in Sekunden ausführen, wozu Menschen zuvor Tage und Wochen benötigt hatten. Schnell kam daher die Rede vom ›Elektronenhirn‹ auf.

Logische Schaltungen, realisiert mit Elektronenröhren, lassen sich als die materiale Seite der Kulturtechnik des Digitalen verstehen. Heutige Computer basieren jedoch schon lange nicht mehr auf Röhrenschaltungen, sondern auf Halbleiterkristallen wie Silizium. Die Halbleitereigenschaft von Kristallen hatte in den 1870er Jahren der Physiker Ferdinand Braun an Schwefelkies-Kristallen entdeckt, doch er konnte sich das eigenartige Verhalten nicht erklären.[75] Solche Kristalle lassen Strom in eine Richtung durch, während sie in die andere Richtung sperren. Sie sind halb elektrischer Leiter, halb Isolator; also Halbleiter. Heute wird durch das Einbringen von Fremdatomen (Dotierung) in eine Halbleiter-Kristallschicht Elektronenfluss erzeugt, der dann durch integrierte logische Schaltungen gesteuert werden kann. Auch wenn die Dotierung von Kristallen bereits in den 1940er Jahren entwickelt wurde, kam sie erst in den 1970er Jahren zum weiterverbreitenden Einsatz. Damit konnten »Schaltpläne für die mathematische Logik [... direkt] ins Innere des Kristalls gegossen werden«[76]. Heute sind Silizium-Computerchips derart leistungsfähig, dass sie an die Grenzen der klassischen Physik gelangen und daher neue Arten von Computern erforscht werden.[77]

3.3 Freie Programmierbarkeit der Digitalität

Computer können analog-mechanisch sein wie Bushs *Differential Analyzer*. Sie können aber auch digital-elektronisch sein wie die Z3 oder ENIAC. Entscheidend für die weitere Entwicklung ist jedoch das Kriterium der freien Programmierbarkeit. Bereits Turing hatte diese im Modell der Turing-Maschine verdeutlicht, die aus zwei Teilen bestand: einer Maschine, die ein Papierband von einem Feld zum nächsten bewegt und dort Symbole schreiben, überschreiben oder löschen kann. Die Zustände dieser Maschine müssen so allgemein wie möglich sein, um frei-programmierbar zu sein. Je mehr die Mechanik oder das elektronische Design die Zustände reglementieren, desto weniger frei-programmierbar ist die Maschine. Daher ist Turings Maschine die allgemeinste Abstraktion des Schreibprozesses. Form und Inhalt sind hier größtmöglich entkoppelt. In diesem Sinne stellte die Turing-Maschine die Formalisierung des Schreibens schlechthin dar.

Doch damit die Maschine ›Etwas‹ schreiben kann, benötigt sie von außen Anweisungen in Form von Instruktionen, die in einer Reihenfolge nacheinander abgearbeitet werden können. Eine solche Liste von Anweisungen nennen wir heute ›Turing-Tafel‹. Eine Turing-Tafel ist nichts anderes als ein Programm für seine frei-programmierbare Schreibmaschine. Im Unterschied zu herkömmlichen Schreibmaschinen weist die Turing-Maschine jedoch eine Besonderheit auf, die nur mit der elektrifizierten Sprache im dynamischen Medium der logischen Schaltungen möglich ist: nämlich das Überschreiben von Symbolen.

Doch Turings Maschine war ein Gedankenexperiment und keine gebaute Maschine. Daher lautete die weitere Frage in der Entwicklung von Digitalcomputern, wie die Anweisungen in die Maschine kamen. ENIAC, beispielsweise, mit seinen Unmengen an Elektronenröhren, Dioden, Relais, Widerständen und Kondensatoren musste für jedes neue Rechenprogramm neu ›verdrahtet‹ werden. »Setting up the ENIAC meant plugging and unplugging a maze of cables and setting arrays of switches. In effect, the machine had to be rebuilt for each new problem it was to solve.«[78] Rechenanweisungen an ENIAC zu delegieren hieß,

Unmengen an Steckverbindungen per Hand einzustecken. Jede neue Berechnung erforderte neue Steckverbindungen. Dies war eine langwierige und fehlerbehaftete Prozedur. Daher versuchte John von Neumann, den Vorgang des Einrichtens eines Computers zu vereinfachen, indem er 1947 definierte, was ›Coding‹ sein sollte: »Coding begins with the drawing of the flow diagrams. [...] The next stage consists of the individual coding of every operation box, alternative box and variable remote connection. [...] The last stage of coding consists of assigning all storage positions and all orders their final numbers.« ›Flow diagrams‹ sind grafische Hilfsmittel, um die komplexen und rückgekoppelten Verknüpfungen der Berechnungen (›boxes‹) übersichtlich darstellen zu können; also wie Berechnungen organisiert sein sollten, um sie in einzelne (diskrete) Abarbeitungsschritte zu unterteilen. Fließdiagramme sind zwar für die vereinfachte Darstellung komplexer Abläufe für Menschen geeignet, aber ein Computer benötigt aufeinanderfolgende Angaben zu jeder einzelnen Operation, die er nacheinander selbständig ausführen kann. Das bedeutete, dass die Organisation der Berechnungen in einer langen Befehlsliste in Maschinensprache notiert werden musste. Jeder symbolische Befehl entsprach einer ausführbaren Operation wie folgender: »S(x) → Ac: Clear accumulator and add number located at position x in the Sceletrons into it.«[79] Eine komplette Liste an Befehlen stellte dann das Instruktionsprogramm dar, das ein Computerinstrukteur eingeben konnte. Ein solches Programm in Maschinensprache bestand (und besteht bis heute) aus einer Folge von Bytes, die sowohl Befehle als auch Daten repräsentieren. Jede noch so kleine Lücke in der Befehlsliste kann zum Computerabsturz führen.

Da diese Art des Coding mit Stift und Papier sehr aufwendig und fehleranfällig war, dauerte es nicht lange, bis Instruktionsprozeduren, die immer wieder benötigt wurden (Routinen), automatisiert wurden. Als Erstes wurde die Übersetzung von Instruktionen in Maschinensprache durch Compiler automatisiert. Was dabei leicht vergessen wird, ist, dass viele der ersten ›Programmierer‹ weiblich waren, dass Ada Lovelace bereits Mitte des 19. Jahrhunderts das erste symbolische Computerprogramm für Charles Babbages mechanische Rechenmaschine (Analytical Engine) geschrieben hatte und dass Grace Hopper 1952 den ersten Compiler realisierte.[80] In einem Vortrag im selben Jahr mit dem Titel »The Education of a Computer« beschrieb Hopper ihre Motivation: »While the materialization is new, the idea of mechanizing mathematical thinking is not new. Its lineage starts with the abacus and descends through Pascal, Leibniz, and Babbage. [...] inventing programs wears off and degenerates into the dull labor of writing and checking programs. [...] The programmer may return to being a mathematician. He is supplied with a catalogue of subroutines. [...] He does not even need to know the particular instruction code used by the computer. He needs only to be able to use the catalogue to supply information to the computer about his problem.«[81] Etwas später entwickelte Hopper mit Kollegen die Programmiersprache COBOL (›COmmon Business Oriented Language‹). Ab Mitte der 1950er Jahre folgte dann mit FORmula TRANslator (FORTRAN) die erste höhere Programmiersprache. Interessanterweise waren die frühen Programmierer von dieser Automatisierung nicht begeistert, wie John Backus, der Entwickler von FORTRAN, schrieb: »At that time [1954] most programmers [...] firmly believed that any mechanical coding method would fail to apply the versatile ingenuity which each programmer felt he possessed and constantly needed in his work.«[82]

Doch wie konnten die Maschinen mit den Instruktionen gefüttert werden? Während ENIAC mühsam per Hand mit Steckverbindungen programmiert werden musste, entwickelten sich schnell automatisierte Eingabehilfen wie Lochkarten für Programme. In Lochkarten konnten in bis zu achtzig Spalten und zwölf Zeilen Löcher gestanzt werden, die die Instruktionen enthielten. Dies ergab eine Datenmenge bis zu achtzig Byte pro Lochkarte. Lochkarten konnten auch zur Datenausgabe verwendet werden. Sie kamen jedoch nicht erst mit den ersten frei-programmierbaren Computern auf, sondern sind Resultate einer langen und erfolgreichen Geschichte der frühen Automatisierung. Gelochte Blättchen wurden bereits Mitte des 18. Jahrhunderts für die Automatisierung mechanischer Maschinen verwendet. 1805 stattete Joseph-Marie Jacquard Webstühle mit gelochten Karten aus Karton aus.[83] 1837 sah Babbage für seine *Analytical Engine* bereits eine Lochkartensteuerung vor. 1890 nutzte Herman Hollerith ein Lochkarten-basiertes Verfahren für die US-amerikanische Volkszählung von 1890 und legte damit den Grundstein für die Automatisierung der Dateneingabe. Um ein komplettes Programm jedoch auf Lochkarten zu speichern, wurden viele Karten benötigt, die leicht durcheinandergeraten konnten. Daher lösten Magnetbänder bald Lochkarten ab.[84]

Ab Mitte der 1950er Jahre standen alle notwendigen Elemente des Digitalen zur Verfügung: frei-programmierbare Digitalcomputer, erste Programmierhilfen und -sprachen, automatisierte Eingabe- und Ausgabehilfen sowie Radarbildschirme als Monitore. Auch wenn diese digitalen Rechenumgebungen noch vereinzelt waren, so zeigten sie doch, wozu sich der ganze Aufwand lohnte: nämlich Berechnungen ›zum Laufen zu bringen‹ und daraus neue Welten zu generieren. Von Neumann war nicht nur ein Pionier der Computer- und Programmierentwicklung, sondern er war auch an der Entwicklung einer der ersten Computersimulationen beteiligt, einer Wettervorhersage, die 1950 auf ENIAC berechnet wurde. Dies machte das Potenzial der elektronischen Computer schnell deutlich. Wozu ein Mensch

Tage benötigte, konnte ENIAC in wenigen Minuten berechnen. Doch es wurde auch schnell klar, dass Computer dazu genutzt werden konnten, »to control a machine or process directly from numbers«[85]. Ziel war es, Computercode direkt in maschinelle Bewegung zu übersetzen, um damit die industrielle Produktion der Fabrikation von Bauteilen zu automatisieren. Bereits 1957 orderte das US-Militär für über 30 Millionen Dollar Computer Numeric Control (CNC) gefertigte Bauteile. Beides zusammen begründete die digitale Vorhersage- wie Artefaktkultur. Je schneller die Computer wurden, desto mehr Berechnungen konnten damit ausgeführt werden. Je mehr Berechnungen pro Sekunde möglich werden (Performanz), desto umfangreicher werden die Anwendungsszenarien und desto komplexer die digitale Signatur.

3.4 Resultate der Elektrifizierung der Sprache

Die Elektrifizierung der Sprache transformiert die formalen Aspekte natürlicher Sprache in die Sphäre des Dynamischen des Elektronenflusses – gemeinhin Strom oder Elektrizität genannt. Der Elektronenfluss lässt sich so modulieren, dass damit Informationen formal generierbar, prozessierbar und speicherbar werden. Dazu muss Sprache quantisiert und messbar gemacht werden.

1. Durch die Abtastung kontinuierlicher Sprachsignale diskretisierte Nyquist diese, indem er die nötige Abtastrate eines Sprachsignals ermittelte, ohne Informationen über die ursprüngliche Wellenform zu verlieren.
2. Hartley quantisierte zeitgleich das abgetastete Signal mit Quantisierungsstufen, welchen sich Zahlwerte zuordnen ließen. Diese Zuordnung eines Zahlwerts – englisch: ›digit‹ für

Ziffer – überführt das diskrete Signal in ein Digitalsignal, das mit reellen Zahlen dargestellt werden kann.

3. Digitalisierung bedeutet, ein kontinuierliches Signal zu diskretisieren und zu quantisieren. Das Digitalsignal besteht aus diskreten Zahlwerten. Diese können, müssen aber nicht mit einem Binärcode dargestellt sein. Aufgrund ihrer Einfachheit bilden Binärcodes jedoch üblicherweise die Grundlage für die Verarbeitung digitaler Informationen.
4. Schließlich bestimmte Shannon den Informationsgehalt der quantisierten Sprache und machte diesen messbar. Der Kunstgriff dabei war, die Abfolge von Sprachsymbolen einer spezifischen Sprache (Englisch) statistisch zu betrachten, also nach der Häufigkeit der Vorkommen von Buchstaben und Buchstabenkombinationen. Doch Shannon ging noch einen Schritt weiter, indem er die Statistik einer Sprachzeichenfolge probabilistisch approximierte. Dazu griff er auf Markovs Untersuchungen der russischen Sprache und der daraus entwickelten Wahrscheinlichkeitsrechnung zurück (Markov-Ketten). Auf diese Weise konnte er die Informationsentropie einer Symbolfolge (Nachricht) quantifizieren und H als Maßeinheit für den Informationsgehalt mathematisch definieren. Als Grundeinheit definierte er das Bit (›binary digit‹) für den gleichwahrscheinlichen Informationsgehalt einer Nachricht aus zwei Symbolen.
5. Bereits etwas früher hatte Shannon wie zuvor Peirce die binär interpretierte boolesche Algebra auf elektrische Schaltungen als Schaltalgebra übertragen. Aus diesen logischen Schaltungen entsprechend der booleschen Algebra (Logik-Gatter für AND, OR, XOR sowie deren Negationen NOT, NAND, NOR, NXOR) lassen sich dann alle weiteren Schaltungen eines Digitalcomputers aufbauen. Um Informationen (Bits) darzustellen, etablieren sich binärlogische Kippschaltungen wie Flip-Flops, die zwei Zustände repräsentieren können. Aus die-

sen lassen sich dann komplexere Schaltungen für komplexere Informationen konstruieren.

6. Vor diesem Hintergrund lassen sich Computer als ›cartesische Maschinen‹ verstehen, die sowohl in ihrer Konstruktion wie auch Instruktion »aus kleineren Einheiten größere Einheiten« integrieren.[86] Doch die Atomisierung der formalisierten, logisierten und elektrifizierten Sprache hat ihren Preis: Jegliche Darstellung (Programm) muss sich dieser an eine Maschine delegierbaren Sprache (Maschinensprache) anpassen. Am Ende jeglicher Programmierung, wie komplex diese auch sein mag, müssen sich alle Prozesse mit Logikgattern (boolesche Funktionen) ausführen lassen.
7. Um die Anpassung an den Computer und seine Maschinensprache für Menschen zu vereinfachen, entwickelte von Neumann die Methode des Coding, insbesondere die Flowcharts, um die Dynamik der Berechnungen zu visualisieren. Flowcharts sind als Dateiablaufdarstellungen bis heute in Gebrauch.
8. Schnell wurde jedoch deutlich, dass sich das Codieren einer Maschine automatisieren lässt. Erste Routinen wurden in Compilern katalogisiert. Auf diesen Compilern bauten und bauen bis heute die höheren Programmiersprachen wie FORTRAN oder COBOL auf.
9. Höhere Programmiersprachen ermöglichen es, komplexere logische Zusammenhänge kürzer ausdrücken. Auf diese Weise lassen sich immer raffiniertere Programme entwickeln und damit zunehmend komplexere digitale Phänomene generieren. Doch es wird auch immer schwieriger, mathematisch zu beweisen, dass die Auflösung in basale Berechnungen dem, was die höheren Funktionen zu leisten versprechen, tatsächlich entsprechen (Softwareverifizierung). Die voll verifizierte Software für realistische und umfangreiche Programme ist bislang ein Mythos.[87]

4. Das Programm der Automatisierung des Geistes

Computer sind ›cartesische Maschinen‹, die – wie Joseph Weizenbaum in seiner bekannten Kritik *Die Macht der Computer und die Ohnmacht der Vernunft* 1976 schrieb – sowohl in ihrer Konstruktion wie auch Instruktion nichts anderes darstellen, als »aus kleineren Einheiten größere Einheiten« herzustellen.[88] Doch es sind frei-programmierbare Maschinen, die auf der Formalisierung der aristotelischen Syllogistik durch die boolesche Algebra basieren und die auf Basis dieser cartesischen Konzeption immer komplexere Funktionen ermöglichen. Dies führte von Beginn an zu dem Versuch, über die boolesche Algebra (Aussagenlogik) hinaus komplexere geistige Operationen wie Schlussfolgern oder Interpretieren zu formalisieren und an Computer zu delegieren. Die logischen Maschinen von Jevons, Peirce und Marquand waren ein erster Versuch in Richtung dessen, was heute unter dem Begriff Künstliche Intelligenz subsumiert wird. Wie Peirce bereits 1887 formulierte: »Precisely how much of the business of thinking a machine could possibly be made to perform, and what part of it must be left for the living mind, is a question not without conceivable practical importance.«[89] Doch solange sich Computer nicht von ›cartesischen Maschinen‹ in ›kybernetische Maschinen‹ transformieren, trägt das Programm der Automatisierung des Geistes nicht weit.

4.1 Maschinenintelligenz bei Newell und Simon

Mitte des 20. Jahrhunderts nahm die Automatisierung des Geistes Gestalt an und griff damit das von Leibniz bereits 1693 formulierte Programm wieder auf: »[...] all die Fragen, für die das Vermögen der Anschauung nicht mehr zureicht, weiter [zu] verfolgen, so daß der hier geschilderte Kalkül [...] die Ergänzung der sinnlichen Anschauung und gleichsam ihre Vollendung darstellt.«[90] In dieser Entwicklung von Leibniz bis Mitte des 20. Jahrhunderts lassen sich drei Transformationen rekonstruieren, die sich schlagwortartig als Wechsel von der Semantik zur Grammatik, von der Grammatik zur Logik und von der Logik zum Verhalten bezüglich der jeweils dominanten Prinzipen der Automatisierung des Geistes bezeichnen lassen.

Der anfängliche Versuch, durch die logische Kombination von Begriffen Denken zu automatisieren, wie in Leibniz' ›Alphabetum cogitationum humanarum‹, ist semantisch an den Begriffsbedeutungen orientiert. Bereits im 14. Jahrhundert hatte Ramon Llull in seinem Werk *Ars magna* das mechanische Kombinieren von Begriffen beschrieben. Mit seiner ›Begriffsmaschine‹ wollte er eine universale Sprache schaffen, die wahre von falschen Aussagen automatisiert unterscheiden können sollte. Eine solche Automatisierung des Geistes, solange sie mit konkreten Begriffen durchgeführt werden sollte, müsste Millionen von Begriffskombinationen auf ihre semantische Korrektheit hin überprüfen. Ein utopisches Unterfangen. Doch Sprache lässt sich regelbasiert beschreiben, indem zwischen Wortarten und deren Verknüpfungen unterschieden wird. In der Linguistik wird die systematische Sprachbeschreibung als Grammatik bezeichnet. Sie beschreibt sowohl die Charakteristik spezifischer Sprachen als auch die grundlegende Struktur natürlicher und formaler

Sprache. Die Grammatik vereint die Teilbereiche der Formenlehre der Wörter (Morphologie), der Lautlehre (Phonologie), der Struktur von Sätzen (Syntax) sowie der Bedeutungslehre der Wörter und Sätze (Semantik). Bereits die antike Syllogistik basierte auf dem begriffslogischen Unterschied zwischen Subjekt und Prädikat. Insofern Variablen für Subjekte und Prädikate verwendet werden, wie dies Jevons für sein logisches Piano tat, ließ sich die Begriffslogik basierend auf den vier syllogistischen Urteilsformen mechanisch realisieren. Jevons interpretierte dafür die syllogistischen Urteilsformen als Mechanismen der Elimination in der Auswahl von Begriffen im Sinne von Booles Formalisierung. Seine Logikmaschine konnte immerhin ein Alphabet von vier Begriffsvariablen handhaben.

Damit stand Jevons logisches Piano am Übergang von der Grammatik zur Logik als dominantem Prinzip der Automatisierung des Geistes. Booles Formalisierung der Syllogistik war hier das zentrale Scharnier. Statt Begriffe semantisch korrekt zu kombinieren, stellte sich nun die Frage, welche Urteilsformen sich formalisieren und mechanisieren ließen; wobei sich Letzteres durch den Übergang von der Mechanik zur Elektronik entscheidend transformierte. Die Elektrifizierung von Booles ›Calculus of Logic‹ und damit der Sprache als »instrument of reasoning« eröffnete gerade auch wegen der damit einhergehenden Effekte der Diskretisierung, Quantisierung und Binarisierung – kurz: Digitalisierung – ungeahnte Möglichkeiten.[91] Doch wie bereits Peirce kritisierte, war Booles ›Calculus of Logic‹ nicht vollständig. »Boole's logical algebra has such singular beauty, so far as it goes, that it is interesting to inquire whether it cannot be extended over the whole realm of formal logic, instead of being restricted to that simplest and least useful part of the subject, the logic of absolute terms, which, when he wrote, was the only formal logic known.«[92] Peirces Relationskalkül hingegen war als

komplettes Logiksystem angelegt. Dazu ergänzte er die boolesche Algebra um die logische Multiplikation und die Exponentiation (Allquantor) und vollzog damit den Übergang von der Aussagenlogik zur Prädikatenlogik, die er etwas später formalisierte – parallel zu Gottlob Freges *Begriffsschrift. Eine der arithmetischen nachgebildete Formelsprache des reinen Denkens* von 1879. Im Unterschied zur Aussagenlogik, die als Begriffslogik lediglich einzelne Begriffe verknüpft (AND, OR, NOT), lassen sich mit der Prädikatenlogik Begriffsbestimmungen wie ›X ist ein Y‹, Eigenschaften wie ›X ist y‹ und Relationen wie ›X ist größer als Y‹ ausdrücken und mit Quantoren verallgemeinern. Mit dem Existenzquantor (∃) sowie dem Allquantor (∀) sind Aussagen über Satzfunktionen artikulierbar, wobei eine Satzfunktion im einfachsten Fall ein einstelliges Prädikat sein kann. ∃ behauptet, dass es mindestens ein Individuum gibt, auf das das Prädikat zutrifft; ∀ behauptet, dass ein Prädikat auf alle Individuen zutrifft.

Prädikatenlogiken sind für die Grundlagen der Mathematik, für logische Programmiersprachen sowie für die Programmierung von Expertensystemen und Künstlicher Intelligenz (KI) von zentraler Bedeutung. Intelligenz wird dabei unabhängig von einer bestimmten Trägersubstanz (Gehirn, Maschine, etc.) als Symbolverarbeitung und Symbolverarbeitung wiederum als (prädikatenlogisch formulierbarer) Rechenprozess verstanden. Bereits 1887 hatte Peirce Denken als Symbolverarbeitung aufgefasst, eine These, die 1976 von dem Informatiker und Kognitionspsychologen Allen Newell und dem Sozialwissenschaftler Herbert A. Simon als ›Physical Symbol System Hypothesis‹ reformuliert wurde.[93] Wenn Denken Symbolverarbeitung ist, dann kann auch eine symbolverarbeitende Maschine ›denken‹. Diese These liegt der ›starken KI‹ (kognitivistisches Paradigma) zugrunde, die eine universell einsetzbare Künstliche Intelligenz oder ›Superintelligenz‹ als Vision verfolgt.[94]

Die Vision einer starken KI versuchten Newell und Simon erstmals mit dem *Logical Theorist* 1956 zu realisieren. Das Programm stand ganz im Zeichen der Symbolverarbeitung als Rechenprozess, doch der *Logical Theorist* war lediglich ein Ableitungsprogramm für logische Theoreme. Anders das Nachfolgeprogramm, der *General Problem Solver* von 1959, der bereits im Titel einen universalen Anspruch erhob, obwohl das Programm gleichzeitig eine Einschränkung formulierte. Denken als Symbolverarbeitung wurde ganz im Zeichen von Descartes auf symbolverarbeitendes Problemlösen reduziert. Bei genauerer Betrachtung vollzog der *General Problem Solver* entgegen seinem vollmundigen Titel noch eine weitere Wende: den Übergang von der Logik als Formalisierung von Denkgesetzen zur Formalisierung von Problemlösungsverhalten als dominantem Prinzip der Automatisierung des Geistes. Diesen Übergang von der Logik zum Verhalten beschrieben Newell und Simon treffend, als sie 1961 den *General Problem Solver* als *Program That Simulates Human Thought* konzipierten. Nicht mehr die Programmierung einer Maschine zur Lösung logischer Probleme stand im Mittelpunkt, sondern die Beobachtung des Verhaltens »of a test person solving a logical problem«, um daraus »a computer program called GPS (General Problem Solver)« zu entwickeln, »which leads to a psychological theory of human problem solving«[95]. Das Folgenreiche dieser Transformation war, dass der introspektive Vorgang des Lösens logischer oder mathematischer Probleme durch beobachtbares, regelbasiertes Verhalten bei der Lösung solcher Probleme substituiert wurde. Logisches oder mathematisches Problemlösen wiederum wurde mit allgemeinem Problemlösen als Inbegriff menschlichen Denkens gleichgesetzt – eben als *General Problem Solver*.

Die maßgebliche Heuristik des Problemlösens, die Newell und Simon vorschlugen, war alles andere als generell. Problemlösen wurde *als* Suche interpretiert und Suche *als* Minimierung des Suchraums definiert: Als »principle of subgoal reduction: Make progress by substituting for the achievement of a goal the achievement of a set of easier goals« sowie als Means-ends Analysis: »Reduce the difference, d, between object a and object b by modifying a.«[96] Die Means-ends Analysis ist eine bis heute in der KI weit verbreitete Methode zur Einschränkung des Suchraums. Doch es drängt sich die Frage auf, ob Problemlösen *als* Suche und Suche *als* Minimierung des Suchraums tatsächlich den Anspruch eines *General Problem Solver* behaupten kann. Der Informatiker Drew McDermott hat dies 1981 in dem Artikel »Artificial Intelligence Meets Natural Stupidity?« stark kritisiert. »By now, ›GPS‹ is a colorless term denoting a particularly stupid program to solve puzzles. But it originally meant ›General Problem Solver‹, which caused everybody a lot of needless excitement and distraction. It should have been called LFGNS – ›Local-Feature-Guided Network Searcher‹. [...] It is so much harder to write programs using the terms on the right! When you say (GOAL ...), you can just feel the enormous power at your fingertips. It is, of course, an illusion.«[97]

Aus philosophischer Perspektive lässt sich feststellen, dass die frühe KI genau an jenem Punkt einsetzte, den Descartes bereits mit der Idee seines Problemlösungsalgorithmus beschrieben hatte; und sie tat dies, indem sie – wie Descartes – Verhalten beobachtete und operationalisierte. Zwar hatte Descartes dies 1637 an jenen »langen Ketten ganz einfacher und leichter Begründungen, die die Geometer zu gebrauchen pflegen«, beobachtet und nicht am Verhalten von Testpersonen, wenn sie logische Aufgaben lösen.[98] Doch der erste Schritt in der Entwicklung der KI mutet verblüffend ähnlich an. Turing deutete diesen Paradigmenwechsel von der Logik zum Verhalten in seinem einflussreichen Artikel »Computing machinery and intelligence« von 1950 dann auch noch folgenschwer um, insofern er behauptete, dass auch für Menschen gelte, »that being regulated by laws of behaviour implies some sort of machines«[99]. Die These von der Gleichsetzung von Mensch und Maschine hatte bereits Julien de La Mettrie in seiner Schrift *L'Homme-Machine* von 1748 behauptet. Es sollte daher im Kontext der Maschinenintelligenz nicht weiter verwundern, dass Intelligenz *als* regelbasiertes, intelligentes Verhalten gedeutet wurde, das Mensch und Maschine in eins setzt (Computertheorie des Geistes).

4.2 Kybernetische Maschinen bei Wiener

Die Idee, Verhalten als Verallgemeinerung zwischen Menschen, Maschinen, Lebewesen und Systemen jeglicher Art zu verstehen, lag als Kerngedanke bereits Norbert Wieners Konzept der Kybernetik zugrunde. Die Verallgemeinerung resultierte aus dem Credo, regelungsbasiertes Steuern zum zentralen Organisationsprinzip maschinellen, aber auch menschlichen Verhaltens zu erklären. Der Hintergrund dieses Credos resultierte Mitte der 1940er Jahre aus der kriegstechnischen Frage, wie eine funktionierende Flugabwehr regelungstechnisch konzipiert werden könnte. Wie Wiener schrieb, wäre es das Einfachste, den Kurs eines Flugzeugs von seiner Ausgangsposition aus linear zu berechnen, denn jede Kurve oder jedes Flugmanöver würde ein Flugzeug verlangsamen. Der geradeste Kurs wäre der effizienteste. Doch im Falle einer Flugabwehr wäre der gerade, da vorausberechenbare Kurs auch der gefährlichste. Deshalb würde ein erfahrener Pilot die Kursbahn willentlich so ändern, dass die Wahrscheinlichkeit eines Abschusses abnähme. Wie ließe sich dieses willentliche Verhalten eines Gegners nun reglungstechnisch erfassen, um die Trefferquote der eigenen Flugabwehr zu erhöhen? Die Antwort war folgende: »Mr. Bigelow und ich kamen zu dem Schluß, daß ein außerordentlich wichtiger Faktor im willensgesteuerten Handeln das ist, was die Reglungstechniker mit Rückkopplung bezeichnen.«[100] In der Zeitschrift *Philosophy of Science* beschrieben Wiener, Arturo Rosenblueth und Julian Bigelow 1943 in dem Artikel »Behavior, Purpose and Teleology« ihre Vision, biologische, technische oder auch soziologische Systeme als selbsttätige Regelungs- und Steuerungsmechanismen zu interpretieren. »Purposeful active behavior may be subdivided into two classes: ›feed-back‹ (or ›teleological‹) and ›non-feed-back‹ (or ›non-teleological‹). [...] The feed-back is then negative, that is, the signals from the goal are used to restrict outputs which would otherwise go beyond the goal. All purposeful behavior may be considered to require negative feed-back. [...] Feed-back purposeful behavior may again be subdivided. It may be extrapolative (predictive), or it may be non-extrapolative (non-predictive). [...] Predictive behavior requires the discrimination of at least two coordinates, a temporal and at least one spatial axes.«[101]

Lebewesen wie Maschinen wurden *als* Rückkopplungsmaschinen beschreibbar, Feedbacksignale wurden *als* Informationen des Systems über seinen Zustand interpretiert, und Rückkopplung wurde *als* Selbststeuerung verstanden. Damit ging ein Paradigmenwechsel von den bislang von-außen-gesteuerten (programmierbaren) Maschinen zu sich-selbst-steuernden und -regelnden Maschinen einher. Diese Vision bezeichnete Wiener als Kybernetik, eine Bezeichnung, die er vom griechischen Wort ›κυβερνήτης‹ für Steuermann ableitete und in seinem Buch *Cybernetics or Control and Communication in the Animal and the Machine* 1948 ausführlich beschrieb. Die Kybernetik war von Beginn an als eine interdisziplinäre Universalwissenschaft angelegt, die das Verhalten von Systemen aus verschiedensten Perspektiven beschreiben wollte: aus Perspektive der Biologie, der Medizin, der Physiologie, der Ökologie, der Soziologie, der Psychologie, der Physik und jener der Ingenieurswissenschaften. Insbesondere im Kontext des Digitalen hat die Kybernetik aufgrund ihres Selbststeuerungskonzepts eine große Wirkung entfaltet. Es liegt auf der Hand, dass das kybernetische Prinzip der Selbststeuerung durch Rückkopplung das grundlegende Organisationsprinzip jeglicher Robotik wie Künstlichen Intelligenz ist. Ebenso sind Computer kybernetische Maschinen, wenn Rückkopplungsschleifen sie über das einfache, cartesische Prinzip der Summierung von Einzelteilen hinausführen.

Die volle Tragweite des kybernetischen Paradigmas wurde auf den Macy-Konferenzen deutlich – zehn interdisziplinäre Konferenzen, die zwischen 1946 und 1953 in den USA stattfanden und ab der sechsten Konferenz den Titel *Cybernetics* erhielten.[102] Hier wurden die Grundlagen der Informationstheorie, der neuronalen Netze, des Computers, der Robotik, der KI und vieles mehr erörtert. Die Kybernetik läutete laut dem Philosophen und Logiker Gotthard Günther eine Maschinenrevolution ein, deren Prototyp »nicht mehr die Arbeit verrichtende [Maschine war], sondern die Informationen prozessierende und Steuerungsleistungen erbringende kybernetisch Maschine und ihr Modell das äußerst komplexe System des menschlichen Gehirns«[103]. Für Martin Heidegger markierte die Kybernetik den Übergang zum Sein als Regelkreis von Mensch und Welt, der die kategorialen Bestimmungen der Ontologie und damit die Philosophie obsolet machte.[104] Dass dieses Denken in Regelkreisen und (Selbst-)Steuerung schon den Biologen des 18. und 19. Jahrhunderts bekannt war und nicht erst in Wieners Kybernetik thematisiert wurde, deuten naturphilosophische Konzepte wie Friedrich Schellings Prozesslogik organismischer Innen- und Außenwelten von 1797 an.[105] Was jedoch neu war, war, Lebewesen und Maschinen kybernetisch zusammenzudenken.

Die Folge dieser Synthesis ist das Digitale in seiner avancierten kulturtechnischen Form. Schaltalgebra, Informationsübertragung sowie das reglungstechnische, rückgekoppelte Verschalten in zunehmend komplexere Datenprozessierungseinheiten bilden die Struktur des Digitalen, in die über Rückkopplungsmechanismen nicht nur Selbststeuerung, sondern Selbststeuerung als ›purposeful behavior‹ integrierbar ist. Im Unterschied zum Computer als rein ›cartesischer Maschine‹ des numerischen und logischen Rechnens ist der Computer als ›kybernetische Maschine‹ eine teleologische Maschine. Zum numerischen und logischen Rechnen mit Schaltungen kommt die über Rückkopplung organisierte Imitation ›absichtsvollen Verhaltens‹ hinzu. Die Einführung der Idee der negativen Rückkopplung *als* absichtsvolles Verhalten ist eines der zentralen Ersetzungsverhältnisse in der Automatisierung des Geistes.

4.3 Maschinelles Lernen bei Turing und Rosenblatt

Den Umgang mit teleologischen Maschinen hatte Turing in seinem Artikel »Computing machinery and intelligence« 1950 treffend beschrieben, wenn er von experimentellen Maschinen berichtete, »whose manner of operation cannot be satisfactorily described by its constructors because they have applied a method which is largely experimental«[106]. Turing hatte in diesem Artikel zwar festgestellt, dass Menschen nicht mit Turing-Maschinen, also Computern, gleichgesetzt werden könnten, insofern die Turing-Tafeln menschlicher Maschinen unbekannt seien und auch nicht bekannt sei, ob diese überhaupt endlich wären. Doch dies hielt Turing nicht von seiner Idee ab, dass Maschinen Intelligenz haben können. Zum einen, weil Menschen »by laws of behaviour« determiniert seien; zum anderen, weil absichtsvolles Verhalten auch als Lernen verstanden werden könne und es dann vor allem um die Exteriorisierung von Lernmechanismen gehe, wie beispielsweise bei klassischen, behavioristischen Lernstrategien in Form negativer und positiver Verstärkung.[107] »The machine has to be so constructed that events which shortly preceded the occurrence of a punishment signal are unlikely to be repeated, whereas a reward signal increased the probability of repetition of the events which led up to it. These definitions do not presuppose any feelings on the part of the machine, I have done some experiments with one such child machine, and succeeded in teaching it a few things. [...] Now the learning process may be regarded as a search for a form of behavior which will satisfy the teacher (or some other criterion).«[108] Heute kennen wir diese experimentellen Maschinen, die Turing als ›child machine‹ bezeichnet, aber technisch nicht im Detail beschrieben hatte, als Künstliche Neuronale Netze (KNNs). Die ›rewarding function‹ ist zentraler Motor der Entwicklung intelligenter Anwendungen basierend auf maschinellen Verfahren des bestärkenden Lernens (›reinforcement learning‹).

Doch die Entwicklung der neuronalen KI begann bereits 1943, als der Neurophysiologe und Kybernetiker Warren McCulloch und der Logiker Walter Pitts »A logical calculus of the ideas immanent in nervous activity« konzipierten. Sie beschrieben Neuronen als Schaltelemente, die zu Netzen zusammengeschaltet arithmetische oder logische Funktion berechnen konnten. Mit solchen Netzen, so behaupteten sie bereits 1947, sollte sich die Erkennung räumlicher Muster automatisieren lassen.[109] Doch noch fehlten entscheidende Schritte in der Entwicklung der neuronalen Netze, um sie selbstlernend zu gestalten. 1949 formulierte der Psychobiologe Donald Hebb die Hebb'sche Lernregel, die sich salopp so formulieren lässt: ›What fires together, wires together.‹[110] Je öfter sich zwischen bestimmen Zellen Aktivitäten ereignen, desto stärker vernetzten sie sich. Die Mechanismen des Lernens und des Gedächtnisses sind so erklärbar. Maschinell lässt sich die Hebb'sche Lernregel *als* Gewichtung der neuronalen Verbindungen realisieren. Dementsprechend ist Lernen in KNNs *als* Gewichtsveränderung konzipiert. Einen ersten Neurocomputer mit sich selbst justierenden Gewichten entwarf der Mathematiker Marvin Minsky in seiner Dissertation an der Universität Princeton 1951 und nannte diesen Stochastic Neural Analog Reinforcement Calculator (SNARC).[111] Etwas später entwickelten die Psychologen und Informatiker Frank Rosenblatt und Charles Wightman 1958 den ersten funktionstüchtigen Neurocomputer *Mark I Perceptron*, der mit einem einlagigen Bildsensor von 20 x 20 Pixel ausgestattet bereits Ziffern erkennen konnte. In dem Artikel »The Perceptron« fasste Rosenblatt die Entwicklung zusammen und machte eine weitere folgenreiche Transformation deutlich: die von der Logik zur Probabilistik, um Verhalten – insbesondere Lernen – besser formalisieren und mechanisieren zu können. Sie begründeten dies wie folgt: »During the last few decades, the development of symbolic logic, digital computers, and switching theory has impressed many theorists with the functional similarity between a neuron and the simple on-off units of which computers are constructed, and has provided the analytical methods necessary for representing highly complex logical functions in terms of such elements. The result has been a profusion of brain models which amount simply to logical contrivances for performing particular algorithms (representing ›recall‹, stimulus comparison, transformation, and various kinds of analysis) in response to sequences of stimuli. [...] Unfortunately, the language of symbolic logic and Boolean algebra is less well suited for such investigations. The need for a suitable language for the mathematical analysis of events in systems where only the gross organization can be characterized, and the precise structure is unknown, has led the author to formulate the current model in terms of probability theory rather than symbolic logic.«[112]

Rosenblatts Perzeptron wurde von Minsky, gemeinsam mit dem Mathematiker und Psychologen Seymour Papert, 1969 heftig attackiert. Sie konnten zeigen, dass das Perzeptron als einlagiges Netzwerk lediglich logische UND-Verknüpfungen zu realisieren in der Lage war. Für (nicht-lineare) exklusive ODER-Verknüpfungen werden sogenannte ›Hidden Layers‹ in Mehrschichten-Modellen benötigt, um eine adäquate Inhibition repräsentieren zu können. Doch diese wurden erst später entwickelt. Die harsche Kritik von Minsky und Papert löste den ersten »KI-Winter« aus und verzögerte die Entwicklung neuronaler Netze um gut 15 Jahre.[113] Rosenblatt und Kollegen waren sich der Problematik zwar bewusst, wussten jedoch schlichtweg nicht, wie man Regeln für mehrschichtige Netzwerke formulieren sollte. Erst ab den 1980er Jahren hielten maschinelle Lernverfahren wieder zunehmend Einzug in die Entwicklung und formierten die neuronale KI. Der Durchbruch kam mit zwei Neuerungen: zum einen mit Mehrlagen-Netzwerken (Deep Neural Networks (DNNs) mit ›Hidden Layers‹), die der Informatiker Kunihiko Fukushima im *Neocognitron* in den 1980er Jahren erstmals erfolgreich realisierte; zum anderen mit dem 1986 eingeführten Backpropagation-Verfahren, das über Fehlerrückmeldungen die maßgebliche Trainingsmethode neuronaler Netze bis heute darstellt.[114] Seither treten alle Arten von KNNs im maschinellen Lernen (ML) ihren Siegeszug in der KI an, wobei KNNs heute zunehmend weniger am Vorbild des Gehirns orientiert sind. Da KNNs aber immer für konkrete Anwendungsprobleme konzipiert und trainiert werden, zählen sie zu den Konzepten der ›schwachen KI‹, die nicht den Anspruch einer universellen Intelligenz erheben.

4.4 Resultate der Automatisierung des Geistes

Die Automatisierung des Geistes ist aktuell Thema zahlreicher Studien, und die Geschichte der KI ist erst zum Teil wiederentdeckt.[115] Da die Künstliche Intelligenz, sowohl als symbolische KI wie auch als neuronale KI, zu einer mächtigen Signatur des Digitalen geworden ist, ist es umso wichtiger, die damit einhergehenden Ersetzungsverhältnisse zu verstehen.

1. Bereits im 14. Jahrhundert wurde über die Automatisierung des Geistes nachgedacht, allerdings aus rein semantischer Perspektive. Llulls *Ars Magna* oder Leibniz' ›Alphabetum cogitationum humanarum‹ waren Beispiele dafür.
2. Der semantische Ansatz wandelt sich in einen grammatischen, wenn von der konkreten Bedeutung der Worte abstrahiert und das Verhältnis der Wortarten untersucht wird, zumeist für Subjekte und Prädikate. Der Schritt von der Grammatik zur Logik ist dann ein kleiner, wie dies Jevons für sein logisches Piano demonstrierte. Sein Kunstgriff war es, Variablen für Wortarten (Subjekte, Prädikate) einzusetzen und Begriffsbestimmungen durch Booles Auswahlmechanismen zu ersetzen.
3. Doch solange logische Maschinen mechanisch konzipiert sind, limitiert die Mechanik die Logikmechanismen. Die Elektrifizierung der Sprache eröffnet hier neue Möglichkeiten der Verschaltung *als* Kombination logischer Funktionen, die mit Schaltkreisen realisierbar werden. Peirce hatte dies bereits im 19. Jahrhundert erkannt, Shannon hat dies mit seiner Schaltalgebra für die Digitalrechner des 20. Jahrhunderts reformuliert. Elektrifizierung der Sprache wie der logischen Funktionen diskretisiert, quantisiert und binarisiert – kurz: digitalisiert – diese.
4. Solange sich diese Maschinen im Bereich der Aussagenlogik bewegen, kann noch nicht von Künstlicher Intelligenz

die Rede sein. Peirce vervollständigte daher Booles ›Calculus of Logik‹ durch seinen Relationskalkül, der eine erste Ausformulierung der Prädikatenlogik darstellte. Peirce wie auch Frege lieferten dann Ende des 19. Jahrhunderts eine Formalisierung der klassischen Prädikatenlogik, die Begriffsbestimmungen, Eigenschaften und Relationen ausdrücken kann und damit zur Grundlage der Künstlichen Intelligenz wird.

5. ›Intelligenz‹ wird dabei, Peirce folgend, kognitivistisch *als* Symbolverarbeitung verstanden (symbolische KI) und lässt sich unabhängig vom menschlichen Gehirn mit der adäquaten Formalisierung auch für Maschinen realisieren. Die ›Physical Symbol System Hypothesis‹ von Newell und Simon 1976 reformuliert genau dies und liegt der Idee der starken KI zugrunde, die die Vision einer universell einsetzbaren Künstlichen Intelligenz verfolgt. Mit dem *Logical Theorist* von 1956 hatten Newell und Simon bereits einen ersten Versuch in Richtung der starken KI versucht.
6. Doch schnell münzten sie im *General Problem Solver* von 1959 Intelligenz *als* Symbolverarbeitung und Denken *als* symbolverarbeitendes Problemlösen um und brachten damit – wie vor ihnen Descartes – beobachtbares Verhalten ins Spiel. Der *General Problem Solver* wurde als *Program That Simulates Human Thought* verstanden. Doch bei genauerer Betrachtung wurde im GPS symbolverarbeitendes Problemlösen *als* Lösungssuche und Suche *als* Minimierung des Suchraums formalisiert (Means-ends analysis). Eine Menge Kunstgriffe respektive Ersetzungsverhältnisse, die später von McDermott als Tendenz, einfache Formalisierungen mit vollmundigen Namen zu betiteln wie *General Problem Solver* oder eben Künstliche Intelligenz, kritisiert wurden.
7. Aus philosophischer Perspektive zeigt sich, dass KI wie zuvor das Programm der Operationalisierung des Geistes ver-

sucht, beobachtbares Verhalten zu operationalisieren und zu formalisieren. Solange dies am menschlichen Verhalten orientiert ist, imitiert die KI in anthropomorpher Weise Aspekte der Intelligenz respektive kognitiven Verhaltens. Doch wie aktuelle Tendenzen zeigen, versucht sich die heutige KI-Entwicklung mit »*tabula rasa* reinforcement learning« an einer ›Superhuman AI‹.[116]

8. In dem Moment, in dem Verhalten ins Spiel kommt, transformiert sich der Computer von einer ›cartesischen Maschine‹ in eine ›kybernetische (teleologische) Maschine‹. Noch vor den ersten KI-Programmen hatte die Kybernetik Lebewesen wie Maschinen *als* sich-selbst-steuernde Rückkopplungsmaschinen beschrieben und insbesondere negative Rückkopplung mit absichtsvollem Verhalten gleichgesetzt.
9. Insofern Verhalten *als* Lernen definiert und Lernen behavioristisch *als* von außen steuerbar verstanden wird, wie dies Turing in seinem bekannten Artikel »Computing machinery and intelligence« von 1950 tat, lassen sich Mechanismen der negativen und positiven Verstärkung formulieren (›reward function‹ im bestärkenden Lernen). Turing hatte vom Training solcher ›child machines‹ berichtet, doch er hatte die Architektur dieser ›experimentellen‹ Maschinen nicht näher erläutert. Heute kennen wir sie als ›neuronale KI‹ im Kontext des maschinellen Lernens (ML).
10. Die neuronale KI basiert auf Künstlichen Neuronalen Netzen (KNNs), die ihren Ausgang in den Überlegungen von McCulloch und Pitts nahmen, Neuronen als Schaltungen zu beschreiben. Basierend auf der Hebb'schen Lernregel, konnten KNNs dann als selbstlernende Netze formalisiert werden. Lernen wurde als Veränderung der Gewichtung neuronaler Verbindungen mathematisch beschreibbar. Bereits in den 1950er Jahren versuchten sich Minsky am Konzept (SNARC)

und Rosenblatt (Mark I Perceptron) am Bau erster Neurocomputer für die Mustererkennung.

11. Diese ersten Neurocomputer machten deutlich, dass neuronales Lernverhalten sich besser mit Probabilistik beschreiben ließ als mit klassischer Logik. Dies führte zur Entwicklung einer neuen Beschreibungssprache. Doch solange KNNs einlagig konzipiert wurden, konnten sie kaum mehr als einfache aussagenlogische Funktionen leisten. Erst durch die von Fukushima (Neocognitron) in den 1980er Jahren eingeführten Mehrlagen-Netze (Deep Neural Networks (DNNs)) sowie das Backpropagation-Verfahren traten die neuronalen Netze ihren Siegeszug im maschinellen Lernen (ML) an, wie wir ihn heute beobachten können.

5. Digitale Philosophie

Die Frage nach der Struktur des Digitalen war die nach den maschinenlogischen Bedingungen der Signatur des Digitalen. Die Rekonstruktion aus philosophischer Perspektive konzentrierte sich dabei vor allem auf die Ersetzungsverhältnisse, um Funktionen an Maschinen delegieren und um überhaupt solche programmierbaren Maschinen konzipieren zu können. Dazu sind die beschriebenen Prozesse der Externalisierung, Materialisierung sowie Formalisierung und damit die Abstraktion menschlicher Fähigkeiten auf maschinenrationale Formate nötig, die die maschinenlogische Struktur des Digitalen konstituieren. Kalkülisierung und Mechanisierung sind dabei zwei Seiten derselben Medaille, wie dies Sybille Krämer in *Symbolische Maschinen* festgestellt hat. Doch mit der Elektrifizierung der Sprache kamen noch die Diskretisierung, Quantisierung und Binarisierung – kurz: Digitalisierung – hinzu. Damit sind die wichtigsten maschinenlogischen Voraussetzungen beschrieben, die auch einer Philosophie zugrunde liegen, wenn sie sich in diesen maschinenlogischen Bedingungen gründet.

Im Unterschied zu einer *Philosophie des Digitalen*, die über die Struktur und Signatur des Digitalen reflektiert, nutzt eine *Digitale Philosophie* die Struktur des Digitalen für ihre Forschung. Dies geschieht zumeist mit digitalen Werkzeugen im Sinne der Digital Humanities (DH), die computergestützte Verfahren und digitale Ressourcen für die Forschung verwendet.[117] Die Digitale Philosophie wird auch öfter als Computational Philosophy bezeichnet.[118] Entscheidend aber ist, dass die Eigenschaft ›digital‹ (oder ›computational‹) hier nicht auf binäre Computerzustände reduziert wird, sondern im Wortsinne (englisch ›digit‹ für Ziffer) als numerisch verstanden wird. Daher ist es nicht verwunderlich, dass in DH-Projekten das Quantitative – und hier zumeist in Form des Statistischen – im Mittelpunkt steht und mit der hermeneutischen Methode, die als Inbegriff der geisteswissenschaftlichen und philosophischen Methode schlechthin verstanden wird, nicht einfach zusammengebracht werden kann.[119] Doch Philosophie und Geisteswissenschaften sind nicht nur hermeneutisch orientiert, sondern operieren auch mit analytischen Methoden wie in der Diskursanalyse, Begriffsanalyse, Argumentationsanalyse und anderen Verfahren mehr. Zwar sind diese Analysemethoden zumeist qualitativer oder logischer Natur, und letztendlich geht es immer um Bedeutung, Interpretation und Verstehen. Aber die Frage, die sich aktuell stellt, ist die, wie sich die Philosophie die quantitativ-statistische Analyse in ihrer digitalen Form zu eigen machen kann, ohne ihre hermeneutische Ausrichtung zu verlieren. Gelingt dies, dann ist jedoch auch immer der Hintergrund mitzudenken, dass die Struktur des Digitalen, wie dargestellt, durch die quantitativ-statistische Analyse der Sprache bereits präformiert ist.

Es ist diese Verbindung von Linguistik, Logik und Statistik, in der nicht nur der Ursprung des Digitalen, sondern auch jener der Digital Humanities liegt.[120] Das ist kein Zufall, denn neben den semantischen Fragestellungen machen quantitativ-statistische Verfahren für syntaktisch-linguistische Fragestellungen viel Sinn. Daher finden sich im Bereich der Linguistik die ersten quantitativen Analysen, noch bevor von Digital Humanities oder Computerlinguistik die Rede sein kann. Das beeindruckendste Beispiele aus der Zeit vor Einführung digitaler Computer war das bereits kurz vorgestellte *Häufigkeitswörterbuch der deutschen*

Sprache von Friedrich W. Kaeding von 1898. Kaeding hatte dazu mit über tausend freiwilligen Helfern und Helferinnen das Vorkommen von Wörtern und Silben gezählt und ohne Computer (sic!) einen Korpus von über 10 Millionen Wörtern, jedes auf einem eigenen Zettel geschrieben, und 60 Millionen Buchstaben registriert, ausgewertet und dokumentiert. Sein Unterfangen hatte das Ziel, die Stenografie, die erst 1924 als Deutsche Einheitskurzschrift vereinheitlicht wurde, zu verbessern. Stenografie war, vor der Einführung von digitalen Textverarbeitungssystemen und Texteditoren, in den 1970er Jahren als Diktatschrift in Büros und Administrationen weit verbreitet. Auch zahlreiche Autoren und Autorinnen nutzten die Kurzschrift für ihre Manuskripte. Beispielswese hinterließ Edmund Husserl über 40 000 stenografierte Manuskriptseiten, die im Husserl-Archiv in Leuven zu finden sind.

Quantitativ-statistische Analysen der Sprache, wie die von Kaeding, wurden Anfang des 20. Jahrhunderts für zahlreiche Sprachen angestoßen. So auch von Andrei Markov für die Buchstabensequenzen in der russischen Literatur, die ihn zu seiner heute weit verbreiteten Wahrscheinlichkeitsrechnung veranlassten.[121] Aber auch Claude Shannons Untersuchungen der Informationsentropie sind hier einzuordnen, wenngleich Shannons Interesse an der englischen Sprache kein primär geisteswissenschaftliches, sondern ein technisches war. Dennoch gilt zumeist der Literaturwissenschaftler Roberto Busa als Begründer der Digital Humanities. Busa hatte bereits in den frühen 1950er Jahren mit Unterstützung des Computerherstellers IBM die Verschlagwortung und Lemmatisierung der Werke des Thomas von Aquin im *Index Thomisticus* vorgenommen.[122] Doch auch die Literaturwissenschaftlerin Josephine Miles kann als Begründerin der Digital Humanities gelten, da sie sich zur selben Zeit mit quantitativen Analysen mittelalterlicher und neuzeitlicher Poesie beschäftigte und dies schon früh mit Unterstützung von Computern tat.[123] Dies waren indes Einzelprojekte. Bekannt wurden die Möglichkeiten der Digital Humanities erst wesentlich später, vor allem durch Franco Morettis Konzept des Distant Reading: »The trouble with close reading (in all of its incarnations, from the new criticism to deconstruction)«, schrieb dieser im Jahr 2000, »is that it necessarily depends on an extremely small canon. [...] If you want to look beyond the canon [...] close reading will not do it. [...] We know how to read texts, now let's learn how *not* to read them. Distant reading: where distance, let me repeat it, is a *condition of knowledge*: it allows you to focus on units that are much smaller or much larger than the text: devices, themes, tropes – or genres and systems.«[124] Was Distant Reading leisten kann, demonstrierten 2011 Jean-Baptiste Michel und Erez Lieberman Aiden, indem sie einen Korpus aus vier Prozent aller gedruckten Bücher zusammenstellten (über fünf Millionen digitalisierte Bücher) und quantitativ analysierten. Es ist klar, dass ein so umfangreicher Korpus von keinem Menschen je gelesen werden kann. Ihre sogenannte Culturomics bestand im Nachweis der Verwendungshäufigkeit bestimmter Wörter in dieser Unmenge an Text. Ihre Methode ist heute unter dem Begriff ›n-gram‹ bekannt. »Culturomic results are a new type of evidence in the humanities. As with fossils of ancient creatures, the challenge of culturomics lies in the interpretation of this evidence.«[125]

Eine interessante Anwendung des Distant Readings für die Philosophie führte der Philosophiehistoriker Richard Goulet 2013 durch. Auf Basis des *Dictionary of Ancient Philosophers* (DPhA) nutzte er die n-gram-Analyse für die Untersuchung textueller Kontexte der antiken Philosophie. Dabei kam er zu dem Schluss, dass DH-Methoden durchaus etwas Neues zur Philosophie beitragen können: »Until recently, ancient philosophy was

studied by genuine philosophers concerned with the history of ideas, or by philologists trying to provide editions and translations of documents handed down by the manuscript tradition. Philosophy as a social movement in the ancient world, the daily professional activity of the well-established figure of the philosopher, or the impact of philosophical ideas on the Greek and Roman societies have not produced an extensive literature. While some intuitive convictions are commonly held on these matters, no general inquiry has ever been carried out, and no statistical value of any kind is currently available. Asking specialists how many philosophers are known through our documents would probably produce very disparate answers. Standard books on the history of philosophy would suggest a few hundred, some more specialized dictionaries or encyclopedias perhaps some six or seven hundred, but our own accounts have identified nearly 3000 names, not all of whom are necessarily full-fledged philosophers, but at least important witnesses of ancient philosophical tradition.«[126] Goulet fand heraus, dass 3,5 Prozent der antiken Philosophen weiblich waren und dass es neben Platons Akademie noch weitere 32 philosophische Schulen gab. Zudem mündete die Vorbereitung der Analyse in die spannende Frage, wer in der Antike überhaupt als Philosoph oder Philosophin galt. »For the present survey, we have identified 2463 historical persons as philosophers, out of the 2997 names available in our listings.«[127] Heute sind Verschlagwortung, digitale Editionen, quantitative Textanalysen, Netzwerkanalysen oder Visualisierungen komplexer Datenstrukturen typische DH-Anwendungen. Die Software-Tools dafür sind mittlerweile auf Online-Plattformen wie *Daria*, *Text+*, *TextGrid* und anderen frei zugänglich.[128]

Die Frage, wie solche quantitativ-statistischen Ergebnisse die Geisteswissenschaften bereichern, ist im vollen Gange.[129] Doch was bedeutet diese Entwicklung nun konkret für die Philoso-

phie als Digitale Philosophie? Wie Stefan Heßbrüggen-Walter in einem Überblicksartikel zu »Philosophie als digitale Geisteswissenschaft« 2018 meinte, spielt das Digitale in der Philosophie noch eine relativ marginale Rolle, aber insbesondere »(1) Editionen und Infrastruktur, (2) Prosopographie, (3) Text Mining, (4) Technologien des semantic web, (5) Methodenreflexion« seien hier zu nennen.[130] Digitale Ressourcen wie die 1989 gegründete Mailing-Liste *Philos-L*, die 1997 erstmals online publizierte *Stanford Encyclopedia of Philosophy* und die seit 2000 bestehende Online-Zeitschrift *Philosophers' Imprint* sind in der Philosophie heute weit verbreitete Medien und Hilfsquellen ebenso wie viele digitalisierte Werke der Philosophie, beispielsweise im *Internet Archive* und dem *Projekt Gutenberg*.[131] Das Zauberwort lautet hier ›Open Access‹, also der freie Zugang zu Wissen. Oft ungenannt bleiben die vielen Videos und Tutorials von und über Philosophen und Philosophinnen wie Martin Heidegger, Hannah Arendt, Ludwig Wittgenstein, Giorgio Agamben, Martha Nussbaum und vielen mehr auf den bekannten Online-Videoplattformen. Die Philosophie bekommt hier ein Gesicht.

So schön die Visualisierungen und so nützlich die Sammlungen, Editionen und Verschlagwortungen für die praktische Arbeit sind, stellt sich allerdings die Frage, ob es sich bei der Digitalen Philosophie nur um die Nutzung digitaler Hilfsmittel handelt oder ob die Digitale Philosophie eine eigene Forschungsmethode entwickeln kann. Die Philosophin Petra Gehring hat Ersteres die ›auxiliäre Digitalität‹ genannt.[132] Die Philosophie gehört hier zu den ersten Nutzern der digitalen Hilfsmittel, insofern der bereits genannte *Index Thomisticus* von Busa sowie der ab 1958 elektronisch erstellte *Kant-Index* durch den Philosophen Gottfried Martin den Auftakt der philosophieorientierten DH-Anwendungen bilden.[133] Doch wie steht es mit der Nutzung von quantitativ-statistischen Methoden als Grundlage neuer philoso-

phischer Forschungsmöglichkeiten? Dies sieht Gehring kritisch und viele Philosophen und Philosophinnen würden ihr hier beipflichten: »Interessanter Weise leiden die algorithmischen Verfahren, die statistisch-linguistisch ansetzen, unter einem Zwang zur Trennung von Form und Inhalt, der zur Philosophie nicht passt.«[134] Die Trennung von Form und Inhalt entzieht der Philosophie die hermeneutische Grundlage im Sinne eines Close Readings. Die Atomisierung der Sprache durch das Quantitativ-Statistische mutet wie die Umkehrung der »Suspendierung des Buchstäblichen« als gewohnter Untergrund der Philosophie an und lässt sich daher nur schwer für die Philosophie zugänglich machen.[135]

Doch genau das Buchstäbliche, im wahrsten Sinne des Wortes als Grundlage der quantitativ-statistischen Analyse der Zeichenvorkommen und deren interpretativer Erschließung durch numerische Vergleiche und Korrelationen, gilt es für die Philosophie fruchtbar zu machen. Wie Goulet gezeigt hat, kann Distant Reading auch für die Philosophie von Interesse sein, und wie Christophe Malaterre et al. demonstrieren, lassen sich mit Topic Modeling inhaltliche Fragen klären: »What is philosophy of science? [...] By running topic-modeling algorithms over the full-text corpus, we identified 126 key research topics that span 82 years. We also tracked those topics' evolution and fluctuating significance over time in the journal articles.«[136] Ebenfalls mithilfe des Topic Modeling konnte Brian Weatherson Trends in der Philosophie in den zwischen 1876 und 2013 publizierten philosophischen Artikeln aufzeigen, beispielsweise: »There is virtually no discussion of ›On Denoting‹ between 1915 and 1941. Moore, despite his institutional importance, is not prominently discussed in the journals. Frege is mostly invisible until quite late in the 20th century. Wittgenstein's later work does get picked up by his contemporaries, not least because his students founded Analysis, but the

Tractatus is also invisible. [...] Just like the prominent authors now are mostly invisible then, many prominent authors of that era are more or less completely forgotten. Shadworth Hodgson published three dozen papers in leading journals, and is rarely even mentioned in passing these days. [...] Philosophy of language is a partial exception; until Wittgenstein's later work it is a minor presence. But the biggest exception is epistemology. It's just invisible through the late 1950s. And then even through the 1970s and even the 1980s it is not that big a field, with the Gettier problem being maybe a fifth of all epistemology over that time period. But since the 1990s a bunch of topics (e.g., testimony, disagreement, probability and self-location, norms of assertion, accuracy) have exploded, and it's become a central part of the story of philosophy.«[137]

Es gibt zahlreiche weitere Beispiele der aktuellen Erforschung der Möglichkeiten im philosophischen Umgang mit dem Buchstäblichen. Das Projekt *Six Degrees of Francis Bacon* beispielsweise legt die »frühneuzeitliche *res publica literaria* mit einem Schwerpunkt auf den Britischen Inseln [offen]. Es ruht auf drei Säulen: einer statistischen Auswertung des Oxford Biographical Dictionary, der Nutzung dieser Daten für eine Netzwerkanalyse, Verifikation der Netzwerkanalyse durch Nutzerbeteiligung.«[138] Das Projekt *Graphing the History of Philosophy* visualisiert mit der frei zugänglichen Visualisierungssoftware *Gephi* die Verbindungen zwischen Referenzen in Wikipedia. Es zeigt anschaulich, dass dieses Netzwerk von den Philosophen Immanuel Kant, Friedrich Nietzsche, Karl Marx, Georg Wilhelm Friedrich Hegel, Aristoteles und Platon dominiert wird, dass sich aber auch Teilgemeinschaften zwischen Philosophen und Philosophinnen finden lassen wie beispielsweise zwischen Hannah Arendt, Martin Heidegger und Jean-Paul Sartre.[139] Das *Tractatus Network* macht referenzielle und konzeptuelle Zusammenhänge in Ludwig Witt-

gensteins *Tractatus logico-philosophicus* sichtbar und stellt quantitativ fest, dass das zentrale Konzept in Wittgensteins *Tractatus* der Begriff ›proposition‹ ist, um den sich alle weiteren Konzepte gruppieren.[140] Weitere DH-Anwendungen lassen sich im Bereich des Mappings von Argumenten oder des Erstellens von Ontologien finden. *ArguMap* und *ArguNet* beispielsweise sind Kartierungstools für Argumente, das *Lexikon der Argumente* listet Belegstellen zu Begriffen in der Philosophie auf ebenso wie die *Indiana Philosophy Ontology* (InPhO).[141] Gerade im Bereich der Konstruktion und Rekonstruktion von Ontologien können digitale Methoden sehr nützlich sein.

Insbesondere für die Logik, Mathematik- und Wissenschaftsphilosophie stellen die quantitativ-statistischen Methoden eine neue, weil empirische Basis dar. Vor diesem Hintergrund stellen sich die Wissenschaftsphilosphen Charles Pence und Grant Ramsey die Frage »How to Do Digital Philosophy of Science«, und ihre Antwort lautet Distant Reading: »To best understand the reasons why digital philosophy of science lets us ask a new class of questions, let us consider how it differs from more traditional approaches. For example, consider how we might draw conclusions about articles in the journal *Nature*. It has published over 360,000 articles since its founding in 1869, meaning that one would have to read 10 articles a day for 100 years to work through the complete archives of this journal alone.«[142] Pence vertritt zudem die Meinung, »that digital humanities should be used for the testing of philosophical hypotheses, and that they should be used for the discovery of new hypotheses«[143]. Dies deutet in Richtung der Entstehung einer datenbasierten, empirischen Philosophie.[144]

Für eine solche datenbasierte, empirische Wissenschaftsphilosophie eröffnet insbesondere die Szientometrie neue Möglichkeiten, insofern die entwickelten Metriken zur Messung der

wissenschaftlichen Aktivitäten im Wissenschaftsbetrieb auf Basis großer Datenmengen für wissenschaftsphilosophische Untersuchungen genutzt werden können. Damit lassen sich Fragen nach Zitationen und Zitationsnetzwerken in Fachcommunities, nach dem Einfluss einzelner Theorien, Forscher und Forscherinnen auf Disziplinen oder nach der Messung wissenschaftlichen Fortschritts stellen. Es lassen sich digitalisierte und digitale Laborbücher untersuchen, aber auch historische Quellen, insofern diese digitalisiert sind. Ein Beispiel ist die quantitative Studie zu Charles Darwin und der Genese der Evolutionstheorie. »New advances in the digitization of historical archives enable longitudinal study of how individuals explore and synthesize the work of their contemporaries and predecessors over the course of a lifetime. [...] This article presents the first quantitative analysis of an important scientist's reading diaries, tracking how Darwin navigated the exploration-exploitation trade-off in choosing what to read.«[145]

Eine Sonderrolle in dieser Erprobung des Digitalen kommt sicherlich der philosophischen Logik zu. Nicht nur steht sie am Beginn der Digitalisierung, sie kann auch bestens die entwickelten Programmiersprachen und Tools für ihre Forschung nutzen. Prolog beispielsweise (*pro*grammation en *log*ique) gilt als die wichtigste logische Programmiersprache. Sie wurde von dem Informatiker Alain Colmerauer Anfang der 1970er Jahre entwickelt, um eine natürliche Beschreibungssprache (klassische Prädikatenlogik) für die Schnittstelle zwischen Mensch und Maschine zu formulieren. »The idea of using a natural language like French to reason and communicate directly with a computer seemed like a crazy idea, yet this was the basis of the project set up by Alain Colmerauer in the summer of '70. Alain had some experience in the computer processing of natural languages and wanted to expand his research.«[146] Der Kern von Prolog wie auch

anderen Logiksprachen ist der Beweismechanismus von Theoremen. Im Falle von Prolog basiert das Prüfen von Theoremen auf dem Resolutionsprinzip des Philosophen und Mathematikers John A. Robinson von 1965, das Widerspruchsbeweise auf Basis des disjunktiven Syllogismus (Modus tollendo ponens) als Schlussregel verwendet.[147]

An der Schnittstelle zwischen Philosophie, Logik, Mathematik und Informatik gibt es mittlerweile zahlreiche Projekte und Diskussionen zu Theorem Prover, Computational Ontology, Computational Metaphysics oder Computational Science Studies (CSS) sowie Labore zur Entwicklung entsprechender Software wie das Karlsruher DebateLab oder das Aachener CSS Lab.[148] Wie auch immer die Möglichkeiten einer Digitalen Philosophie aussehen – dazu gehört aktuell auch die Erforschung und Erprobung der Möglichkeiten maschineller Lernverfahren für philosophische Zwecke –, die Verwendung umfangreicher Daten, avancierter Algorithmen und quantitativer Verfahren unterwirft die Digitale Philosophie den Evaluationskriterien der datengetriebenen Forschung sowie Fragen, wie robust, reproduzierbar und aussagekräftig die verwendeten Daten, aber auch wie transparent und zuverlässig die detektierten Ergebnisse sowie die verwendeten Methoden sind. Dies ist neu für die Philosophie, und die Diskussion über die Möglichkeiten, aber auch die Fallstricke der Digitalen Philosophie in ihrer auxiliären wie forschungsmethodischen Digitalität ist im vollen Gange,[149] nicht zuletzt in der Forschungsarbeitsgemeinschaft *Philosophie der Digitalität / Philosophische Digitalitätsforschung* der Deutschen Gesellschaft für Philosophie, die allen Interessierten offensteht.[150]

STRUKTUR – SIGNATUR

6. Kulturtechnik des Digitalen

Wie gestaltet sich nun der Übergang vom rein Quantitativ-Formalen in die vielfältigen Phänomene des Digitalen, wie es uns in der digitalen Lebenswelt tagtäglich begegnet? Dieser Übergang lässt sich als Perspektivwechsel von der *Struktur* zur *Signatur des Digitalen* verstehen. Es ist der Wechsel von den maschinenlogischen Bedingungen des Digitalen zu seinen maschinenrationalen Selbstverständlichkeiten in der technischen Lebenswelt – mit Hans Blumenberg gesprochen[151] –, und es gilt, diese Selbstverständlichkeiten für das Individuum, die Gesellschaft, die Wissenschaft und Kultur offenzulegen. Dabei stellen sich Fragen nach der Epistemologie der Datenlogik ebenso wie nach den ontischen und ontologischen Veränderungen in der Lebenswelt durch das Digitale, die virtuelle Realität und die Künstliche Intelligenz. Was sind digitale Objekte, und was bedeutet Subjektivität auf Basis der quantitativ-statistischen Interpretation des Buchstäblichen? Welche Entscheidungsfähigkeit haben Algorithmen, und was bedeutet dies für die Autonomie des Menschen im Zeitalter des Digitalen? Dies sind nur einige der aktuell spannenden Fragen. Doch bevor auf diese Fragen näher eingegangen wird, stellt sich die grundlegende Frage nach der Verfassung des Digitalen als Kulturtechnik sowie des Übergangs von der Struktur zur Signatur.

Der Begriff ›Kulturtechnik‹ verbindet geschickt die technische Sphäre des Herstellens mit der kulturell-gesellschaftlichen Sphäre des Urbarmachens, Gestaltens und Transformierens. Ursprünglich aus dem Bereich der Agrikultur kommend, hat der Begriff der Kulturtechnik aus technik- und medienphilosophischer Perspektive zu Beginn der 2000er Jahre eine Umdeutung erfahren, und zwar im Sinne einer »reflexive[n] Rückbesinnung auf kulturelle Praktiken, aus denen die technischen Apparate, Instrumente und Artefakte der Kultur hervorgegangen sind. Nicht nur lassen sich Schriften, Bilder und Zahlen auf die Basisoperationen Lesen, Schreiben, Zeichnen und Rechnen zurückführen, sondern ganz allgemein lässt sich festhalten, dass Medien und Künste späte Manifestationen kultureller Techniken sind.«[152] Das Digitale als Kulturtechnik ist jedoch mehr als Schrift, Bild oder Zahl, insofern es alle denkbaren Basisoperationen unter maschinenlogischen Bedingungen in einem ›Supermedium‹ verbindet.[153] Oder anders gesprochen: Indem das Digitale Zahl, Schrift und Bild, aber auch Ton und Haptik semiotisch auflöst und neu zusammensetzt, schafft es neue Verbindungen zwischen den Basisoperationen. Es fügt diesen unter der digitalen Basisoperation des Prozessierens etwas hinzu. Dieses Auflösen, Zusammensetzen und Neu-Hinzufügen gilt es näher zu untersuchen wie auch die damit einhergehenden Effekte.

6.1 Prozessieren als Basisoperation des Digitalen

Der Medienphilosoph Hartmut Winkler hat neben den raumzeitlichen Funktionen des Medialen (Übertragen und Speichern) das Prozessieren als genuine Funktion digitaler Medien – digital im computeralgorithmischen Sinne – charakterisiert.[154] Prozessieren geht über Speichern und Übertragen hinaus, insofern es Daten generiert, transformiert und verknüpft. Prozessieren, so kann man sagen, ist die Basisoperation des computerrealisierten Digitalen. Dabei springen sofort drei entscheidende Effekte ins Auge.

Zum einen zeigt sich, dass nicht die Kulturtechniken der Schrift oder der Zahl selbst ins digital Maschinelle übertragen wurden, sondern die Basisoperationen *als* Operationen. Hier ist Alan Turings ›a-machine‹ *als* Verallgemeinerung maschinellen Zeichenerzeugens der Inbegriff dieser Delegation schlechthin. Es ist das Prozessuale der Operationen, das hier transferiert wurde. Daher kann die Basisoperation des Digitalen auch nur das Prozessieren sein. Dabei weist diese prozessuale Performanz des Digitalen in ihrer Dynamik grundlegend über die Statik der Schrift, der Zahl und des Bildes hinaus, indem ihre kulturtechnischen Produkte (Bildschirmtexte und -bilder, Berechnungen, etc.) ebenfalls dynamisch sind. Die prozessuale Performanz des Digitalen liegt sowohl als Input wie als Output in einer instantanen, temporalen Modalität vor. Denn im Digitalen muss das auf Bildschirmen oder anderen User Interfaces Präsentierte permanent erzeugt werden. Diese instantane, temporale Modalität ermöglicht wiederum die Echtzeit-Interaktion mit den digitalen Erzeugnissen des Prozessierens wie auch deren Manipulation. Die grundlegende Kategorie ist hier die Taktung, die die Dynamik des Prozessierens in Form von Schaltungsfrequenzen vorgibt. Ohne Taktung existiert das Digitale *als* Prozessieren nicht. Je schneller eine Central Processing Unit (CPU) – ein Computerchip – schaltet, desto schneller kann ein Computer Daten prozessieren (Performanz). Da Schalten auf Ebene der CPU als maschinenlogische Modulierung des Elektronenflusses in Siliziumkristallen realisiert ist, sind dem Geschwindigkeitszuwachs physikalische Grenzen gesetzt. Denn die Bewegung der Elektronen setzt Hitze frei und diese limitiert die Schaltungsfrequenz. Dies ist der Grund, warum Computer bei hoher CPU-Belastung heiß laufen und abstürzen können und warum Supercomputer in den Rechenzentren klimatisiert werden müssen.

Zum zweiten springt ins Auge, dass es sich bei der Basisrepräsentation des Prozessierens um eine medialisierte handelt. Lesen, Schreiben, Zeichnen und Rechnen sind Basisoperationen des Menschen, der dafür zwar Kulturtechniken wie Schrift, Zahl oder Zirkel benötigt, die Operationen aber selbst ausführt. Prozessieren ist keine Operation, die Menschen ausführen, sondern die aus den geschilderten Programmen der Operationalisierung, Formalisierung und Elektrifizierung des Geistes und der Sprache resultiert. Das gemeinsame Ziel dieser Programme war die Exteriorisierung, Explizierung und Mechanisierung des Geistes und der Sprache. Daher ist es nicht verwunderlich, dass am Ende dieser Entwicklung das Prozessieren als maschinell delegierte Basisoperation steht. Prozessieren, das hatte insbesondere das Modell der Turing-Maschine gezeigt, ist die Vereinheitlichung der Operationen des Lesens, Schreibens und Rechnens *als* regelbasierte Zeichenmanipulation. Es ist deshalb wenig erstaunlich, dass diese Entwicklung in die Supermaschine oder Metamaschine des Digitalcomputers mündet, der die kulturtechnischen Basisoperationen des Menschen vereinheitlicht und *als* Prozessieren in sich vereint.

Drittens ist schnell ersichtlich, dass die Basisoperation des Prozessierens eine diskrete ist. Auch wenn sich das Prozessieren geschickt hinter höheren Programmiersprachen, komplexer Software, leicht handhabbaren Apps und bunten User Interfaces verbirgt, ergibt sich seine Operativität aus den materialen Bedingungen des Elektronenflusses in den Siliziumkristallen, insofern »Schaltpläne für die mathematische Logik«, wie bereits beschrieben, direkt »ins Innere des Kristalls gegossen werden«[155]. Im Unterschied zur kontinuierlichen Schwingung in Elektronenröhren, den ersten Bauteilen elektrischer Computer, ist die Operativität der kristallinen CPUs eine diskrete. Die Voraussetzung dafür ist die perfekt symmetrische, atomare Gitterstruktur der Kristalle in Reinform (beispielsweise reines vierwertiges Silizium, das vier Bindungselektronen hat), die gezielt manipuliert werden kann. Manipulation meint hier die Störung dieser perfekten Ordnung durch das Einbringen einer frei-beweglichen negativen Ladung eines fünfwertigen Elements (n-Dotierung) sowie das Einbringen einer positiven Lücke durch ein dreiwertiges Element (p-Dotierung). Der Stromfluss wird durch das Springen von Elektronen von Lücke zu Lücke mit Anordnungen von p/n-Übergängen auf Basis binärlogischer Schaltungen moduliert. 1947 entstand mit dem p/n-Transistor aus Germanium in den Bell Labs ein erstes Halbleiter-Bauteil, gefolgt von der p/n-Diode auf Siliziumbasis, die sich binärlogisch schalten ließ. Der Wechsel von der Analogtechnik zur Digitaltechnik lässt die diskrete Operativität des Prozessierens *als* Kulturtechnik des Digitalen fundamental werden. Es bestimmt die Ontologie wie Phänomenologie des Digitalen unter der Kategorie der Taktung. Doch Prozessieren ist immer – rein material betrachtet – Prozessieren von etwas. Die Frage, die sich stellt, ist, wie dieses ›Etwas‹ beschaffen sein muss, um digital prozessiert werden zu können. Die Antwort ist schnell gefunden: Es muss sich dabei um ›Daten‹ handeln. Wie Claude Shannon gezeigt hat, werden Daten in Bits (›*b*inary dig*it*‹) prozessiert, die wiederum durch spezifische Kippschaltungen (Flip-Flop-Schaltungen) generiert werden.

Prozessieren beschreibt die kulturtechnische Basisoperation des Digitalen. Doch Prozessieren ist eine medialisierte Kulturtechnik, die des Zugangs bedarf. Dieser Zugang erfolgte zu Beginn der Computerentwicklung, wie im dritten Kapitel am Beispiel von ENIAC beschrieben, direkt durch Steckverbindungen. Diese mühsame manuelle Programmierung wurde zunehmend durch immer komplexere Programmiersprachen automatisiert. Seither erfolgt das Prozessieren von etwas (Daten) indirekt durch die symbolischen Anweisungen des Computercodes, die wiederum einer Übersetzung durch Compiler- und Assemblerprogramme in Maschinensprachen bedürfen. Dies führt zu einem neuartigen Typ von Schrift, der einerseits formal ist und andererseits operativ, da er gleichzeitig etwas bezeichnet (Maschinenbefehle), das durch Computer ausführbar ist. Computercode ist deskriptiv wie imperativ (oder deklarativ) zugleich. Schrift wird in Form von Computerprogrammen zu Sprechakten, die – wie dies John Austin in *How to Do Things with Words* 1962 deutlich machte – etwas ausdrücken (lokutionärer Akt) und gleichzeitig damit etwas bewirken (perlokutiver Akt). Dieser neue Sprachtyp respektive Schrifttyp wurde von Gernot Grube als ›autooperative Schrift‹ bezeichnet. Grube schließt hier an den von Sybille Krämer eingeführten Begriff der ›operativen Schrift‹ mathematischer Gleichungen an.[156] Im Unterschied zu operativen Schriften mathematischer Gleichungen, die von Personen ausgeführt werden müssen, werden autooperative Schriften »*automatisch verarbeitet.* [...] Mit den autooperativen Schriften beginnt sich ein Zeichengebrauch durchzusetzen, den man den *deklarativen Zeichengebrauch* nennen könnte, bei dem ein Autor eine Aufgabe anschreibt (deklariert), die dann von einer Maschine exekutiert wird.«[157] Die Kunst dabei ist, eine Aufgabe derart zu formulieren, dass eine Maschine sie selbständig ausführen kann. Dazu muss die Aufgabe in Form eines Verfahrens artikuliert werden (Algorithmus), das mit einem endlichen Text eindeutig das Verfahren beschreibt (Finitheit sowie Determiniertheit), das Schritt für Schritt für einen Computer abarbeitbar ist (Ausführbarkeit sowie Determinismus), das dafür nur endlich viel Speicherplatz (dynamische Finitheit) und auch nur endlich viele Abarbeitungsschritte benötigt (Terminierung). Hinzu kommt als eine Art empirisches Kriterium, dass das Verfahren (Algorithmus) respektive das Programm zur Beschreibung des Verfahrens effizient sein soll, denn die Berechnungs- und Speicherressourcen sind begrenzt.

6.2 Semiotik des Digitalen im Sinne Goodmans

Doch wie kann die autooperative Schrift den Übergang von der Struktur zur Signatur bewerkstelligen? Welche semiotischen Eigenschaften muss sie dafür aufweisen? Hinweise lassen sich in Nelson Goodmans *Sprachen der Kunst. Entwurf einer Symboltheorie* von 1968 finden. Denn Goodman hat hier eine Symboltheorie entworfen, die ausführlich die syntaktischen Aspekte von Zeichen diskutiert. Bis dahin haben sich (philosophische) Zeichentheorien vor allem auf die semantischen Aspekte konzentriert, da Zeichen traditionell zumeist über ihre Eigenschaft, etwas zu bedeuten, definiert werden. Beispielsweise bei Peirce, wenn er über den Mittel-, Objekt- und Interpretantenbezug die triadische Relation von Zeichen aufweist und festlegt: »Wenn irgend Etwas diese drei Bezüge nicht aufweist, so handelt es sich auch nicht um ein vollständiges Zeichen.«[158] Doch wie genau lässt sich die bedeutungsvolle Repräsentationsfunktion von Zeichen fassen? In der Philosophie sind die Repräsentationsfunktionen von Zeichen stark umstritten, denn es ist unklar, was ›X repräsentiert Y‹ genau bedeutet und wie sich diese Relation feststellen lässt. Für visuelle Zeichen wird hier üblicherweise Ähnlichkeit als Kriterium ins Feld geführt, doch bereits Leibniz hatte 1693 in *De analysi situs (Kalkül der Lage)* die Feststellung der Ähnlichkeit zweier geometrischer Objekte durch sinnliche Anschauung kritisiert. Statt einer figürlich interpretierten Ähnlichkeit schlug er einen »aus den Symbolen abgeleiteten« Ununterscheidbarkeitsbegriff vor, indem er sinnlich festgestellte Ähnlichkeit durch einen quantitativ feststellbaren Äquivalenzbegriff ersetzte.[159]

Auch Goodman beschäftigte sich mit Repräsentationsfragen in Form von Denotationen (Bedeutungszuschreibungen) und Exemplifikationen (Bedeutungsverkörperungen). Aber da seine Symboltheorie vor allem Notationssysteme wie Musiknotationen semiotisch zu erfassen suchte, wurden die syntaktischen Aspekte von Notationszeichen zentral für ihn. Dies ist für eine Philosophie des Digitalen sehr hilfreich, da Goodman ein Symbolschema definierte, das Einblicke in die semiotische Natur des Digitalen ermöglicht – auch wenn das gar nicht sein primäres Ziel war. Goodman stieß dabei auch auf das Diskrete, aber eben nicht aufgrund von Fragen nach der semiotischen Beschaffenheit des Digitalen, sondern solchen nach dem Verhältnis von autografischem Original und allografischer (Wieder-)Aufführung; beispielsweise dem autografischen Original eines Komponisten oder der Komponistin und der allografischen (Wieder-)Aufführung durch wechselnde Orchester, Musiker und Musikerinnen. Dies führte ihn dazu, über Notationen nachzudenken, denn eine Kunst kann »nur in dem Maße allographisch [sein], in dem sie sich für eine Notation eignet«[160]. Doch welche semiotischen Eigenschaften unterscheiden Notationssysteme von anderen Zeichensystemen? Hier wird es spannend, denn Goodman macht den Unterschied zwischen analogen und diskreten Zeichensystemen an dieser Stelle geltend. In dem Kapitel »Die Theorie der Notation« beschreibt er die syntaktischen wie semantischen Erfordernisse dieses Unterschieds – allerdings, und das ist entscheidend, aus formaler Perspektive.

Syntaktische Erfordernisse: Die Unterscheidung von analogen und diskreten Zeichensystemen macht Goodman primär an der Syntax fest, und zwar als Unterschied zwischen syntaktisch dichten (analogen) und syntaktisch disjunkten und differenzierten (diskreten) Zeichensystemen. In syntaktisch dichten Zeichensystemen lassen sich die Zeichen nicht voneinander unterscheiden. Bildhafte Zeichensysteme wie beispielsweise Gemälde sind syntaktisch dichte Zeichensysteme, deren Reproduzierbarkeit durch Digitalisierung allenfalls approximativ sein kann. Das Analoge wird hier generell als ›dicht‹ beschrieben, und dies deckt sich mit den Bemühungen um die Elektrifizierung der gesprochenen Sprache, deren analog-dichtes Signal durch mathematische Faltung (Rechteckfunktion) in ein diskret-quantisiertes Signal umgewandelt werden muss, wie in Kapitel 3.1 beschrieben. Digitalisierung, also die Diskretisierung, Quantisierung und Binarisierung des Analogen, lässt sich mit Goodman semiotisch als Transformation von syntaktischer Dichte in syntaktische Disjunktivität und Differenziertheit beschreiben. Syntaktisch disjunkt meint: Ein Zeichenträger (Marke) kann nur zu einem Charakter gehören. Eine Marke kann nicht ein a und gleichzeitig ein b sein. Syntaktisch differenziert meint: Es lässt sich bestimmen, zu welchem Charakter jede Marke gehört. Das Symbolschema ist so konstruiert, dass die Inskriptionen nicht ineinander übergehen, sondern (endlich) unterschieden sind. Inskriptionen sind realisierte Zeichenträger, die zu einer bestimmten Klasse von Marken gehören, beispielsweise als Linienzug einen bestimmten Buchstaben darstellen. Ein Beispiel für ein disjunktes und differenziertes Symbolschema ist das Alphabet als eine endliche Liste von Charakteren (Buchstaben), aus welchen sich die vielfältigen Sprachen semantisch konstruieren lassen. Alle Zeichenträger in disjunkten und differenzierten Zeichensystemen sind wohlgeformt, das heißt, sie lassen sich eindeutig voneinander unterscheiden. Reproduzierbarkeit im Sinne einer Transkription oder Kopierung ist möglich. Das ›cut, copy, paste‹ im Digitalen hat hier seinen Grund.

Überträgt man die syntaktischen Eigenschaften auf das Digitale, dann sind die Zeichenträger die basalen Maschinencodes (0 oder 1), die eineindeutig zu einem Charakter (Maschinenzustand) zuordenbar sind. Die basalen Maschinencodes sind wohlgeformt. Dies klingt einfacher, als es in der materialen Praxis des Prozessierens der Fall ist, denn die diskrete Operativität ergibt sich aus Gesetzen der Diffusion und quantentheoretischen

Kriterien des Springens der Elektronen von Lücke zu Lücke im Kristallgitter. Stromfluss ist, wie beschrieben, eine Störung des Gleichgewichtszustands im Elektronenhaushalt eines Halbleiters wie Silizium (p/n-Übergänge), und erst ab einem bestimmten Schwellenwert – üblicherweise ab 0,7 Volt – wird der Elektronenfluss in einer Diode als 1 interpretiert. Das bedeutet, in einer Diode fließt trotz anliegender Spannung kein Strom, bis eine bestimmte Spannungsstärke erreicht ist. Erst dann nimmt der Stromfluss stark zu. Bei Silizium-Dioden ist dies bei etwa 0,7 Volt Spannung der Fall. Die Betonung liegt hier auf ›etwa‹. Hinzu kommt, dass die Herstellung der Reinheit von Kristallen, die die Voraussetzung für ihre Nutzung für binärlogische Schaltungen ist, einen enormen technischen Herstellungsaufwand bedeutet. In der Frühphase der Elektronik wurde mit dem Halbleiter Germanium gearbeitet, das jedoch den Nachteil hatte, dass es schnell zu warm wurde und dadurch zu viele Elektronen unkontrollierbar freigesetzt wurden. Dies eliminierte die implementierte Funktionalität, da die Maschinenzustände nicht mehr wohlgeformt und die Maschinencodes nicht mehr hinreichend differenziert waren. Germanium wurde daher schon bald durch Silizium ersetzt. Dazu muss Silizium jedoch in Reinform vorliegen. Der Prozess der Herstellung extrem reiner, einkristalliner Siliziumschichten durch Züchtung in Reinräumen ist allerdings aufwendig und bedurfte bis weit in die 1980er Jahre der Optimierung.[161] Erst seither ist die autooperative Schrift, material betrachtet, hinreichend differenziert, wohlgeformt und eindeutig.

Semantische Erfordernisse: Der semantische Bezug ergibt sich aus der Klasse von Gegenständen, auf welche sich die Zeichen beziehen. Ist ein Zeichensystem semantisch disjunkt, so dürfen keine zwei Zeichen (Inskriptionen) einen Anwendungsgegenstand gemeinsam haben, denn ansonsten wären sie redundant. »In einem redundanten System wird manche Inskription einen

Erfüllungsgegenstand haben, der auch eine zweite Inskription erfüllt, die keine echte Kopie der ersteren ist.«[162] Goodman unterscheidet Redundanz von Ambiguität, insofern Ambiguität auf einer Vielzahl von Erfüllungsklassen für ein Zeichen basiert. Neben der semantischen Disjunktivität führt Goodman noch die semantische Differenziertheit ein. Ein Zeichensystem ist semantisch (endlich) differenziert, wenn seine Erfüllungsklasse differenziert ist. Abstrakt ausgedrückt meint dies, »für jeweils zwei Charaktere K und K', deren Erfüllungsklassen nicht identisch sein dürfen, und jedes Objekt h, das nicht beide erfüllt, muß die Feststellung, entweder daß h K nicht erfüllt oder das h K' nicht erfüllt, theoretisch möglich sein.«[163] Beide Eigenschaften – die semantische Disjunktivität und Differenziertheit – führen zu einem Höchstmaß an semantischer Eindeutigkeit, wie sie für das Digitale gefordert ist. Es ist klar, dass die natürliche Sprache in diesem Sinne semantisch mehrdeutig ist. Allenfalls formale Sprachen sind semantisch disjunkt und differenziert.

Goodman beschreibt mit seiner Symboltheorie an dieser Stelle nicht, wie Semantik hergestellt wird, sondern er benennt die formalen Aspekte semantischer wie syntaktischer Eigenschaften von Zeichensystemen. Das macht seine Symboltheorie für die semiotische Fundierung des Digitalen so zentral. Das Notationale definiert sich bei Goodman dann entsprechend durch »Eindeutigkeit, syntaktische und semantische Disjunktivität und Differenzierung. [...] Ein System ist also dann und nur dann notational, wenn wir theoretisch festlegen können, daß jede Marke zu höchstens einem besonderen Charakter gehört und jeder Gegenstand Inskriptionen von höchstens einem besonderen Charakter erfüllt.«[164] Notationssysteme müssen nicht zwangsläufig formale Systeme sein, aber jedes formale System muss die semiotischen Eigenschaften von disjunkten und differenzierten Zeichensystemen aufweisen.

6.3 Notationale Ontik des Digitalen

Die spannende Frage ist nun, wie sich die formalen Aspekte semantischer wie syntaktischer Eigenschaften von Zeichensystemen, wie von Goodman beschrieben, auf das Digitale anwenden lassen; wie sich rein syntaktisch die Vielzahl digitaler Objekte generieren lässt. In der Philosophie behandelt die Ontik das Seiende in seiner konkreten Vielfalt und Erscheinung. Doch wie lässt sich eine Ontik des Digitalen denken? Die These ist, dass sich die phänomenologische Fülle der digitalen Wirklichkeit aus einer notational verfassten Ontik des Digitalen generiert und dass diese notationale Ontik die Signatur des Digitalen bestimmt.

Wie bereits im zweiten Kapitel gezeigt, ist Mechanisierbarkeit nur durch kalkülisierte Formalisierung möglich. Das bedeutet, dass das maschinenlogische Digitale per se formal verfasst ist. Das klingt erst einmal trivial, aber bei näherer Betrachtung zeigt sich hier eine interessante Asymmetrie, die wirkmächtige Folgen für die digitale Wirklichkeit mit sich bringt. Diese Asymmetrie resultiert daraus, dass Notationssysteme nicht zwangsläufig formale Systeme sein müssen, dass aber jedes formale System die semiotischen Eigenschaften von disjunkten und differenzierten Zeichensystemen aufweisen muss. Doch wie steht es mit der von Goodman geforderten Eigenschaft der Eindeutigkeit? Auf den ersten Blick scheint gerade die autooperative Schrift des Digitalen eindeutig zu sein, doch es sei daran erinnert, dass Goodman nur die formalen Anforderungen an die Syntax und Semantik von Notationssystemen formuliert hatte. Für formal-operative Zeichensysteme müssen diese anders interpretiert werden, denn es gibt einen entscheidenden Unterschied zwischen Notationssystemen und formalen Systemen: Im Unterschied zu Notationssystemen, die etwas notieren, beispielsweise Tanzschritte

(Tanznotationen) oder Töne (Musiknotationen), sind die Inskriptionen der Zeichenträger formal-operativ verwendeter Zeichensysteme vakant und besitzen keine extrasymbolischen Erfüllungsgegenstände. Formal-operative Zeichen sind aus dieser Perspektive unvollständige Zeichen, die einer ›Sättigung‹ bedürfen. Denn die Formalisierung besteht ja gerade darin, die extrasymbolischen Bezüge zu eliminieren und nur mit den Zeichen selbst syntaktisch zu operieren. Die Vakanz der Zeichen hat mehrere Effekte zur Folge.

Erstens, da die formal verwendeten Zeichen einer semantischen Interpretation entbehren, können sie aus beliebigen grafischen Konfigurationen gebildet sein, vorausgesetzt, diese sind unterscheidbar und reproduzierbar. Dies lässt sich als Effekt der Auflösung jeglicher Konventionalität der Zeichendarstellung respektive als Multimedialität der Zeichendarstellung fassen. Schrift muss nicht mehr in Buchstaben dargestellt werden, da es sich material um eine Abfolge von Maschinencodes handelt. Anders gewendet: Die Interpretation von Maschinencode kann beliebig intrasymbolisch festgelegt werden. Üblicherweise definieren die Regeln eines formalen Systems, was intrasymbolisch ›notiert‹ wird. Ob ein und derselbe Maschinencode ein Schriftzeichen, Zahlzeichen, Pixel oder Ton notiert, lässt sich in einem Computerprogramm frei regeln (Dekonventionalisierung der Zeichendarstellung).

Zweitens, die Vakanz der formalen Zeichen ersetzt Bedeutung durch formale Korrektheit. Semantisch betrachtet macht Vakanz keinen Sinn: »Im Objekt-Englisch hat weder ein ›*ktn*‹ noch ein ›*k*‹ irgendeinen Erfüllungsgegenstand. [...] Inskriptionen ohne Erfüllungsgegenstände können vakant genannt werden. Vakanz kann entweder durch einen Charakter entstehen, dem kein Erfüllungsgegenstand zugewiesen wurde, oder dadurch, daß es solche Erfüllungsgegenstände, wie sie verlangt werden, nicht gibt, oder durch die explizite Klausel, daß der Charakter keinen Erfüllungsgegenstand haben soll.«[165] In einem formalen Zeichensystem haben ›*ktn*‹ oder ›*k*‹ zwar ebenfalls keinen Erfüllungsgegenstand (sind extrasymbolisch vakant), aber es kann sich dabei, je nach Regeln, um formal-korrekte Zeichenfolgen handeln. Bedeutung wird in formalen Systemen durch Korrektheit ersetzt (Desemantisierung der Zeichenbedeutung).

Drittens gehört zu dieser Korrektheit in formalen Systemen auch die Ersetzung ›salva veritate‹, wie sie bereits Leibniz beschrieben hatte. Insofern sich über Merkmalsanalyse zeigen lässt, dass A und B dasselbe sind, lässt sich in einem Satz das eine durch das andere ersetzen, ohne dass dadurch die Wahrheit des Satzes verändert wird. Diese wahrheitserhaltende Ersetzung wird mit der von Alfred Tarski 1944 formulierten semantischen Wahrheitstheorie zum zentralen Diktum formaler Sprachen: »Die Aussage ›Schnee ist weiß‹ ist wahr genau dann, wenn Schnee weiß ist. [...] Auf der rechten Seite haben wir die Aussage selbst, auf der linken den Namen der Aussage.«[166] Eine solche Wahrheitstheorie ist rein intrasymbolisch geregelt und setzt eine Struktur der Sprache voraus, die »exakt bestimmt« ist und in der »Wörter und Ausdrücke eindeutig« charakterisiert sind, »die als sinnvoll betrachtet werden«[167]. Keinesfalls sind damit extrasymbolische Bezüge gemeint wie Schnee in einer winterlichen Landschaft, sondern nur die Gleichsetzung des Namens einer Aussage mit der Aussage in einem formalen Zeichensystem. Solange sich Wörter und Ausdrücke in einer formalen Sprache eindeutig definieren lassen, lassen sich endlose Ketten formaler Ersetzungen ›salva veritate‹ formulieren: A *als Name von* Y, und falls Y *als* X auch als Name von X, und falls X *als* U als Name von U, etc. (Deontisierung der Zeichenbedeutung).

Dekonventionalisierung, Desemantisierung und Deontisierung charakterisieren die diskrete Operativität des Prozessierens als Basisoperation des Digitalen. Zwar basiert das Digitale auf eindeutigen semiotischen Eigenschaften seiner Zeichenträger (Marken = binärer Maschinencode) und basalen Maschinenzuständen (Charaktere), aber die Inskriptionen der Marken in formalen Systemen sind extrasymbolisch vakant und daher beliebig intrasymbolisch interpretierbar. Allerdings muss eine vereinbarte, intrasymbolische Interpretation notational sein, also den semantischen und syntaktischen Erfordernissen von Notationssystemen entsprechen. Diese notationalen Zuweisungen erfolgen üblicherweise mit Softwareprogrammen, die eineindeutig festlegen, wie das ›Etwas‹ (Daten) notiert wird. Vereinfacht ausgedrückt legt ein Programm fest, ob eine Reihenfolge von binären Maschinencodes in Form von 0 und 1 als Zahlen, Pixelwerte, Buchstaben oder als Töne in einer bestimmten Form notiert sind und entsprechend dargestellt werden (intrasymbolische Interpretation). Ob wir diese dann als Bild, Text oder Musik extrasymbolisch interpretieren und obendrein als ein bestimmtes Bild, Text oder Musikstück, ist mit Programmen nicht geregelt, insofern auch Programme rein formale Strukturen sind, die allenfalls ›salva veritate‹ formale Interpretationen und Ersetzungen vornehmen können. Konkret meint dies Folgendes: Der Begriff ›Kreis‹ beispielsweise muss in eine Operation respektive Verfahren übersetzt werden, das eine Vorschrift für die Generierung jedes Punktes in einem Koordinatensystem von Pixeln entlang eines definierten, äquidistanten Abstands zu einem Mittelpunkt genau beschreibt. In anderen Worten: Es muss eineindeutig expliziert werden, was ›Kreis‹ autooperativ bedeutet. Allerdings bedeutet ›bedeutet‹ hier formal-korrekte Ausführbarkeit und keine semantische Interpretation.

Das Kreisbeispiel verdeutlicht zweierlei: zum einen, dass die Übersetzung in ein formales, automatisiert ausführbares Verfahren sofort den extrasymbolischen Bezug löscht und in sich geschlossen-performativ funktionieren muss. Das ist die Bedeutung von ›*Auto*-Operativität‹; zum zweiten, dass irgendwo im Computerprogramm die notationale Zuschreibung dieses Verfahrens zum Begriff ›Kreis‹ explizit durch den Autor oder die Autorin des Programms festgelegt werden muss, beispielsweise als Befehl, die Maschinenzustände als Punkte in Form einer Kreislinie auf dem Bildschirm auszugeben, die dann das visuelle Bildschirmobjekt ›Kreis‹ ergeben.

Noch sind diese Autoren menschliche Programmierer und Programmiererinnen, aber es ist eine Frage der Zeit, wann dies maschinelle Lernverfahren übernehmen werden. Es ist aber auch eine Frage der Zeit, wie lange sich notationale Zuschreibungen dann noch an unserem menschlichen Verständnis von Begriffsbedeutungen orientieren werden. Denn für Maschinen ist diese Darstellungsebene nicht nötig. Dies macht die Schwierigkeit im Umgang mit der digitalen Wirklichkeit deutlich, da wir als Menschen in alles Bedeutung hineinlesen, uns von Konventionen leiten lassen und feste Zuordnungen erwarten. Wir sind es gewohnt, Molekülansammlungen als Bäume, Tische oder Berge zu interpretieren, aber formal betrachtet sind es beliebige Molekülansammlungen. Digitalisierung lässt sich daher semantisch so verstehen, dass hier formal korrekte Welten von Bitansammlungen ohne Bedeutung generiert werden, denen (operativ) notational Form zugewiesen wird, in die wir dann Bedeutung hineinlesen.

6.4 Übergang von der Struktur zur Signatur

Die Semiotik ist der Schlüssel, um den Übergang von der Struktur zur Signatur des Digitalen zu erfassen. Digitale Welten sind Zeichenwelten respektive Ansammlungen von Daten in Form von Bits (›*b*inary dig*it*‹) ähnlich den Molekülansammlungen der physisch-realen Welt. Natürlich basieren die Bitansammlungen auf den Zuständen der Molekülansammlungen der Hardware; den Siliziumkristallen und deren Elektronenanordnungen. Das macht das Digitale so interessant, da es binär-informatisierte Materie ist und damit Descartes' Dualismus von ›res extensa‹ und ›res cogitans‹ überwindet. Allerdings ist diese ›res cogitans‹ eine maschinenlogisch-technische. Dies liegt an der speziellen Materialität der syntaktischen Eigenschaften des Digitalen, die zwei bislang getrennte Sphären bündelt: Energie und Symbol. Durch logische Verschaltung wird Energie derart in den Siliziumkristallen ›gezähmt‹, dass sich dadurch Information herstellen lässt. In diesem Sinne wird Information technisch ›bestellbar‹, wie dies Martin Heidegger in »Die Frage nach der Technik« 1949 für energiefördernde Technologien generell beschrieben hat. »Dies geschieht dadurch, daß die in der Natur verborgene Energie aufgeschlossen, das Erschlossene umgeformt, das Umgeformte gespeichert, das Gespeicherte wieder verteilt und das Verteilte erneut umgeschaltet wird. Erschließen, umformen, speichern, verteilen, umschalten sind Weisen des Entbergens.«[168] Was hier mithilfe der binärlogisch umgeformten Energie entborgen wird, ist die diskrete Operativität des Prozessierens als Basisoperation des Digitalen, die, wie gezeigt, die notationale Ontik des Digitalen erschließt. Für Heidegger war das Entbergen die Grunddimension des Technischen, daher kann das Digitale nur etwas Technisches sein. Sicherlich lassen sich in der Natur digitale Zustände finden, aber in dieser binär-informatisierten Weise ist es ein rein technisches Phänomen des Bestellens der Elektrizität; heute direkt als Bestellen des Elektronenverhaltens in Kristallen.

Genauer gesprochen ist es ein technisch-semiotisches Phänomen, dessen Zustände sich semiotisch anzeigen lassen. Diese semiotische Anzeige ist lediglich für uns Menschen vonnöten, um die binär-informatisierten Zustände des Prozessierens steuern, manipulieren, kontrollieren und interpretieren zu können. Inwieweit Maschinen die semiotische Anzeige als Input-/Output-Daten (I/O) benötigen, hängt davon ab, ob die Maschinen softwaregesteuert sind oder ob sie über elektrische Impulse gesteuert werden. Es ist der semiotische Zugang zu Computern über Maschinencodes, Compiler und schließlich Programmiersprachen und Softwareprogramme (Input) sowie Bildschirme, Drucker oder Lautsprecher (Output), der die Steuerung, Kontrolle und Ergebnisinterpretation für uns Menschen in der Mensch-Maschine-Kommunikation erleichtern soll. Die Computerhistoriker Mark Priestley und Thomas Haigh hatten dies als ›linguistic turn‹ beschrieben: »John von Neumann [...] came up with the first thing that we would recognize as an order code, a machine programming linguistic coded instruction. [...] Mid-1947 [...] it's a complete turnaround in the ideas about how you program machines.«[169] Interessanterweise erleben wir gegenwärtig, wie sich dieser anthropomorphe Zugang durch den ›linguistic turn‹ in der aktuellen Maschine-Maschine-Kommunikation zunehmend wieder auflöst. Dass dies phänomenologische Konsequenzen im Umgang mit dem Digitalen hat, liegt auf der Hand. Diese Auflösungserscheinung bedeutet, dass sich die vernetzten Maschinen – Computer, Roboter, computerisierte Sensoren – zunehmend in einer Parallelwelt der Maschinen formieren, zu welcher wir zunehmend weniger Zugang haben. Diese Parallelwelt der Maschinen ist die nächste Stufe der Automatisierung, die zwar weitgehend ohne Menschen auskommt, uns aber dennoch lebensweltlich tangiert. Die zunehmende Autonomie der (vernetzten) Maschinen macht die Unsichtbarkeit des Ubiquitous Computing von Mark Weiser, wie in der Einleitung beschrieben, noch fundamentaler für unsere Lebenswelt. Ob mit oder ohne direkte (semiotische) Steuerung, Kontrolle und Ergebnisinterpretation, das Digitale webt sich immer tiefer in unsere Lebenswelt ein und konstituiert so die spezifische Selbstverständlichkeit seiner Signatur.

Die Analyse der Struktur des Digitalen hat bereits etliche Voraussetzungen des Digitalen aufgedeckt, die zugleich die Bedingungen der Möglichkeiten seiner Signatur konstituieren. Insbesondere hat sich gezeigt, dass der Übergang von der Struktur der Formalisierung, Kalkülisierung und Mechanisierung mit Effekten der Dekonventionalisierung, Desemantisierung und Deontisierung digitaler Welten einhergeht. Diese Effekte formatieren die Signatur des Digitalen, wie es sich uns präsentiert. Digitale Welten sind ontologisch geschlossene, phänomenologisch notationale und epistemisch operative Welten. Welche konkreten Ausprägungen dies für uns und unsere Lebenswelt hat, ist Thema der folgenden Kapitel.

SIGNATUR DES DIGITALEN

7. Ontologie des Digitalen

Ontologie als Lehre vom Sein referiert auf die Grundstrukturen der Wirklichkeit. Zu dieser Wirklichkeit ist spätestens mit der flächendeckenden Durchdringung und Vernetzung der Lebenswelt durch Computer (inklusive Mobiltelefone) die digitale Wirklichkeit hinzuzuzählen. Die diskrete Prozessualität, wie von Hartmut Winkler in ihrer raum-zeitlich manipulativen Konstitution beschrieben, charakterisiert die ontologische Verfassung der digitalen Wirklichkeit. Der Begriff ›digitale Wirklichkeit‹ bezieht sich hier allein auf die formal korrekten, digitalen Welten, die sich mit Computern realisieren lassen. Das bedeutet, dass der Begriff der digitalen Wirklichkeit erst einmal nichts über die Bedeutung beziehungsweise Modalität dieser Wirklichkeit aussagt: ob sie Realitätsgehalt aufweist, möglich wäre oder pure Fiktionalität ist. Das Einzige, was sich feststellen lässt, ist, dass die digitale Wirklichkeit existiert, solange Strom fließt und ein Computerprogramm zur Interpretation und Generierung der Maschinenzustände vorhanden ist. Sie existiert instantan, insofern ihre Ontologie in der diskreten Operativität des Prozessierens besteht. Ohne die Ausführung der Operativität respektive des Prozessierens bleibt die digitale Wirklichkeit in den Maschinenzuständen der Computerspeicher oder als ausgedrucktes Programm auf Papier im Potenziellen verborgen. Der Existenzzustand der digitalen Wirklichkeit ist daher ein präsentischer. Wenn der Existenzzustand der digitalen Wirklichkeit ein präsentischer ist, der von der ausgeführten Operativität der

Maschinenzustände abhängig ist, dann ist das Existenzkriterium des Digitalen die (operative) Performanz. Performanz hat dabei eine Doppelbedeutung: zum einen als Ausführen der Operativität und zum anderen als Rechenleistung. Beide Aspekte konstituieren die Existenzweise des Digitalen.

7.1 Performanz als Existenzkriterium des Digitalen

Performanz als konkretes Ausführen der Operativität, die in einem Computerprogramm codiert ist, erzeugt instantan die visuellen und auditiven Welten des Digitalen, die wir auf dem Bildschirm sehen oder durch Lausprecher hören. Diese Performanz hängt einerseits von der Energiezufuhr ab, andererseits vom Funktionieren der zugrunde liegenden Algorithmen. Wenn die Stromzufuhr unterbrochen bzw. der Akku leer ist oder wenn die Algorithmen fehlerhaft sind, dann endet die Performanz unmittelbar. Dies bedeutet nicht, dass die Existenz der digitalen Wirklichkeit eliminiert ist, falls sie gespeichert ist, aber sie ist in diesen Momenten nicht zugänglich. Der Grund liegt darin, dass Prozessieren eine medialisierte kulturtechnische Operation darstellt. In anderen Worten: Gegebenheit und Zugänglichkeit der Existenz fallen im Digitalen auseinander. Computer prozessieren im Hintergrund, ohne dass wir immer Zugang dazu haben. Hinzu kommt, dass sich die Gegebenheit durch Kopieren beliebig vervielfältigen lässt und dass sich die Zugänglichkeit durch Vernetzung teilen lässt. Dies wirft die spannende Frage auf, ob die digitale Wirklichkeit ontologische Eigenschaften aufweist, die neu sind. Eine solche neue Eigenschaft ist beispielsweise das ortsungebundene und dennoch gleichzeitige Teilen von digitalen Objekten und Ereignissen durch Vernetzung. Multiplayer-Online-Computerspiele sind hierfür Paradebeispiele: Die Computerspielewelten, -objekte und -handlungen werden erst durch die vernetzte Teilung möglich, unabhängig davon, wo sich die Spieler und Spielerinnen konkret aufhalten. Dies macht deutlich, dass die Differenz von Gegebenheit und Zugänglichkeit für die Ontologie des Digitalen grundlegend ist.

Teilen lässt sich, über technische Aspekte hinaus, als Teilen von mentalen Gehalten verstehen. Jörg Noller hat dies in seiner *Philosophie der Digitalität* als Transsubjektivität des Digitalen beschrieben. Transsubjektivität ist dabei nur eine von drei charakteristischen Aspekten der Digitalität. Die beiden anderen sind für Noller Ubipräsenz und Interobjektivität. Transsubjektivität ist eine komplizierte Kategorie, insofern hier die Verlängerung bestimmter Aspekte des Individuums ins Digitale gemeint ist sowie deren Rückspiegelung auf das reale Individuum. »Eine besondere Rolle kommt dabei dem Teilen von mentalen Gehalten zu, wie sie die reibungslose Sphäre der Digitalität durch die neuen Medien nahtlos erlaubt. Luciano Floridi hat diesbezüglich den Begriff des ›Onlife‹ geprägt.«[170] Dies setzt Ubipräsenz voraus: »Raum und Zeit spielen im Bereich der digitalen virtuellen Realität eine andere Rolle als in der physischen Realität. Digitale virtuelle Objekte sind von überall abrufbar, omnipräsent, unmittelbar, zum Greifen nahe. Ortsvielfältigkeit und Omnipräsenz werden darin fusioniert zu einer ubiquitären Präsenz, die nicht mehr primär körperlich zu verstehen ist.«[171] Dieser Aspekt verdeutlicht noch einmal die Differenz von Gegebenheit und Zugänglichkeit digitaler Welten. Ubipräsenz zeigt sich eindrucksvoll, wenn man in einem Computerspiel gegen eine virtuelle Mauer rennt, die von einem Server aus Asien stammt. Gegen dieselbe Mauer können Mitspielende aus der ganzen Welt anrennen, und falls es jemandem gelingt, diese Mauer einzutreten, erfahren alle Mitspielenden dies instantan. Dies erfordert eine neue Form von Objekthaftigkeit (Interobjektivität), »denn digitale Objekte stehen in viel intimeren Relationen zueinander, als es physikalische Objekte tun«[172]. Etwas überspitzt lässt sich sagen, dass Interobjektivität als Deontisierung durch Ersetzungen ›salva veritate‹ datenontologische Wirkung entfaltet, insofern digitale Objekte durch Definitionen von Definitionen usf. kontextuell verknüpfbar sind.

Die zweite Bedeutung von Performanz ergibt sich aus der Rechenleistung eines Computers. Mehr Rechenleistung geht mit einer höheren Performanz einher. Obwohl Performanz als Rechenleistung ein rein quantitativer Aspekt des Digitalen ist, schlägt dieser Aspekt schnell ins Qualitative um, je mehr Rechenleistung zur Verfügung steht. Denn, je höher die Performanz, desto ›dichter‹ im Sinne Goodmans erscheint die grundsätzlich diskrete und disjunkte Wirklichkeit des Digitalen. Die Rechenleistung gibt den digitalen Objekten und Ereignissen ihre Dichte; sie erscheinen nahezu ›analog‹, komplex und objekthaft. Optisch lässt sich dies an der Pixelauflösung von Bildern veranschaulichen: Je höher die Auflösung, desto realistischer wirkt ein Bild, desto objekthafter wirken die Gegenstände auf dem Bild. Dabei darf aber nicht vergessen werden, dass diese semiotische Dichte der digitalen Wirklichkeit bei ausreichender Performanz lediglich ein phänomenologischer Effekt ist und keine ontologische Charakterisierung. Diese ›phänomenale‹ Dichte kaschiert die Ambivalenz des Digitalen, autooperative Maschinenausführbarkeit und zugängliche Darstellbarkeit zugleich zu sein. Diese Ambivalenz ist für ›digitale Objekte‹ konstitutiv. »By digital objects«, schreibt Yuk Hui in seinem Buch *On the Existence of Digital Objects*, »I mean objects that take shape on a screen or hide in the back end of a computer program, composed of data and metadata regulated by structures or schemas. [...] They exist both on the screen, where we can interact with them, and in the back end, or inside the computer program.«[173] Digitale Objekte bestehen in Relation zum Menschen, aber eben auch zur Maschine. Diese zweifache Relation hat der Informatiker Frieder Nake noch weiter differenziert: als Relation von unsichtbarer, da algorithmisch codierter Unterfläche (Subface), visuell-zeichenhafter Bildschirmoberfläche (Surface) des algorithmischen Zeichens sowie der Kopplung beider Ebenen durch das Interface. »The screen is the *surface*, the display buffer is the *subface* of the algorithmic thing that the two of us – we ourselves and the program – are engaged in. The algorithmic thing comes as a visible appearance for us. At the same time, it comes as a computable appearance to the program. Without both being present and being tied to each other, nothing would work the way we want it to work. It does not make any sense to talk about the computer image without keeping in mind its visibility *and* computability, i.e. its computable visibility *and* its visible computability. The computer thing is a double insofar as it is not only visible, nor is it only computable.«[174] Dennoch lassen wir uns hier leicht täuschen und schreiben den digitalen Objekten und Ereignissen gewisse realistisch-objekthafte Eigenschaften zu. Die phänomenale Dichte ist eine der wesentlichen maschinenrationalen Selbstverständlichkeiten aktueller digitaler Wirklichkeit. Die Computerwirklichkeiten der Virtuellen Realität (VR), aber auch die Vision des Metaverse gründen in dieser zunehmenden Selbstverständlichkeit des Digitalen, objekthaft zu wirken.

Was auffällt, ist, dass die Frage nach der Virtualität selbst nicht gestellt wird. Diese spielt jedoch in klassischeren Herangehensweisen an das Digitale eine wichtige Rolle. Wie der Philosoph Philip Brey schreibt: »Currently, there is widespread ontological confusion about virtual reality and its relation to the real world, which contributes to a flawed understanding of virtual reality and its potential.«[175] Hier kommen die übliche (messbare) raumzeitliche Verortung des Realen und die Desituierung des Virtuellen ins Spiel. Doch im Falle des Digitalen ist diese Trennung nicht so einfach. Zum einen existieren digitale Objekte respektive Strukturen als physikalische (allerdings überschreibbare) Maschinenzustände und benötigen eine (zumeist auf Bildschirmen) verortbare Zugänglichkeit, zum anderen besitzen digitale Objekte durch ihre autooperative Beschreibung eine gewisse Persistenz – sie lassen sich kopieren, weitergeben, vervielfältigen, aber auch löschen. Brey führt zwar ebenfalls die Prozesshaftigkeit des Digitalen ins Feld, unterscheidet aber zwischen Genese und Geltung digitaler Objekte und stellt fest, dass die technische Genese den ontologischen Status als Qualia nicht hinreichend bestimmen kann. Erst die Geltung durch soziale Kontexte verschafft den digitalen Objekten – ähnlich abstrakten Entitäten wie Institutionen – einen gewissen ontologischen Status.

Soziale Geltung lässt sich aus philosophischer und insbesondere aus ontologischer Perspektive schwer fassen, daher stellt sich die Frage nach weiteren Aspekten der Ontologie des Digitalen aus dem genannten Existenzkriterium der Performanz. Ein Aspekt wurde bereits diskutiert: die phänomenale Dichte bei zunehmender Performanz im Sinne von Rechenleistung. Doch es lässt sich noch ein weiterer Aspekt anführen: die indexikale Wirkung des Immersionspotenzials digitaler Welten sowie der Maschinenlesbarkeit der Welt. Operative Performanz, phänomenale Dichte, objekthafte Persistenz – die die instantane, prädikative Existenz des Digitalen kaschieren – und immersive Indexikalität hängen eng zusammen, insofern eine gesteigerte Dichte durch höhere Performanz mit einer stärkeren indexikalen Wirkung einhergeht. Es ist diese indexikale Wirkung des Digitalen, die die Rede vom rein Virtuellen des Digitalen so schwierig macht.

7.2 Immersionspotenzial und Maschinenlesbarkeit

Immersion bezeichnet das Eintauchen in eine Welt, die als vollständig empfunden wird. Die (künstliche) Welt muss nicht unbedingt real wirken, aber das Gefühl der Vollständigkeit vermitteln. Wie Janet Murray in *Hamlet on the Holodeck* treffend schreibt, ist die Erfahrung der Immersion vergleichbar mit dem Eintauchen in Wasser als einem völlig anderen Medium. Dieses Eintauchen fordert alle Aufmerksamkeit der Wahrnehmung. Immersion als ontologische Erfahrung vereint daher die Dichte und Persistenz der digitalen Objekte, die Vollständigkeit der (immersiven) Erfahrung und die Absorption der Aufmerksamkeit und gibt so der digitalen Wirklichkeit eine gewisse prädikative Existenz ohne substanzontologische Notwendigkeit. In anderen Worten: Wir erfahren Eigenschaften der digitalen Wirklichkeit ähnlich realen Gegebenheiten der Welt, ohne deshalb eine raumzeitliche Existenz davon ableiten zu können. Es sind instantane Welten, die rein im Digitalen existieren und die aufgrund ihrer Prozessualität permanent neu berechnet werden müssen. Nichtsdestotrotz ist die aktuale, raumzeitliche Präsenz der digitalen Wirklichkeit phänomenal dicht gegeben. Die digitalen Objekte erscheinen wie ein reales Gegenüber, mit ihnen lässt sich interagieren, aber sie sind keine Objekte im herkömmlichen Sinne.

Die vermutlich avanciertesten Ausprägungen der digitalen Wirklichkeit sind Computerspiele, die in Echtzeit soziale Handlungswelten generieren und ein hohes Immersionspotenzial haben.[176] Wir können in Computerspielen gegen virtuelle Mauern rennen, aber deren Widerständigkeit hinterlässt keine blauen Flecken. Dennoch sind es Welten, die Handlungen durch Interaktivität ermöglichen. Gerade Letzteres trägt entscheidend zum Immersionspotenzial bei. Zudem sind es Welten, die für uns voller Bedeutung sind. Ansammlungen von Pixeln werden als Objekte oder Gegner erkannt, Handlungen werden ›actio/reactio‹ ausgeführt, die Perspektive ist zumeist die des Ego, und Kommunikation findet in der üblichen sprachlichen Weise über Headsets und Chatfunktionen statt. Dennoch sind die digitalen Computerspielwelten ausschließlich notational generiert; also rein prädikativ gegeben. Jegliche Bedeutung wird von einem Autor oder einer Autorin mithilfe konkreter Anweisungen generiert. Diese Autorenschaft ist selten sichtbar und wird durch die objekthafte Erscheinung der digitalen Wirklichkeit zumeist verdeckt. Nur wenn etwas nicht funktioniert (Glitch), nehmen wir das Subface war. Die Zugänglichkeit durch Surface und Interface leistet hier volle Arbeit, die Gegebenheit des Subface wird kaschiert.[177] Wäre das Subface zu oft erfahrbar, würde das Gefühl der Vollständigkeit zusammenbrechen.

Was ist dieses Gefühl der Vollständigkeit, das die Immersion charakterisiert? Es als eine Täuschung oder Illusion abzutun würde der komplexen Verwobenheit realer und digitaler respektive realer und virtueller Zustände nicht gerecht. Denn zum einen sind die Handlungen in den digitalen Welten wirklich und können auch einen Einfluss auf die Realität nehmen, zum anderen kommt das Gefühl der Vollständigkeit durch die realen Körpererfahrungen im Umgang mit dem Digitalen zustande. Dies zeigt, dass es sich hier um einen körperlich vermittelten Zustand des In-der-Welt-Seins handelt.[178] Maurice Merleau-Ponty sprach in seiner *Phänomenologie der Wahrnehmung* von ›unbewussten Operationen‹; Operationen, die es Individuen ermöglichen, sich schnell in Umgebungen zu orientieren, welche zumeist optisch und auditiv vermittelt sind.[179] Dass dies im Digitalen nicht immer einfach ist, macht die in VR-Umgebungen und Computerspielen auftretende ›simulator sickness‹ deutlich, die durch die Irritation des Gleichgewichtsinns mittels optischer Eindrücke verursacht wird und zu Gleichgewichtsverlust und Übelkeit führen kann. Doch das Gefühl der Vollständigkeit kommt auch durch die epistemologische Bereitschaft zustande, an den digitalen Welten in ihrer Erscheinung nicht zu zweifeln, unabhängig davon, wie unrealistisch die digitale Wirklichkeit gestaltet ist. Zweifel würde sofort eine Distanzierung schaffen und den Effekt der Immersion zerstören. Doch dieser unkritische Datenpositivismus, an den uns die immersiven digitalen Welten zunehmend gewöhnen, hat seinen Preis, wie im achten Kapitel zu zeigen sein wird. Für die indexikale Wirkung des Immersionspotenzials ist der epistemologische Datenpositivismus jedoch ebenso wie das Gefühl der Vollständigkeit entscheidend.

Diese immersive Wirkung wird zunehmend realitätshaltig, wenn die digitalen Welten mit Daten über die reale Welt angereichert werden (augmentiert). Gemeint ist das Programm der totalen Maschinenlesbarkeit der Welt, das die Voraussetzung des Digitalen wie auch des Maschinenverstehens der KI ist. Was nicht maschinenlesbar ist, existiert nicht in der digitalen Wirklichkeit, kann nicht von einer Maschine verstanden werden. Dieses Programm der totalen Maschinenlesbarkeit wird durch Digitalisierung und Datafizierung realisiert. Digitalisierung bezeichnet das möglichst originalgetreue Scannen und Sampeln von Texten, Bildern oder Tondokumenten. Datafizierung bezeichnet die sensorische Erfassung raumzeitlicher Zustände durch Messung. Digitalisierung und auch Datafizierung basieren, wie im dritten Kapitel dargestellt, auf der Diskretisierung, Quantisierung und Binarisierung von Signalen. Edmund Husserl hat die Quantisierung lange vor der Einführung von digitalen Scannern und Sensoren die »indirekte Mathematisierung [...] der erfahrbaren spezifisch sinnlichen Qualitäten (›Füllen‹)« genannt, die die Welt »ex datis« rekonstruieren.[180] Im Alltag nehmen die Milliarden an Scannern, multisensiblen Smartphones und ›smart objects‹ des Internets der Dinge, wie in der Einleitung beschrieben, die digitale Rekonstruktion der Welt mittlerweile in Echtzeit vor. Insofern diese Rekonstruktionen ›ex datis‹ die syntaktische Dichte möglichst originalgetreu in syntaktische Disjunktivität und Differenziertheit überführen, können sie Indexikalität in dem Sinne beanspruchen, dass das digitalisierte Abbild auf sein reales Vorbild verweist. Diese Verweisungsfunktion der digitalen Daten muss jedoch in Form von Metadaten expliziert werden, die eineindeutig deklarieren, was hier der Fall ist.

Metadaten sind maschinenlesbare, strukturierte Daten, die die eigentlichen Daten beschreiben. Dabei kommt ein Aspekt ins Spiel, der lediglich im Digitalen möglich ist und so die Ontologie des Digitalen charakterisiert: nämlich die Interoperabilität der Metadaten. Interoperabilität bedeutet, Beziehungen zwischen unterschiedlichen Datenquellen herstellen zu können. Interoperabilität ist die informatische Grundlage der von Noller wie auch von Hui thematisierten Interobjektivität. Interoperabilität wird durch Markup Languages ermöglicht. Diese sind maschinenlesbare Metasprachen für die regelbasierte Formatierung von Texten und Daten wie beispielsweise die Hypertext Markup Language (HTML) des World Wide Webs. Für die Verknüpfung der regelbasiert formatierten Texte und Daten braucht es jedoch avancierte Methoden der Wissensrepräsentationen wie semantische Netze. Mit semantischen Netzen wie beispielsweise MultiNet, das von Hermann Helbig 2001 eingeführt wurde, ist es technisch möglich, semantische Beziehungen zwischen Konzepten und Begriffen zu erfassen. ›Wissen‹ wird in diesen Netzen in Form von Knoten (Begriffe) und Kanten (Relationen und Funktionen zwischen Begriffen) strukturiert. Knoten werden Klassifikationssystemen (Ontologien) zugeordnet, die mit konkreten Inhalten gefüllt werden können. Kanten sind in der informatischen Netzwerktheorie respektive Graphentheorie Verbindungen von mindestens zwei Knoten; Knoten sind wiederum mit mindestens einer Kante verbunden.

Für die Semantik der Knoten sind Klassifikationssysteme zentral, die in der Informatik ›Ontologien‹ genannt werden. Ontologie meint die computersprachlich erfasste und formal geordnete Darstellung von Begriffen wie auch Relationen zwischen diesen Begriffen, um Wissensrepräsentationen zwischen Anwendungsprogrammen zu transferieren. Diese Klassifikationssysteme erinnern an Platons Methode der ›διαίρεσις‹ (Dihairesis), die dieser in einigen Dialogen als dialektische Methode der Begriffszergliederung einführt. Beispielsweise verwendet Platon im *Kritias* die Dihairesis zur Klassifikation von Früchten, indem er wilde von kultivierten Früchten und letztere wiederum in Baum- und Trockenfrüchte unterscheidet, für die er nun weitere Unterteilungen bis hin zu konkreten Einzelbeispielen angeben kann.[181] Die Dihairesis war für Paton eine Methode, um zu strukturierten Definitionen der semantischen Bedeutung von Wörtern (Begriffen) zu gelangen. In ähnlicher Weise wird sie heute in der Informatik für semantische Netze in Form von Klassifikationen verwendet. Eine typische Ontologie in MultiNet ist laut Helbing folgende:[182]

Ontologie	**Beispiel**
Entity	
Object	
Concrete object	
Discrete object	Haus
Substance	Wasser
Abstract object	
Attribute	
Measurable attribute	Länge
Non-measurable attribute	Form
Relationship	Kausalität
Ideal object	Religion
Abstract temporal object	Ferien
Modality	notwendig
Situational object	
Dynamic situational object	Bewegung
Static situational object	Schlaf
Situation	
...	

Abb. 4: Ontologiemodell in MultiNet

Beziehungen zwischen Knoten werden durch Relationen und Funktionen erfasst; beispielsweise die Relation ›s_1 CAUS s_2‹, die angibt, dass die reale Situation s_1 Ursache für die reale Situation s_2 ist. In MultiNet gibt es 140 Relationen und Funktionen, unter anderem um Aspekte wie Generalisierungsgrad, Quantifikation und Faktizität der Daten zu erfassen. Es lassen sich aber auch Axiome, Axiomenschemata sowie Bedeutungspostulate definieren und so komplexe Wissensrepräsentationen erstellen.[183]

Interobjektivität durch Interoperabilität der Metadaten wird dadurch komplexer und eigenständiger, dass die eigentlich vakanten, formalen Zeichensysteme durch die Ontologien zunehmend gesättigt werden. Auf diese Weise entstehen relationale und datenbasierte, digitale Objekte, die von der Informatik als (›Knowledge‹) Graphen bezeichnet werden. Interoperabilität verwebt aber die Wissensrepräsentationen auch zunehmend mit der sensorisch erfassten, indirekten Mathematisierung der sinnlichen Qualitäten und erzeugt so eine Form der Interobjektivität, die Indexikalität beansprucht und zunehmend Realitätshaltigkeit behauptet. Wie realitätshaltig diese digital rekonstruierten Welten tatsächlich sind, lässt sich jedoch nur für konkrete Einzelfälle nachprüfen. Folgt man Hui in seiner Argumentation in *On the Existence of Digital Objects*, dann werden die digitalen Wissensrepräsentationen auf diese Weise zunehmend aussagekräftiger und lesbarer für Menschen wie Maschinen und ermöglichen so das ›Semantic Web‹. Die Idee des Semantic Web ist es, auf Basis der Interoperabilität der Daten nicht nur mehr Kontextinformationen zur Beschreibung von Daten einzubeziehen, sondern die Datenobjekte zunehmend intensiver miteinander kontextuell in Relation zu setzen. Auf diese Weise entstehen ein wachsender globaler (›Knowledge‹) Graph der verfügbaren (maschinenlesbaren) Informationen der digitalen Wirklichkeit sowie eine schnell anwachsende Standardontologie auf

Basis der Web Ontology Language (OWL).[184] Da die Entwicklung stetig weitergeht, so die These von Hui, gewinnen die digitalen Objekte wie auch die digitale Wirklichkeit zunehmend an Komplexität und Eigenständigkeit respektive Interobjektivität. »Not only do the objects have identities, but their components or predicates also have identities and are thus subject to control and manipulation.«[185]

Digitale Objekte sind komplex, interoperable (interobjektive) Wissensobjekte, die durch Digitalisierung und Datafizierung indexikale Realitätshaltigkeit beanspruchen. Ein Indiz dafür, dass die reale Wirklichkeit in das Digitale realitätshaltig ›gespiegelt‹ wird, findet sich nicht zuletzt in den Verzerrungen (Bias) der Klassifikationen und Daten. In der ethischen Debatte zum Digitalen werden diese unter den Stichworten ›machine biases‹ oder ›algorithm accountability‹ thematisiert. Hier wiederholen sich die realen Stereotype im Digitalen. Die oft diskriminierenden Datenverzerrungen werden auch als ›technological redlining‹ bezeichnet: »Technological redlining is a form of digital data discrimination, which uses our digital identities and activities to bolster inequality and oppression. It is often enacted without our knowledge, through our digital engagements, which become part of algorithmic, automated, and artificially intelligent sorting mechanisms that can either target or exclude us. It is a fundamental dimension of generating, sustaining, or deepening racial, ethnic, and gender discrimination, and it is centrally tied to the distribution of goods and services in society, like education, housing, and other human and civil rights. Technological redlining is closely tied to longstanding practices of ›redlining,‹ which have been consistently defined as illegal by the United States Congress, but which are increasingly elusive because of their digital deployments through online, internet-based software and platforms, including exclusion from, and control over,

individual participation and representation in digital systems.«[186] Dies zeigt einerseits, dass viele reale Phänomene wie Diskriminierung oder Ungerechtigkeiten ins Digitale transferiert werden – eine unangenehme Realitätshaltigkeit, die oft durch die Algorithmen noch eine Steigerung erfährt. Es zeigt aber andererseits, dass Daten und Algorithmen nicht neutral sind, obwohl sie rein formale Strukturen darstellen, wie Rob Kitchin darlegt: »Algorithms are created for purposes that are often far from neutral: to create value and capital; to nudge behavior and structure preferences in a certain way; and to identify, sort and classify people. [... Furthermore, algorithms are] ontogenetic in nature (always in a state of becoming), teased into being: edited, revised, deleted and restarted, shared with others, passing through multiple iterations stretched out over time and space. As a result, they are always somewhat uncertain, provisional and messy fragile accomplishments.«[187] Die Verzerrungen in Daten und Algorithmen verdeutlichen die indexikale Wirkung des Programms der Maschinenlesbarkeit der Welt. Solche Verzerrungseffekte (›machine biases‹) können direkten Einfluss auf die reale Lebenswelt haben. Die Website *ProPublica* dokumentiert diese Verzerrungseffekte und zeigt die Notwendigkeit einer Ethik des Digitalen auf, wie im achten Kapitel näher dargestellt.[188]

7.3 Intentionale Zuschreibungen

Für die Diskussion zur Ontologie des Digitalen ist neben der immersiven und indexikalen Wirkung (Realitätshaltigkeit) noch ein anderer Aspekt von Bedeutung: die intentionale Wirkung des Digitalen. Formalisierung und Intentionalität scheinen sich auf den ersten Blick gegenseitig auszuschließen. Die Formalisierung, insbesondere die Kalkülisierung des Formalen, bestand ja gerade im Ausschluss jeglicher intentionaler Akte, die sich nicht explizieren und damit formalisieren ließen. Dennoch hat, so die These, das Digitale eine intentionale Wirkung. Diese intentionale Wirkung konstituiert neben der phänomenalen Dichte und indexikalen Wirkung des Immersionspotenzials sowie der Realitätshaltigkeit der Maschinenlesbarkeit die Ontologie des Digitalen mit.

Das Konzept der Intentionalität wurde 1874 von Franz Brentano als die Beziehung eines Gedankens auf einen Inhalt oder ein Objekt eingeführt, die sich in vielen Fällen überprüfen lässt.[189] Beispielsweise der Gedanke, dass vermutlich gerade Zugang zum Internet besteht, lässt sich am Laptop schnell überprüfen. Intentionalität beschreibt eine maßgebliche Eigenschaft des Mentalen, Bezüge zur Lebenswelt in Form von Annahmen, Erwartungen, Vorhersagen oder Wünschen herzustellen. In der Phänomenologie Husserls verschob sich der Fokus von den intentionalen Beziehungen auf die subjektiven Erlebnisse der intentionalen Zustände und deren Reflexion. Husserl folgte hier Immanuel Kants Diktum, dass wir auf die ›Dinge an sich‹ keinen direkten mentalen Zugriff haben, sondern nur ein ›Bewusstsein-von‹.[190] Dies verdeutlicht die unidirektionale Gerichtetheit des Intentionalen vom Subjekt auf sein Gegenüber. John Searle hat jedoch darauf aufmerksam gemacht, dass Intentionalität als Interaktionsmodus mit der Lebenswelt auch immer voraussetzt, dass wir anderen Personen Intentionalität zuschreiben.[191] Die Frage ist nun, ob wir diese Tendenz zur Intentionalität als Interaktionsmodus auch auf das Digitale ausdehnen können.

Der Philosoph Daniel Dennett hat sich mit dieser Frage beschäftigt. Er unterschied den intentionalen Standpunkt (›intentional stance‹) von einem funktionalen (›design stance‹), und üblicherweise gehen wir im Kontext des Digitalen von einem funktionalen Standpunkt aus, insofern wir annehmen, dass ein

Automat oder ein Programm korrekt nach einem bestimmten Bauplan (›design‹) funktioniert.[192] Dabei muss dieser Bauplan nicht unbedingt bekannt sein. Die Annahme des Funktionierens geht mit einer Vorhersage respektive Erwartung bezüglich des Verhaltens eines Computerprogramms oder Automaten einher. Dennett stellt sich jedoch die Frage, ob solche Vorhersagen respektive Erwartungen bezüglich des Verhaltens komplexer Objekte wie Schachprogrammen zulässig sind. Dies lässt sich natürlich heute auch für das Semantic Web, die Künstliche Intelligenz und viele andere digitale Phänomene fragen. Ist das Verhalten komplexer Objekte so einfach voraussagbar? Hier wird es spannend, da laut Dennett eine weitere Annahme hinzukommt, nämlich die über die Rationalität des Gegenübers. Rationalität in dem Sinne, dass wir annehmen, das Gegenüber verfolge Ziele und habe Bedürfnisse und Wissen. In diesem Sinne beschreibt Dennett ein Computerprogramm unter bestimmten Umständen als »system whose behavior is reliably and voluminously predictable via the intentional strategy«[193]. Entscheidend ist dabei nicht, ob Programme oder Algorithmen tatsächlich Ziele verfolgen, Bedürfnisse oder ein bestimmtes Wissen haben, sondern dass wir ihnen dies zuschreiben, um uns ihr Verhalten besser erklären und es vorhersagen zu können. Nun ist der Computer, wie Norbert Wiener gezeigt hat, *als* eine ›absichtsvolle Maschine‹ (kybernetische Maschine) konzipiert: »Purposeful active behavior may be subdivided into two classes: ›feed-back‹ (or ›teleological‹) and ›non-feedback‹ (or ›non-teleological‹).«[194] Zudem hat Kitchin im obigen Zitat deutlich gemacht, »algorithms are created for purposes that are often far from neutral«[195]. Es gehört deshalb zu den maschinenrationalen Selbstverständlichkeiten, dass uns diese zu intentionalen Zuschreibungen anregen. Oder anders ausgedrückt: Je komplexer, dichter und realitätshaltiger sich die digitale Wirklichkeit gestaltet, desto höher ist die Wahrscheinlichkeit, dass wir diese intentional deuten. Ontologisch betrachtet, kommt der digitalen Wirklichkeit Intentionalität lediglich als maschinenlogische Imitation (Feedback) oder innerhalb der notationalen Ontik zu. Nichtsdestotrotz ruft das Digitale eine intentionale Wirkung bei uns hervor.

Diese intentionale Wirkung ist entscheidend, um von der notationalen Ontik digitaler Objekte zu den subjektiven Interpretationen dieser Objekte zu gelangen. Wie das Beispiel des Kreises im vorhergehenden Kapitel verdeutlichte, hat der autooperative Begriff ›Kreis‹ aufgrund der Ambivalenz des Digitalen, autooperative Maschinenausführbarkeit und zugängliche Darstellbarkeit zugleich zu sein, zwei Extensionen: zum einen als Operation, die vom Computer ausgeführt werden kann (Vorschrift für die Generierung jedes Punkts in einem Koordinatensystem von Pixeln entlang eines definierten, äquidistanten Abstands zu einem Mittelpunkt); zum anderen als Darstellung durch notationale Zuschreibung eines Autors oder einer Autorin in einem Computerprogramm (Interpretation der Maschinenzustände als Punkte in Form einer Kreislinie auf dem Bildschirm). Die subjektive intentionale Zuschreibung in einer Computeranwendung könnte darin bestehen, den Kreis als interaktiven Button aufzufassen, auf den man klicken kann. Der Kreiserscheinung im Kontext der Computeranwendung wird nicht nur eine Funktion, sondern oft auch ein gewisser Zweck unterstellt. Um diesen Zweck vorhersagen zu können, bedarf es zutreffender Annahmen über die (Maschinen-)Rationalität des (digitalen) Gegenübers. Beispielsweise, dass das visuelle Symbol eines Papierkorbs das Löschen einer Datei zur Folge hat, dass dieses Löschen aber wieder rückgängig gemacht werden kann.

Die intentionalen Zuschreibungen spielen eine wichtige Rolle für die indexikale Wirkung digitaler Welten und damit für ihre ontologische Persistenz sowie ihre phänomenologischen Effekte.

Sie verdeutlichen aber auch, dass eine geeignete Kenntnis der Maschinenrationalität der digitalen Wirklichkeit sowie eine digitale Kompetenz (›digital literacy‹) im Umgang mit der Signatur des Digitalen gefordert sind. Hierin liegt der genuine Beitrag einer Philosophie des Digitalen als Kritik der Maschinenlogik (Ersetzungsverhältnisse) und Maschinenrationalität (Selbstverständlichkeiten), insbesondere wenn die Entwicklung in Richtung Metaverse den ontologischen Bruch zwischen der realen und der digitalen Welt phänomenologisch zum Verschwinden bringen soll.

7.4 Ontologisches Modell der digitalen Wirklichkeit

Welches ontologische Modell lässt sich nun aus den in den vorherigen Kapiteln entwickelten Überlegungen für das Digitale gewinnen? Ein solches ontologisches Modell soll zum einen begrifflich die Struktur des Digitalen beschreiben, zum anderen die Signatur des Digitalen erfassen helfen. Wie Jörg Noller in seiner *Philosophie der Digitalität* treffend schreibt, benötigen wir neue Begriffe, »um die digitale Lebenswelt in ihrer Realitätshaftigkeit zu fassen, [...] um dem Phänomen der Digitalität in seiner qualitativen Eigenlogik ontologisch gerecht zu werden«[196]. Dazu hat er drei Kategorien der Digitalität vorgeschlagen, die »mit herkömmlichen philosophischen Kategorien in ein kritisches Gespräch gebracht werden [sollen]: den aristotelischen ontologischen Kategorien, den transzendentalen Kategorien Immanuel Kants und den Existenzialien Martin Heideggers«[197]. Dies waren die bereits skizzierten Kategorien der Ubipräsenz (spezifische Raum-Zeit-Logik der Digitalität), der Interobjektivität (spezifisches Verhältnis von Subjektivität und Objektivität im Rahmen der Digitalität) und der Transsubjektivität (spezifische Interobjektivität aus subjektiver Perspektive). Die Ubipräsenz stellt Noller Aristoteles' substanzontologischen Kategorien entgegen, die Transsubjektivität als Erweiterungen und Entäußerungen des Subjekts Kants transzendentalen Kategorien und die Interobjektivität Heideggers fundamentalontologischen Existenzialien des Daseins. Diese drei zentralen Kategorien der Digitalität, ›Digitalien‹ genannt, dekliniert Noller entlang der drei Paradigmen des Digitalen – Internet, KI, Computerspiel. Schließlich sollen diese Kategorien helfen, die lebensweltlichen Perspektiven einer Ethik und Ästhetik der Digitalität zu strukturieren. Der ontologische Ansatz von Noller ist eine interessante Betrachtungsweise, die Struktur in eine Philosophie der Digitalität bringt. Doch wie sieht es mit den Ersetzungsverhältnissen der Maschinenlogik, den Verfremdungseffekten der Maschinenrationalität sowie einer Phänomenologie und Epistemologie des Digitalen aus? Hier sind andere Kategorien gefordert, die der semiotischen und zeitabhängigen Verfassung des Digitalen Rechnung tragen.

Hatte die Antike die Kategorie der Qualität an erste Stelle gesetzt und auf Basis dieser Kategorie die Wirklichkeit substanzontologisch fundiert, so setzte die Neuzeit die Quantität an die erste Stelle und fundierte die Wirklichkeit als das empirisch Gegebene. Den Übergang von der Qualität zur Quantität haben sowohl Immanuel Kant in der *Kritik der reinen Vernunft* als auch Ernst Cassirer in *Substanzbegriff und Funktionsbegriff. Untersuchungen über die Grundfragen der Erkenntniskritik* grundlegend analysiert. Quantität als Kategorie kann dabei auch als Kategorie des Formalen verstanden werden und der Übergang von der Qualität zur Quantität als Subsumierung des Inhaltlichen unter das quantisierte Formale. Ebendies hatte Kant in seiner *Kritik der reinen Vernunft* als Blickwechsel vom Seienden auf das (empirisch) Gegebene, insbesondere in den Axiomen der Anschauung, transzendentalphilosophisch zu fundieren versucht: »Alle Anschauungen sind extensive Größen.«[198]

Heute stellt sich die Frage, ob das Digitale als Kulturtechnik des Prozessierens nicht die Kategorie der Zeit in Form von Taktung an die erste Stelle erhebt – allerdings unter Maßgabe der Quantität und des Formalen. Wenn dem so ist, müssen auch die ontologischen Subkategorien quantitative und dynamische sein. Hier bieten sich die operative Performanz (Existenzkriterium des Digitalen), die phänomenale Dichte (Erscheinung des Digitalen), die notational-objekthafte Persistenz (Ontik des Digitalen) und die immersive wie intentionale Indexikalität (Realitätshaltigkeit des Digitalen) an. In ein Diagramm gebracht, ergibt sich daraus als ontologisches Modell ein komplexer ›Schaltkreis‹. Dies ist kein Zufall, da im Digitalen alles relational aufeinander bezogen ist oder sich bedingt (siehe Abb. 5).

Des Weiteren ist es kein Zufall, dass die Subkategorien phänomenologisch motiviert sind, denn die temporale Fundierung des Digitalen in der Kategorie der Taktung unterwirft das Digitale – mit Kant gesprochen – der transzendentalen Anschauung. Hier wird es interessant, denn auch wenn man Kant darin folgt, dass das ›Ding an sich‹ und damit die Welt an sich nicht ontologisch erfasst werden kann, ist die Struktur des Digitalen bekannt, auch wenn die Signatur des Digitalen zum phänomenalen und objekthaften Gegenüber wird. Deutlich wurde dies an der phänomenalen Dichte. Wie gezeigt, ist sie streng genommen keine ontologische Charakterisierung, sondern ein phänomenologischer Effekt, der bei ausreichender Performanz (Rechenleistung) die Grenzen der Sinnlichkeit unterläuft. Vergleichbar ist dies mit dem Bewegtbildeffekt, der sich ab 16 Bildern pro Sekunde einstellt.[199] Mittlerweile unterlaufen viele digitale Effekte die Grenzen der Sinnlichkeit. Vor diesem Hintergrund erklärt sich auch ganz zwanglos, wie aktuell bei einer Performanz von 1,102 ExaFlop/s – also über eine Trillion Rechenoperationen pro Sekunde auf Supercomputern[200] – die phänomenale Dichte in eine

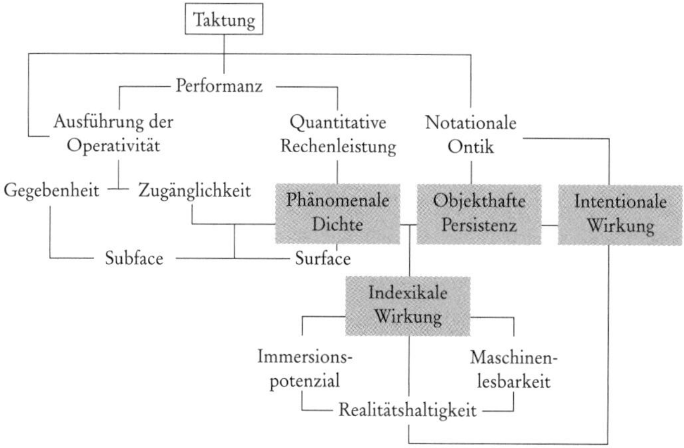

Abb. 5: Ontologisches Modell des Digitalen mit vier Subkategorien (grau unterlegt)

objekthafte Persistenz umschlägt, die es beispielsweise in wissenschaftlichen CAVE-Simulationen ermöglicht, digitale Objekte wie simulierte 3D-Moleküle in Echtzeit und unter quantenmechanischen Bedingungen so zu manipulieren, ›als ob‹ sie real wären. Wie diese phänomenologischen Effekte digitaler Objekte im Einzelnen aussehen, ist Thema der Phänomenologie des Digitalen; welche neuen Erkenntnismöglichkeiten sich daraus ergeben, Thema der Epistemologie des Digitalen.

8. Phänomenologie des Digitalen

Eine Phänomenologie der digitalen Wirklichkeit ist durch die genannten Subkategorien charakterisiert, aber auch durch die zugrunde liegenden strukturellen Aspekte des Digitalen. Dazu gehören die Ambivalenz des Digitalen – autooperative Maschinenausführbarkeit (Subface) und zugängliche Darstellbarkeit (Surface) zugleich zu sein – sowie aufgrund der Autooperativität die Performanz als Existenzkriterium. Performanz wiederum unterliegt der temporalen Fundierung des Digitalen (Kategorie der Taktung). Taktung, Performanz sowie autooperative Maschinenausführbarkeit und zugängliche Darstellbarkeit bedingen Effekte, die einerseits eigene ›Technophänomene‹ konstituieren, andererseits unsere Sinne unterlaufen und so phänomenologisch latent werden. Dieses Spannungsfeld zwischen digitalen Technophänomenen und Latenz charakterisiert eine Phänomenologie des Digitalen und erfordert eine eigene Ethik aus phänomenologischer Perspektive.

8.1 Phänomenotechnische Environmentalität

Das Konzept der ›Phänomenotechnik‹ geht auf den Wissenschaftsphilosophen Gaston Bachelard zurück, der 1938 feststellte, »daß die Wissenschaft ihre Objekte verwirklicht, ohne sie jemals ganz fertig vorzufinden. Die Phänomenotechnik erweitert die Phänomenologie. Ein Konzept wird in dem Maße wissenschaftlich, wie es technisch wird, wie mit ihm eine Technik der Verwirklichung einhergeht.«[201] Diesen technischen Konstruktivismus der Wissenschaft hatte bereits Immanuel Kant als Nötigung der Natur beschrieben; etwa wenn »Galilei seine Kugel die schiefe Fläche mit einer von ihm selbst gewählten Schwere herabrollen, oder Toreicelli die Luft ein Gewicht, was er sich zum voraus dem einer ihm bekannten Wassersäule gleich gedacht hatte, tragen ließ«[202]. Dabei wurde den Naturforschern klar, so Kant, dass die »Vernunft nur das einsieht, was sie selbst nach ihrem Entwurf hervorbringt«[203].

150 Jahre später kam Bachelard zu einem ähnlichen Schluss wie Kant, als er sich mit der neuen Physik seiner Zeit – der Relativitätstheorie und der Quantenmechanik – auseinandersetzte. Denn diese neue Physik ließ sich nicht mehr mit bloßer Vernunft herleiten oder mit den bloßen Sinnen beobachten, sondern benötigte zwingend komplexe mathematische Konstrukte (Tensoren) sowie theorieabhängige Experimente und Messgeräte. Daher sei die »wahre wissenschaftliche Phänomenologie«, so Bachelard in *Der neue wissenschaftliche Geist*, »ihrem Wesen nach Phänomenotechnik. Sie verstärkt das, was hinter dem Erscheinenden durchscheint. Sie lernt aus dem, was sie konstruiert.«[204]

Folgerichtig beschrieb Bachelard den Realismus der Wissenschaft dann auch als einen ›Realismus zweiter Ordnung‹ und die Technophänomene als ›deformiert‹. Deformation ist hier jedoch nicht abfällig gemeint, sondern im Sinne von neu-formatiert oder konstruiert, ohne sich dabei komplett von der Realität oder den natürlichen Phänomenen zu entfernen. Diese De-Formierung der Technophänomene fordert jedoch, so Bachelard, ein naives Verständnis von Allgemeinverständlichkeit heraus und führt notwendigerweise zu einem epistemologischen Bruch mit der Alltagserfahrung und der Wahrnehmung. Oder in anderen Worten: Die wissenschaftliche Phänomenotechnik erfordert ihre eigene Literacy.

Bachelards Konzept der Technophänomene respektive der Phänomenotechnik lässt sich gut auf eine Phänomenologie des Digitalen anwenden, die eigentlich eine Technophänomenologie ist. Digitale Phänomene sind hergestellte und als solche technisch und medial vermittelte Phänomene. Das Digitale schafft seine eigenen Technophänomene, die unsere Alltagserfahrung herausfordern. Dies geschieht zwar in anderer Weise als in der Wissenschaft, aber die digitale Wirklichkeit folgt, wie gezeigt, ihren eigenen ontologischen Bedingungen. Dies hat Folgen für die Signatur ihrer Technikphänomene und damit für die digitale Wirklichkeit.

›Signatur‹ meint die charakteristische Erscheinungsweise des Digitalen im Sinne einer bestimmten Weise des Zeichen-Gebens respektive Anzeigens (›sīgnificāre‹), der die skizzierte Struktur und Ontologie des Digitalen zugrunde liegen. Diese Signatur zu verstehen heißt, ihre Selbstverständlichkeiten offenzulegen. In dem Artikel »Lebenswelt und Technisierung unter Aspekten der Phänomenologie« von 1963 forderte Hans Blumenberg eben diese Offenlegung der Selbstverständlichkeiten des Technischen. Blumenberg bezog sich dabei auf Husserls Konzept der Lebenswelt, das dieser als Universum vorgegebener Selbstverständlichkeiten gegen die Norm einer ›natürlichen Natur‹ gesetzt hatte.[205] Selbstverständlichkeit ist bei Husserl aber keineswegs ein positiver Wert. »Im Gegenteil: das Selbstverständliche ist der Gegenbegriff zu jener ›Selbstverständigung‹, die für Husserl die eigentliche Aufgabe einer phänomenologischen Philosophie zu sein hat. [...] Von dieser Art ist die Lebenswelt – unabhängig davon, ob sie jetzt als Vorwelt oder als Mitwelt betrachtet wird – als der zu jeder Zeit unerschöpfliche Vorrat des fraglos Vorhandenen, Vertrauten und gerade in diesem Vertrautsein Unbekannten. Alles, was in der Lebenswelt wirklich ist, spielt in das Leben hinein, wird genutzt und verbraucht, gesucht und geflohen, aber es bleibt in seiner *Kontingenz* verdeckt, d.h. nicht als auch-anders-sein-könnend empfunden.«[206] In anderen Worten: Auch die digitale Phänomenotechnik und ihre verdeckten Kontingenzen erfordern ihre eigene Literacy.

Folgt man Husserl, so wäre es die Aufgabe einer Phänomenologie des Digitalen, die Selbstverständlichkeiten der Signatur des Digitalen offenzulegen. Die phänomenale Dichte, so wurde im sechsten Kapitel argumentiert, ist eine dieser grundlegenden Selbstverständlichkeiten des Digitalen. Doch es gibt weitere, und hier ist insbesondere die zunehmende Environmentalität des Digitalen zu nennen. Environmentalität meint das Zur-Umwelt-Werden des Digitalen, ganz im Sinne von Mark Weisers Vision des »Computer[s] for the 21st Century«. 1991, zu einer Zeit als PCs noch klobige Gegenstände waren, das World Wide Web noch nicht erfunden und grafische Betriebssysteme noch in den Kinderschuhen steckten, adressierte Weiser die Zukunft wie folgt: »The most profound technologies are those that disappear. They weave themselves into the fabric of everyday life until they are indistinguishable from it.«[207] Weisers Vorbild war die Allgegenwärtigkeit des Symbolischen, die uns im Alltag permanent umgibt: in Form von Büchern, Zeitungen, Reklame, Verkehrsschildern, Bildern, Zeichen und vielem mehr. Diese symbolische Sphäre ist uns selbstverständlich geworden und verlagert sich zunehmend in das Elektronische der Informationstechnologie. Weiser war sich bewusst, dass diese Selbstverständlichkeit entscheidend ist und daher von der Informationstechnologie angestrebt werden sollte, denn »such a disappearance is a fundamental consequence not of technology, but of human psychology. Whenever people learn something sufficiently well, they cease to be aware of it. [...] Computer scientist, economist, and

Nobelist Herb Simon calls this phenomenon ›compiling‹; philosopher Michael Polanyi calls it the ›tacit dimension‹; psychologist TK Gibson calls it ›visual invariants‹; philosophers Hans-Georg Gadamer and Martin Heidegger call it ›the horizon‹ and the ›ready-to-hand‹.«[208] Dieser Liste ließen sich Husserls Lebenswelt als Universum vorgegebener Selbstverständlichkeiten sowie Merleau-Pontys ›unbewusste Operationen‹ hinzufügen.[209] Insbesondere Michael Polanyis Konzept des Impliziten (›tacit dimension‹) ist für eine genauere Analyse der Technophänomenologie des Digitalen von Interesse.

Laut Polanyi verbindet implizites Wissen zwei Arten von Wissen: proximales (zentrales) und distales (entlegenes) Wissen. »Es ist dann der proximale Term, von dem wir ein Wissen haben, das wir nicht in Worte fassen können«, das durch den expliziten distalen Term getriggert wird.[210] Die Benennungen, die Polanyi aus der Anatomie entlehnte, klingen ungewöhnlich. Er begründete sie deshalb wie folgt: »Alle Bedeutung tendiert dazu, *sich von uns zu entfernen*, und eben damit rechtfertige ich meine Verwendung der Ausdrücke ›proximal‹ und ›distal‹.«[211] Ein Straßenschild (distales Zeichen), beispielsweise, sorgt für ein entsprechendes Verhalten im Straßenverkehr (proximales Wissen), ohne dass jedes Mal aufs Neue eine Verhaltensanweisung gegeben oder expliziert werden muss. Wir handeln hier automatisch, da wir implizit die zuvor gelernte Bedeutung des Schildes kennen. Durch das Erlernen und Einüben entfernt sich unser Wissen über die Bedeutung des Gewussten, wird implizit. Das Triggern des Impliziten durch das Explizite nannte Polanyi die ›phänomenale Struktur‹ des impliziten Wissens. Implizites Wissen wird auch verkörpertes Wissen genannt, denn es ist eng mit dem intelligiblen Gebrauch des Körpers verbunden (›embodied mind‹), um sich die Objekte der äußeren Welt in jeder Millisekunde unseres Lebens implizit gegenwärtig zu halten.[212]

Interessant ist nun, dass sich die digitale Wirklichkeit die ›phänomenale Struktur‹ des Impliziten in dem Moment zunutze macht, in dem sie environmental wird. Ebendies strebte Weiser in seiner Vision des Ubiquitous Computing an. »All [Heidegger, Polanyi, etc.] say, in essence, that only when things disappear in this way are we freed to use them without thinking and so to focus beyond them on new goals. [... This is the] idea of integrating computers seamlessly into the world [...].«[213] Der Kulturgeograf Nigel Thrift hat dies das ›technologische Unbewusste‹ genannt: »Computing is moving into the environment as it becomes possible to connect up all kinds of computing activity. [... Computation] will be located everywhere in constantly shifting and adapting peer-to-peer networks. [...] It will become a new kind of surface, fitted to activity-in-context like a glove is fitted to a hand.«[214] Analog zu Weiser referierte Thrift auf Heideggers Konzept der Zuhandenheit. Zuhandenheit, die bei Heidegger die intuitive und selbstverständliche Nutzung von Werkzeugen als »Seinsart von Zeug, in der es sich von ihm selbst her offenbart«, beschreibt,[215] überträgt sich durch die Environmentalität des Digitalen auf die gesamte Welt. In anderen Worten: Die Environmentalität des Digitalen – also die flächendeckende Durchdringung und Verwebung der Lebenswelt mit dem Digitalen – transformiert die Lebenswelt in eine performative Infrastruktur mit eigener, autooperativer Handlungsmächtigkeit (›algorithm agency‹).

Diese autooperative Handlungsmächtigkeit charakterisiert die digitalen Objekte und unterscheidet sie von realweltlichen Dingen. In dieser autooperativen Handlungsmächtigkeit haben sowohl die Automatisierung wie auch die Akteurialität der Künstlichen Intelligenz ihren Ursprung. Zwar vollzieht sich die Autooperativität zumeist im Hintergrund und im Nicht-Erfahrbaren und dokumentiert so die Tendenz der digitalen

Wirklichkeit in Richtung einer proximalen (impliziten) Signatur des Digitalen. Doch eine zunehmend proximale Signatur des Digitalen erfordert es, Individuen mit und in der digitalen Lebenswelt anders zu verbinden als in der expliziten, symbolischen Sphäre. Es liegt nahe, dass dies durch den intelligiblen Gebrauch des Körpers (Immersion) und durch einen zunehmend affektiven Zugang zum Digitalen geschieht.

8.2 Effekte der performativen Infrastruktur

Wie lässt sich ein zunehmend affektiver Zugang zum Digitalen verstehen? Hier hilft es, einige grundlegend mediale Aspekte des Digitalen näher zu betrachten. Im Rekurs auf Husserls Phänomenologie hatte Jacques Derrida die Technik ganz generell als Träger des Unbewussten charakterisiert, und zwar wie folgt: Technik, so Derrida in *Die Stimme und das Phänomen*, hat den Effekt, sich mit den natürlichen Schaltkreisen des Stimme-Gehör-Kreislaufs, aber auch des Hand-Auge-Kreislaufs zu verschalten.[216] Dies ist insofern bedeutsam, als die natürlichen Kreisläufe, insbesondere der Stimme-Gehör-Kreislauf, es als anthropologisch-mediale Selbst-Rückkopplungskonstellationen dem Individuum ermöglichen, sich seiner Selbst-Präsenz zu vergegenwärtigen und zu versichern. Es liegt auf der Hand, dass die zunehmende Verschaltung der natürlichen mit den technischen Kreisläufen Folgen für uns hat.

Diese Folgen hat die Soziologin Patricia Clough in ihrem Buch *Auto-Affection: Unconscious Thought in the Age of Teletechnology* für die Bildmedien des 20. Jahrhunderts genauer untersucht. Im Anschluss an Derrida kommt sie zu dem Schluss, dass Technizität nicht nur zum Träger von »unconscious thought« geworden ist,[217] sondern dass – wie dies der Medienwissenschaftler Stephen

Heath deutlich macht – Technizität uns immer stärker in die global umspannenden »network imaginations« integriert.[218] Clough konzentriert ihre Untersuchung auf die Folgen der Teletechnologien des 20. Jahrhunderts (Kino, Fernsehen), die als bildgewaltige Medientechnologien unsere Identität mit dem Gesehenen und Gehörten eng verweben und diese Verwebung durch Gewöhnung schnell unbewusst oder implizit werden lassen. Auf diese Weise werden die ikonischen Symbolwelten zur Selbstverständlichkeit der Lebenswelt und unseres Selbstverständnisses. Die digitale Wirklichkeit setzt diesen Effekt fort und verstärkt ihn weiter, insofern Individuen (User) nun interaktiv in die ›network imaginations‹ integrierbar werden – wie in Computerspielen. Aus dem passiven Wahrnehmungsraum der Teletechnologien ist der aktive Handlungs- und Interaktionsraum des vernetzt Digitalen und seiner Streamingtechnologie geworden. Die Euphorie über das World Wide Web in den 1990er Jahren resultierte aus dieser neu gewonnenen Akteurialität des Individuums im Globalen.

Doch die Dominanz der bildgewaltigen Symbolwelten der Teletechnologien wird im 21. Jahrhundert zunehmend von der Dominanz der ikonoklastischen Datenwelten des vernetzt Digitalen abgelöst. Das Programm der totalen Maschinenlesbarkeit der Welt durch Digitalisierung und Datafizierung leistet hier ganze Arbeit und macht die Effekte der Ikonoklastizität, als weitere Selbstverständlichkeit der digitalen Wirklichkeit, zunehmend dominanter. Die Milliarden an multisensiblen Smartphones und ›smart objects‹ des Internets der Dinge sowie die flächendeckende Durchdringung der Funknetze lassen die Datenmengen rasant anwachsen, und je rasanter das Ausmaß der Datensammlungen anwächst, desto unerfahrbarer werden diese für Menschen. Dies hat wiederum Auswirkungen auf den Handlungs- und Interaktionsraum des vernetzt Digitalen, der unzugänglicher respektive selektiver und gleichzeitig autonomer wird. Auf diese Weise formiert sich die bereits angesprochene Parallelwelt der (algorithmischen) Maschinen als performative Infrastruktur mit eigener, autooperativer Handlungsmächtigkeit. Autonomie der Maschinen meint hier beides, die wachsende Handlungsmächtigkeit der Algorithmen in Bezug auf die Lebenswelt sowie die zunehmende Unzugänglichkeit des Großteils der digitalen Wirklichkeit für Menschen. Es ist kein Zufall, dass historisch betrachtet genau in dem Moment, in dem die Tendenz zur Environmentalität und Ikonoklastizität des Digitalen zunimmt, die interaktive Teilhabe des Menschen am Digitalen abnimmt und mehr und mehr durch Künstliche Intelligenz, Algorithmenperformativität und Maschine-Maschine-Kommunikation (M2M) übernommen wird. Interaktivität wird zur algorithmischen Performativität, wenn die phänomenale Struktur des Impliziten umformatiert wird; wenn das Triggern des Impliziten durch das Explizite nicht mehr sensuell durch die menschliche Symbolwahrnehmung, sondern durch proaktive Algorithmen geschieht.

Dies führt schließlich zu dem Effekt, dass der Zugang zur digitalen Wirklichkeit sich für uns zunehmend affektiver gestaltet; zum einen, weil die Interfaces – wie die Nutzung der natürlichen Sprache durch Spracherkennung (Alexa, Siri, soziale Robotik, etc.) – intuitiver werden und sich damit den natürlichen Schaltkreisen der individuellen Selbst-Präsenz (Stimme-Gehör-Kreislauf) annähern;[219] zum anderen, weil das Digitale durch das *Affective Computing* zunehmend ›einfühlsamer‹ gestaltet wird.[220] Gesprochene Sprache, Affekte, Gestik und Mimik sind intuitiver als Tastatur, Sprachbefehle oder Computermaus. Insbesondere die emotionale Gestaltung des Digitalen hat sich in den letzten Jahren rasant entwickelt, indem Algorithmen menschliche Gefühlsäußerungen erkennen und imitieren lernen. Die wichtigste Inputquelle ist dabei die menschliche Gesichtsmimik, die unbemerkt von uns über Milliarden an Kameras eingelesen, mit Gesichtserkennungsalgorithmen quantifiziert und mit Gefühlserkennung emotional interpretierbar wird.[221] Die digitale Wirklichkeit wird dadurch noch zuhandener respektive »[better] fitted to activity-in-context like a glove is fitted to a hand«[222].

Es ist wiederum kein Zufall, dass nicht wenige der ikonoklastischen Sensordaten der Verdatung von Körper- und Verhaltensfunktionen dienen; insbesondere durch die Sensorik der Smartphones. Diese Verdatung von Körper- und Verhaltensfunktionen ermöglicht es Algorithmen, proaktiv und in individualisierter Weise Einfluss auf uns zu nehmen. ›Algorithmic paternalism‹ beschreibt das Prinzip, aktiv Einfluss auf User auszuüben oder sogar Entscheidungen für diese zu treffen. Phänomene dieses Paternalismus des Digitalen sind ›nudging‹, ›gamification‹ oder ›care taking‹, ›rating‹, ›match making‹ und vieles mehr, auf welchen insbesondere die kommerziellen Informationsplattform-Technologien zur Gestaltung des vernetzt Sozialen als affektive Mitwelt der Individuen gründen.[223] Die Algorithmen performen dabei ein handelndes und einfühlsames Gegenüber und transformieren die digitale Wirklichkeit so in eine zunehmend performativ-affektive Infrastruktur.

Zentral hierfür ist die Maschinenlesbarkeit menschlicher Gefühlsexpressivität. Gefühle waren bislang das typisch Menschliche, das uns von Maschinen unterschied. Doch in den letzten Jahren haben Algorithmen begonnen, Einfühlsamkeit zu imitieren, oder suggerieren sogar Gefühle wie in der sozialen Robotik. Sie tun dies über das quantitative Erfassen äußerer Anzeichen unserer Gefühlsexpressivität wie Gesichtsmimik, Gestik oder physiologische Veränderungen des Körpers und der Stimme. Diese Anzeichen wurden zuvor in maschinentauglicher Weise klassifiziert und in Ontologien wie der Human Emotion Ontology standardisiert. Auf diese Weise ist es für Algorithmen möglich, über Gesichtserkennung den Gefühlszustand des menschlichen Gegenübers zu entziffern. Dies lässt sich auch umkehren: »Many approaches to automated face analysis are invertible. That is, their parameters can be used to synthesize images that closely resemble or are nearly identical to the originals.«[224]

Allerdings stellt sich die Frage, was Algorithmen hier genau ›erkennen‹. Zum einen ist belegt, dass siebzig Prozent aller Gesichtsausdrücke nicht emotionale, sondern willkürliche Ausdrücke sind. Zum anderen sind die Trainingsdaten der Gesichtsmimiken, auf welche die Algorithmen trainiert werden, durch Schauspieler und Schauspielerinnen in überexpressiver Weise aufgenommen, um eine eindeutige Differenz zwischen den verschiedenen Gesichtsausdrücken herzustellen. Schließlich sind es in der Regel nur wenige Basisemotionen, die trainiert werden, und die empirischen Daten werden zudem auf ein Standardgesichtsmodell übertragen und dadurch entsprechend normiert. Alles zusammengenommen ergibt dies eine an einem überexpressiven Datensample statistisch gemittelten und normierten Vergleichsrepertoire gewonnene Gefühlsinterpretation, die nun auf ein Individuum appliziert wird. Darüber hinaus ist für einen Algorithmus ein Gesicht auch kein Gesicht, sondern eine statistische Verteilung von Hell-dunkel-Kontrasten auf der geometrischen Form eines Standardgesichtsmodells. Die Quote falscher Interpretationen durch Algorithmen ist daher entsprechend hoch. Dennoch geht die Performativität der Algorithmen zunehmend auf unsere Gefühle affektiv ein. Sogenannte Sentimentanalysen nehmen rapide zu, um uns noch stärker in die performativ-affektive digitale Wirklichkeit einzubinden, die zuhandener wird und so von ihrer Vorhandenheit ablenkt.

8.3 Umformatierung anthropologischer Ambiguität

Die phänomenologische Zugänglichkeit des Digitalen lässt sich als Balance zwischen Subface und Surface verstehen. Der Zugang wird durch erfahrbare und kontrollierbare Interfaces geregelt, wie dies Frieder Nake beschrieben hat. Diese Balance war bislang auf phänomenologisch-symbolische Zugänglichkeit durch Bild und Schrift orientiert. Doch diese Orientierung wird zunehmend brüchig. Zum einen verschiebt sie sich auf das direkt erlebbare Performative und Affektive, zum anderen löst sie sich aber auch zunehmend ganz auf. Dies ist der Fall, wenn das Digitale phänomenologisch – also aus der Perspektive des Menschen betrachtet – unterschwellig respektive latent wird oder durch die Autonomie der (unzugänglichen) autooperativen Gegebenheit ganz aus unserem Gesichtskreis entschwindet. In anderen Worten: Waren die bildgewaltigen Teletechnologien des 20. Jahrhunderts eher phänomenologisch-anthropozentrisch orientiert, so löst sich diese Orientierung in Richtung einer abgeschlossenen Parallelwelt der Maschinen auf. Die Kontrolle dieser Parallelwelt wird ebenfalls zunehmend an intelligente Algorithmen delegiert, ohne uns – und das ist entscheidend – aus der digitalen Wirklichkeit zu entkoppeln. Damit verwirklicht sich Mark Weisers Programm des Ubiquitous Computing, dessen totale Vollendung die Vision des Metaverse ist, zusehends.

Der zentrale Mechanismus dieser Entwicklung ist die Latenz der ikonoklastischen Sensordaten, die aus der schieren Menge an Daten wie auch der Schnelligkeit der Computer im Prozessieren dieser Daten resultiert. Nicht nur soll der weltweite Zuwachs an digitalen Daten für die kommenden Jahre auf 175 Zettabytes ansteigen; die Performanz für Supercomputer überschreitet aktuell eine Trillion Rechenoperationen pro Sekunde, während Menschen nur einige Operationen pro Minute ausführen können. Datenmengen und Rechengeschwindigkeit unterlaufen systematisch die Wahrnehmungsgrenze des Menschen und halten den Großteil der digitalen Wirklichkeit latent. Nur wenn uns Zugang dazu über Interfaces oder proaktive Algorithmen gewährt wird, erhaschen wir einen knappen Einblick in die digitale Wirklichkeit.

Mit der Latenz der Daten stellt sich aber auch die Frage nach den phänomenologischen Effekten dieser Latenz. Wenn sich bereits ab 16 Bildern pro Sekunde für unsere Sinne die Illusion eines Films ergibt (Bewegtbildeffekt), dann muss man sich fragen, welche phänomenologischen Effekte die enormen Datenmengen und Rechengeschwindigkeiten für uns zur Folge haben. Insbesondere stellt sich die Frage, was dies für unsere Subjektkonstitution bedeutet, denn die temporale Latenz der ikonoklastischen Sensortechnologien operiert weit unterhalb der zeitlichen Wahrnehmungsschwelle des Menschen. Diese ›Hyperfluidität‹ der Datenprozessierung in der digitalen Wirklichkeit macht das Digitale phänomenologisch unzugänglich, auch wenn es permanent präsent ist (online). Ein nicht unerheblicher Teil des Datenkapitalismus macht sich diese Schnelligkeit der Computer und unsere phänomenologische Überforderung zunutze. Dies ist beispielsweise im Hochfrequenzhandel an den Börsen, der nur noch von Computern ausführbar ist, der Fall oder in der Auswertung von sozialen Echtzeitdaten – Echtzeit für uns, Äonen für das Digitale. Nur Algorithmen können mit dieser Schnelligkeit mithalten, daher ist ein großer Teil der Internetkommunikation bereits reine Maschine-Maschine-Kommunikation (M2M). Doch auch wenn wir nur winzige Bruchstücke der digitalen Wirklichkeit, mit der wir aktuell hantieren, zu Gesicht bekommen – und dies ist nicht räumlich zu verstehen wie in der realen Welt, sondern performativ –, so sind wir dennoch nicht aus der Verschaltung mit dem Digitalen entlassen. Im Gegenteil! Nicht nur sind die

Schnittstellen zur digitalen Wirklichkeit immer intuitiver und permanent online wie Smartphones, allgegenwärtige Sprachassistenten und -assistentinnen sowie Roboter; hüllen uns die Wellen der Funknetze in einen ständigen Datenstrom ein; und sind Geräte permanent im Stand-by-Modus, um via M2M proaktiv zu werden. Sondern die Verschaltung mit dem Digitalen zentriert uns zunehmend im Hier und Jetzt. Dieser Effekt lässt sich als ›Onlineismus‹ verstehen und er ist kategorial für die Umcodierung unserer Subjektkonstitution durch die zunehmend performativ-affektive Infrastruktur des Digitalen.

Um die Bedeutung der Zentrierung im Hier und Jetzt durch die digitale Wirklichkeit für die Subjektkonstitution zu verstehen, bietet sich die anthropologische Philosophie Helmuth Plessners an. Zentrierung im Hier und Jetzt ist eng mit dem intelligiblen Körpergebrauch, der verkörperten Kognition wie auch der Affektivität und Performativität verknüpft. Doch Zentrierung läuft den grundlegenden anthropologischen Bedingungen des Menschen zuwider. Menschen sind, so Plessner, durch ihre ›exzentrische Positionalität‹ charakterisiert. Das Konzept der exzentrischen Positionalität stand dabei am Ende einer philosophischen Entwicklung, die die Konstitution des Subjekts vom Innersten und Idealen an seine Peripherie verschob. Nicht das von »Locke, Hume und Kant konstruierte« rationale Subjekt, in dessen Adern »nicht wirkliches Blut, sondern der verdünnte Saft von Vernunft als bloßer Denktätigkeit« rann, sondern das Subjekt an seiner Grenze zur Umwelt als grenzrealisierendes Wesen war für Plessner zentral.[225] Als grenzrealisierendes Wesen ist es zwar ein rationales, aber eben auch ein körperlich-affektives Subjekt, dessen Doppelaspektivität – ein Selbstbewusstsein seines Körpers und zugleich ein Bewusstsein von der Welt zu haben – zentral für seine Subjektkonstitution ist.[226] Diese Doppelaspektivität hat, laut Plessner, zum einen die Differenzierung der Erscheinungsweisen der Welt als individueller Innenwelt, realer Außenwelt und sozialer Mitwelt bei gleichzeitiger kognitiver Verschaltung im Individuum zur Folge. Zum anderen bedingt die Doppelaspektivität die exzentrische Positionalität des Menschen; also die Distanzierung zu sich selbst und den Dingen der Außenwelt durch Reflexivität. Dies mündet, so Plessner, in die Ambiguitäten der anthropologischen Gesetze der natürlichen Künstlichkeit, der vermittelten Unmittelbarkeit und des utopischen Standorts: Die natürliche Künstlichkeit ergibt sich aus der Ablösung des rein Affektiven durch künstlich-gesetzte normative Ordnungen der Sprache, Gesellschaft, Kultur und Politik. Die vermittelte Unmittelbarkeit macht die exzentrische Positionalität des Menschen deutlich, der eben nicht kognitiv im Hier und Jetzt zentrisch verhaftet ist, sondern durch Selbstbewusstsein ein vermitteltes Verhältnis zu sich, seiner Mit- und Außenwelt hat. Schließlich ermöglicht es der utopische Standort dem Individuum, die Kontingenz des Sicht- und Erlebbaren zu denken, so ›als ob‹ es sich beliebig in Raum und Zeit bewegen könne, ohne den konkreten Standort zu verlassen. Vor diesem Hintergrund wird das Mediale zur anthropologischen ›Conditio sine qua non‹; als das sowohl Normen wie Utopien Vermittelnde in Form von Sprache, Teletechnologien oder eben digitaler Wirklichkeit. Insbesondere der Sprache kommt in Plessners Konzeption des grenzrealisierenden Subjekts eine wichtige Rolle zu, da Sprache für ihn das virtuelle Organ der exzentrischen Positionalität ist. Sprache ist »Zwischenmedium« des labil-ambivalenten Verhältnisses von Mensch und Welt; sie ist Conditio humana.[227] Sprache vermittelt zwischen dem »Auge als dem Organ unmittelbarer Vergegenwärtigung« und der »zupackenden, greifenden und gestaltenden Hand, dem Organ der Distanz und ihrer Überbrückung«[228].

Die entscheidende Frage nun ist: Verändert die digitale Wirklichkeit als performativ-affektive Infrastruktur die Ambiguitäten des Menschen und wenn ja, was bedeutet dies? Offensichtlich transformiert das Digitale den Modus der Grenzrealisierung des Subjekts durch die technische Modifikation der Selbst-Affizierung.[229] Die Grenzrealisierung als Interaktion mit der environmentalen, digitalen Wirklichkeit erfolgt zunehmend weniger distanziert via den Hand-Auge-Kreislauf (Bild, Schrift), sondern intuitiver via den Gehör-Stimme-Kreislauf, also über Sprechen, Affektivität und Adaptivität an die Performativität des Digitalen. Damit inkludieren wir das Digitale zunehmend stärker in unsere Selbst-Präsenz. Die Soziologin Gesa Lindemann hat dies die »Verschränkung von Leib und Nexistenz« genannt.[230] Damit dieser Nexus von intelligiblem Körpergebrauch und digitaler Wirklichkeit funktionieren kann – gerade das persönliche Smartphone ist dabei zur individuellen Verlängerung ins Digitale geworden –, muss das Digitale kontinuierlich verfügbar, also ›stand-by‹ sein, wie auch wir permanent ›on-line‹ sein müssen. Diese gegenseitige Affinität ist der Kern des Onlineismus. Da das Online-Sein durch natürliche Interfaces und die affektive Ansprache durch proaktive Algorithmen zunehmend weniger distanziert wird, verlieren wir in diesem digitalen Affin-Sein unsere exzentrische Positionalität – zumindest ist das die beabsichtigte Tendenz des Ubiquitous Computing. Die Folgen lassen sich als Verkehrung der anthropologischen Gesetze Plessners verstehen.

Die natürliche Künstlichkeit wird zur künstlichen Natürlichkeit der digitalen Wirklichkeit umformatiert, wenn die künstlich-gesetzten normativen Ordnungen der Sprache, Gesellschaft, Kultur und Politik zunehmend affektiv umgestaltet werden und das Implizite sich nicht mehr durch distale Symbolwahrnehmung im Digitalen, sondern durch Affekt-Trigger evoziert wird.

Die vermittelte Unmittelbarkeit wird zur unmittelbaren Vermittelbarkeit umformatiert, wenn wir zunehmend kognitiv im

Hier und Jetzt des Digitalen zentriert werden. Das Gefühl des Eintauchens und der Vollständigkeit in der Immersion erfordert die Zentrierung im Hier und Jetzt. Dies bedeutet, dass, je immersiver, affektiver und suggestiver sich die digitale Wirklichkeit gestaltet, das individuelle Verhältnis zum Digitalen umso zentrierter wird. Dies ist nicht neu, wie das Gefühl der Immersion bei der Betrachtung von Filmen oder auch der Lektüre guter Erzählungen zeigt. Aber es wird existenzieller, je selbstverständlicher die digitale Wirklichkeit zur Lebenswelt wird und je mehr die proaktiven Algorithmen digitales Affin-Sein von uns einfordern.

Schließlich führt dies auch zur Frage nach dem utopischen Standort des Subjekts, insbesondere der Fähigkeit, sich der Kontingenz des Sicht- und Erlebbaren gewahr zu sein, das Als-ob in vielfältiger Weise zu denken. Sich beispielsweise in Computerspielewelten so automatisch zu bewegen und unmittelbar zu reagieren wie in der Realität erhöht einerseits das Immersionspotenzial, tilgt aber andererseits auch die vermittelte Unmittelbarkeit wie den utopischen Standpunkt im aktuellen Moment des Spiels – auch wenn das Computerspiel der Inbegriff des ›Als-ob‹ schlechthin ist. Solange man sich des Als-ob bewusst ist, kann die digitale Wirklichkeit ihre immersive und intentionale Wirkung nicht entfalten.

Kurzum: Das Digitale zieht uns aufgrund seiner zunehmenden Selbstverständlichkeit, performativ-affektiven Environmentalität, temporalen Latenz, phänomenalen Dichte und proaktiven Handlungsmächtigkeit im Hier und Jetzt immer stärker in seinen Bann.

8.4 Ethik digitaler Technophänomene

Die Folgen des digitalen Affin-Seins für das Individuum ist Thema einer Ethik des Digitalen aus phänomenologischer Perspektive. Eine solche Ethik thematisiert die normativen Folgen der Selbstverständlichkeiten digitaler Wirklichkeit als zunehmend performativ-affektive Infrastruktur (Environmentalität) für uns als Individuen und Menschen. Denn als performativ-affektive Infrastruktur kaschiert die digitale Wirklichkeit ihre Vorhandenheit durch eine immer intuitivere Zuhandenheit. Je umfangreicher sich die ikonoklastischen Sensor- und Datenmengen in den Datenspeichern gestalten, je interoperabler diese Sensor- und Datenmengen werden, je handlungsmächtiger und autonomer dadurch die Algorithmen werden (›algorithm agency‹), desto mehr erhöht sich die immersive, indexikale, intentionale und affektive Wirkung des Digitalen. Die Folge ist, dass die Technophänomene des Digitalen für uns als Individuen, für Gesellschaften und Ökonomien an Wirklichkeitshaltigkeit gewinnen und antagonistische Interessen generieren. Schlüssel dieser Entwicklung ist die Autooperativität des Digitalen. Diese generiert nicht nur die künstliche Natürlichkeit der digitalen Wirklichkeit, sondern sie kaschiert deren rein prädikative Existenz und notationale Ontik – in anderen Worten: deren autoriale Programmierung, die den Interessen von Konzernen, Staaten und Individuen folgt. Auch wenn uns die digitale Wirklichkeit durch ihre zunehmende performativ-affektive Zuhandenheit zur ›zweiten Natur‹ unserer Innen-, Außen- und Mitwelt wird, so hat sie mit der interesselosen Naturgesetzlichkeit der Welt sowie unserer örtlichen und zeitlichen Situierung darin wenig gemeinsam. Der phänomenologische Modus von Individuen in der digitalen Wirklichkeit ist ein anderer und die normative Kritik daran ist Teil einer Ethik des Digitalen.

Zum einen zeigt sich eine eklatante Asymmetrie zwischen autorialer Programmierung (durch einzelne Konzerne, Staaten, Individuen) und globaler Wirkung. Diese Asymmetrie konfligiert mit unserer herkömmlichen Subjetkonstitution (digital: gemitteltes Datensubjekt) wie auch Autonomie (digital: ›algorithm paternalism‹), wenn digitales Affin-Sein von uns gefordert ist. Ein Beispiel ist die sich seit 2007 formierende Quantified-Self-Bewegung. Gemeint ist die individuelle Selbstüberwachung durch Fitness-Tracker und Fitness-Apps, die zum einen die Verdatung der individuellen Körper- und Verhaltensfunktionen durch multisensible Sensorik in Echtzeit voraussetzt, zum anderen mit der performativ-affektiven Infrastruktur durch Cloud-Dienste permanent verschaltet ist. Das Ziel ist nicht nur die Selbstkontrolle der eigenen Fitness-Leistungen wie Herzfrequenz, Blutdruck und Kalorienverbrauch, sondern das Feedback der eigenen Leistung mit Blick auf andere inklusive Nudging. Dieses Feedback gibt zum einen ein kontinuierlich neu errechnetes ›Selbstbild‹ zurück, zum anderen wird dabei ein neues Verständnis des Subjekts als gemitteltes Datensubjekt geschaffen. Denn das Quantified-Self ist immer auch ein Quantified-Other, »a knowable, calculable and administrable object«[231]. Dieses Quantified-Other ist ein fluides, statistisch gemitteltes und bewertetes Datenobjekt. Insbesondere die Referenz auf die global gemittelte Datenbasis in der Konstitution des Selbst ist neu. Wie im Hochleistungssport wird so jeder quantifizierbare und vergleichbare Aspekt des Lebens in globaler Konkurrenz bewertbar. Bewertung geht jedoch immer mit Kontrolle und Selbst-Kontrolle einher und mündet schnell in eine umfassende Kontroll- und Überwachungsgesellschaft – oder wie Shoshana Zuboff es konkretisierte – in *Das Zeitalter des Überwachungskapitalismus*. »Überwachungskapitalismus beansprucht einseitig menschliche Erfahrung als Rohstoff zur Umwandlung in Verhaltensdaten.

Ein Teil dieser Daten dient der Verbesserung von Produkten und Dienstleistungen, den Rest erklärt man zu proprietärem Verhaltensüberschuss, aus dem mithilfe fortgeschrittener Fabrikationsprozesse, die wir unter der Bezeichnung ›Maschinen- oder künstliche Intelligenz‹ zusammenfassen, Vorhersageprodukte fertigt, die erahnen, was sie jetzt, in Kürze oder irgendwann tun. Und schließlich werden diese Vorhersageprodukte auf einer neuen Art von Marktplatz für Verhaltensvorhersagen gehandelt.«[232]

Zum zweiten fordert diese eklatante Asymmetrie zwischen autorialer Programmierung und globaler Wirkung die demokratische Verfassung der sozialen Realität heraus. Dabei sind weniger Wahlmanipulationen durch systematische Fehlinformationen in Sozialen Medien gemeint als der Panoptikum-Effekt des ›space of anticipation‹.[233] Denn der Überwachungskapitalismus mit seiner flächendeckenden Auswertung von Massendaten ermöglicht es nicht nur, aussagekräftige Profile der Wünsche, Erwartungen und Entscheidungen von Individuen zu sammeln. Sondern durch diese Informationen selektieren Algorithmen zunehmend den Zugang zum Digitalen, indem sie individualisierte Empfehlungen und Resultate aus der unüberschaubaren Menge an Daten liefern. Aus der Perspektive des Individuums verengt sich die digitale Wirklichkeit zusehends; aus der Perspektive der staatlichen und kommerziellen Informationsplattform-Technologien wird die digitale Wirklichkeit jedoch zum Panoptikum. In diesem Panoptikum, das hat die Medienwissenschaftlerin Louise Amore gezeigt, verwandeln sich Ökonomie und Politik in eine *Politics of Possibility*, in der »the designer of risk algorithms for casino and insurance fraud becomes a resource to homeland security«[234]. Die Antizipation möglicher Handlungen von Individuen auf Basis statistischer Auswertungen, wie im ›predictive policing‹, wird dann schnell zur Handlungsgrundlage staatlicher wie kommerzieller Datenhoheit, ohne dass dies Thema demokratischer

Beschlüsse wäre. Eine falsche Bewertung kann hier Zugänge zu Dienstleistungsprodukten wie auch sozialer Teilhabe verwehren.

Daher darf drittens nicht vergessen werden, dass die Handlungsmächtigkeit der Algorithmen lediglich Imitationen menschlicher Handlungen, Entscheidungen und Einfühlsamkeiten sind. Insbesondere hier zeigt sich die Technophänomenalität des Digitalen als statistisch gemittelte, possibilistische und antizipierende, die der formal-statistischen und kybernetischen Struktur des Digitalen sowie den kommerziellen Interessen geschuldet ist. Die angebliche Neutralität oder Objektivität, die oft behauptet wird, ist kritisch zu hinterfragen, wie dies Rob Kitchin auf den Punkt gebracht hat.[235] Denn bereits die Wahl der falschen Methoden oder Datengrundlagen führt schnell zu Biases und Diskriminierungen, ohne dass die Methoden, Datengrundlagen und Biases offengelegt werden müssen. Auch wenn Methoden oft als neutral gewertet werden, sind sie dies nicht, denn sie erzeugen spezifische Klassifikationsmuster von ›positiv/negativ‹-Einteilungen, die dann zur Identifizierung und Authentifizierung zugeordneter Individuen genutzt werden. Nicht nur sind diese Zuordnungen so verdeckt wie hartnäckig, sondern ›falsch negative‹ und ›falsch positive‹ Einteilungen sind unvermeidbar. Diese indirekte Diskriminierung, wie sie in der Literatur genannt wird, ist schwer zu entdecken, denn sie erfordert die Analyse der Algorithmen und Methoden.[236] Zudem haben weit verbreitete Methoden der Statistik wie die von Francis Galton und Karl Pearson im 19. Jahrhundert entwickelte lineare Regression ihre Wurzeln in frühen Programmen der Eugenik. Wendy Chun hat in ihrem Buch *Discriminating Data Correlation, Neighborhoods, and the New Politics of Recognition* auf die eklatanten Probleme von Statistikmethoden aufmerksam gemacht. Insbesondere weit verbreitete Ähnlichkeitsmetriken führen zur Clusterbildung ähnlicher Merkmale (Homophilie) mit stark normierenden Folgen. »[Homophily] introduces normativity within a supposedly nonnormative system.«[237] Doch es kommt noch ein Weiteres hinzu. Diese Methoden schreiben die Zukunft und Gegenwart durch die Vergangenheit fest. »When correlation works, it does so by making the present and future coincide with a highly curated past.«[238] Da das Internet nichts wirklich vergisst, werden Lebensläufe so bereits sehr früh zementiert.

Es stellt sich aber auch die Frage, wie viel Algorithmen überhaupt entscheiden dürfen, ohne die menschliche Autonomie gänzlich zu unterlaufen. Je allumfassender sich die digitale Lebenswelt gestaltet, desto mehr formiert sich die Notwendigkeit einer profilierten Datenethik. »The extensive use of increasingly more data – often personal, if not sensitive (big data) – and the growing reliance on algorithms to analyse them in order to shape choices and to make decisions (including machine learning, artificial intelligence and robotics), as well as the gradual reduction of human involvement or even oversight over many automatic processes, pose pressing issues of fairness, responsibility and respect of human rights, among others.«[239] Doch Datenethik allein genügt nicht. Es bedarf staatlicher Regulierungen. Ethikkommissionen wie der Deutsche Ethikrat oder die Datenethikkommission (DEK) der deutschen Bundesregierung, aber auch verbindliche Regulierungen wie die 2016 von der EU verabschiedete General Data Protection Regulation (GDPR) sind erforderlich, um die Rechte auf den Schutz der Privatsphäre, der demokratischen Werte oder der Datensicherheit von Individuen und Staaten juristisch zu garantieren.[240]

Schließlich stellt sich aus phänomenologischer Perspektive aber auch die ganz grundlegende Frage, wer die zunehmende Latenz und Hermetik des Digitalen technologisch reguliert. Zum einen ist es die rekursive Verschaltung der natürlichen und technischen Kreisläufe, die die eigenartige prothetische Erweiterung des Subjekts ins Digitale erst ermöglicht. Zum anderen hat dies aber auch die zunehmend hermetische Schließung der Feedbackkreisläufe zur Folge. Das erklärte Ziel der Vision des Metaverse ist es, diese Schließung und ihre immersive, indexikale, intentionale und affektive Wirkung total zu machen und die ontologische wie phänomenologische Differenz zwischen realer und digitaler Lebenswelt aufzulösen. Doch wer entscheidet über die Zumutbarkeit dieser zunehmenden Hermetik und über ihre Latenz? Wie ist es um die Autonomie in solchen hermetisch geschlossenen Feedbackkreisläufen zwischen Mensch und Maschine bestellt? Kann man sich einer solchen Latenz und Hermetik zukünftig noch entziehen? Lässt sich die Kontingenz des Digitalen aus gesellschaftlicher Perspektive überhaupt noch denken?

Fatalerweise verschiebt sich gerade die Frage nach der Kontingenz der digitalen Wirklichkeit auf die Seite der Autooperativität des Digitalen. Denn es zeigt sich zunehmend, dass die performativ-affektive Infrastruktur des Digitalen proaktiv Veränderungen in Form von statistisch gemittelten Normierungen des Erscheinungsbilds des Digitalen vornimmt. Software selektiert nicht nur unseren Zugang zum Digitalen, sie errechnet aus Bilddaten digitale 3D-Szenerien, Apps hübschen automatisch Erscheinungsbilder auf, maschinelle Lernverfahren retuschieren die Faktizität der historischen Bildwirklichkeit und so fort. Algorithmen erzeugen zunehmend alternative, postfaktische Realitäten. Den Datenmanipulationen, ob automatisiert oder programmiert, sind dabei schon lange kaum noch Grenzen gesetzt; aber vor allem sind sie kaum noch zu durchschauen. Dies koinzidiert mit der epistemologischen Bereitschaft zu einem unkritischen Datenpositivismus, der aus rein aisthetischen Gründen für die immersive und intentionale Wirkung des Digitalen vonnöten ist. Beides zusammen kann schnell in die postfaktische Hermetik der ›echo chambers‹ und Verschwörungstheorien führen.

9. Epistemologie des Digitalen

Die Phänomenologie des Digitalen als performativ-affektive Infrastruktur wird durch die wachsende epistemische Akteurialität der Algorithmen zunehmend informatisiert. Künstliche Intelligenz, maschinelles Lernen und simulierte Möglichkeitsräume machen die digitale Lebenswelt kognitiv unabhängig. Diese Unabhängigkeit ist eine Konsequenz der Automatisierung auf Basis der Autooperativität des Digitalen, aber nicht mehr nur als Automatisierung menschlicher Arbeitskraft wie im 20. Jahrhundert, sondern als Automatisierung kognitiver Funktionen des Wahrnehmens, Erkennens, Zuordnens oder Schließens. Die Automatisierung des Kognitiven vollzog sich in drei Schritten, insofern zuerst das Potenzial des Computers als Rechenmaschine (Simulation) und Logikmaschine (Maschinenverstehen) genutzt wurde, bevor der Computer durch Vernetzung, Sensorik und ins Immense gesteigerte Performanz als Datenmaschine (Maschinenerfahrung) zum Einsatz kam. Eine Epistemologie des Digitalen beschäftigt sich mit dieser kognitiven Akteurialität des Digitalen und den Weisen ihrer Erkenntnisproduktion. Auch hier stellt sich die Frage nach den ethischen Folgen der kognitiven Erweiterungsleistungen des Digitalen als Frage nach der zunehmenden Konvergenz der maschinellen Erkenntnisproduktion, die zu philosophischen Spekulationen über die Maschinenentwicklung in Richtung ›Singularität‹ anregen.[241]

9.1 Operative Epistemik simulierter Welten

Obwohl bislang vom Digitalen im Allgemeinen gesprochen wurde, darf nicht übersehen werden, dass die Entwicklung des Computers wissenschaftlich motiviert war. Frühe Computer dienten dem Berechnen zunehmend komplexerer mathematischer Gleichungen und Modelle. Sie wurden erst später zu den vernetzten Datenprozessierungsmaschinen, wie wir sie heute nutzen. Die Motivation für die Automatisierung des Berechnens hatte bereits 1685 Gottfried Wilhelm Leibniz beschrieben: »Es ist unwürdig, die Zeit von hervorragenden Leuten mit knechtischen Rechenarbeiten zu verschwenden, weil bei Einsatz einer Maschine auch der Einfältigste die Ergebnisse sicher hinschreiben kann.«[242] 1623 hatte der Astronom Wilhelm Schickard eine erste mechanische Rechenmaschine konstruiert, die alle vier Rechenarten ausführen konnte. Es war die Astronomie, die damals die rechenintensivste Wissenschaft war, da Astronomen die Bahnen der Planeten berechnen wollten. Auch Leibniz hatte Mechanismen wie die Staffelwalze für das mechanische Rechnen entwickelt, die bis ins frühe 20. Jahrhundert genutzt wurden. Doch mechanische Maschinen kamen nie über die vier Grundrechenarten oder einfache Logikmaschinen, wie in Kapitel 2.3 beschrieben, hinaus. Im 19. Jahrhundert gelang es zwar, für sehr einfache mathematische Gleichungen sehr komplizierte Rechenmaschinen zu entwickeln, aber diese blieben in der Regel Einzelstücke. Auch wenn Charles Babbages *Difference Engine* von 1832 oder Vannevar Bushs *Differential Analyzer* von 1932 schon komplexere Berechnungen ausführen konnten, kam der Durchbruch erst mit elektronischen, universell programmierbaren Digitalrechnern wie der von Konrad Zuse 1941 fertiggestellten Z3 oder dem 1946 in Betrieb genommenen Electronic Numerical Integrator and Computer (ENIAC). Diese ersten Computer kamen ohne Software, Bildschirme oder Drucker aus, aber sie konnten schon von Beginn an schneller rechnen, als es Menschen je vermochten.[243]

Die Rechenkapazitäten wurden für die Simulation von Differentialgleichungen benötigt. Differentialgleichungen beschreiben mathematisch die Entwicklung eines Systems wie des Wettersystems. Genauer gesagt: Die Differentialgleichungen artikulieren den raumzeitlichen Einfluss der Variablen eines Systems aufeinander. Im Falle des Wettersystems sind dies die Wechselwirkungen der sieben meteorologischen Variablen des Luftdrucks, der Luftdichte, der Lufttemperatur, der Windgeschwindigkeit in drei Richtungen sowie der Feuchtigkeit. Jede Variable benötigt eine eigene Gleichung. Wenn Gleichungen miteinander gekoppelt werden, spricht man von einem mathematischen Modell. Im Falle der meteorologischen Variablen lassen sich diese mit Gleichungen aus der Hydro- und Thermodynamik in einen prozessualen Zusammenhang bringen (mathematisches Wettermodell), der dann aussagekräftig berechnet werden kann.

Es liegt auf der Hand, dass, je mehr wechselwirkende Variablen berücksichtigt werden, das beschriebene System umso komplexer wird und ebenso das mathematische Modell aus gekoppelten Gleichungen, das dieses System beschreibt. Allerdings gibt es hier ein grundlegend epistemisches Problem, denn ein komplexes mathematisches Modell (ab drei Variablen) lässt sich nicht analytisch lösen. In anderen Worten: Man kann die Lösungsfunktionen schlichtweg nicht algebraisch herleiten und kennt daher die ›exakte‹ Lösung für das raumzeitliche Verhalten des komplexen Systems nicht. »Könnte man diese Gleichungen allgemein analytisch lösen, so ergäben sich [im Falle der hydrodynamischen Gleichungen] ungeahnte Einblicke in die Natur von Strömungen und Turbulenzen; man würde vieles verstehen, was uns heute noch rätselhaft ist. Hier stehen wir vor einer Situation, in der die Unzulänglichkeit mathematischer Methoden den physikalischen Fortschritt ernsthaft behindert.«[244] Könnte man die Gleichungen lösen, dann könnte man einen exakten Blick in die raumzeitliche Entwicklung eines komplexen Systems werfen; also seine zukünftige Entwicklung berechnen. Doch bis heute ist dies nicht möglich und wird es vermutlich auch nie sein.

An dieser Stelle kommt nun die Computersimulation ins Spiel. Sie bietet zwar keine algebraische (exakte) Lösung, aber eine numerisch-angenäherte (approximierte). Eben aus diesem Grund wurden die ersten elektronischen Digitalcomputer entwickelt, um numerische Simulationen von komplexen mathematischen Modellen zu berechnen. Zu simulieren bedeutet, ein programmiertes mathematisches Modell mit numerischen Anfangswerten (Messdaten) zu starten (t_0) und für ein räumliches Berechnungsgitter für den Zeitpunkt t_1 zu berechnen. Die Resultate werden dann wieder als Anfangswerte für die Berechnung von t_2 verwendet und so fort. Auf diese Weise arbeitet sich die Simulation Zeitschritt für Zeitschritt in die Zukunft voran und entfaltet so die raumzeitliche Entwicklung eines Systems. Je feiner das räumliche Berechnungsgitter ist, je kürzer die Zeitschritte, desto besser sind die Resultate, desto mehr nähert sich die approximierte Lösung der unbekannten, exakten Lösung an.

Es war der Mathematiker John von Neumann, der hier Pionierarbeit leistete. 1946 schrieb dieser gemeinsam mit Herman Goldstine in dem Bericht *On the Principles of large Scale Computing Machines*: »It seems clear, however, that digital wind (in the Wiener-Caldwell terminology: counting) devices have more flexibility and more accuracy, and could be made much faster under present conditions.«[245] Die Idee war, Digitalcomputer für numerische Experimente auf Basis von Computersimulationen zu nutzen. Von Neumann hatte dafür Zugriff auf ENIAC, den ersten US-amerikanischen Digitalcomputer. Gemeinsam mit Meteorologen nutzte er ENIAC, um 1950 ein allererstes Wettermodell zu berechnen.[246] Diese Entwicklung wurde später die Vollendung der wissenschaftlichen Revolution der Neuzeit genannt. »John von Neumann foresaw that the equations describing scientific phenomena, once expressed in mathematical terms, could be solved numerically, without recourse to routine or repetitive experiment. This vision is nothing less than the second half of the scientific revolution. Throughout four centuries we have expected that a successful scientific theory would have its major concepts expressed quantitatively as numbers and its major relationships expressed as mathematical equations; the truth of this theory was settled by experimental tests and hand calculations, often in idealized situations. The second half of the scientific revolution is no less sweeping in its goals. The solutions of the equations are also to be obtained on mathematical grounds, by numerical computation, without restriction to idealized cases.«[247]

Historisch betrachtet waren es Computersimulationen, die die Computerentwicklung antrieben, da diese eine immer höhere Geschwindigkeit der Berechnungen (Performanz) benötigten. Denn je schneller die Computer, desto mehr Berechnungen lassen sich in derselben Zeit ausführen und desto komplexere Modelle lassen sich immer genauer für höher aufgelöste Berechnungsgitter berechnen und auch visualisieren. Beispielsweise repräsentierte der Gitterabstand für globale Klimamodelle in den 1990er Jahren durchschnittlich eine 500-Kilometer-Distanz am Äquator, in den 2000er Jahren 250 Kilometer und heute etwa 60 Kilometer. Mit einer Rechenauflösung von 60 Kilometern lassen sich – ähnlich einem besser aufgelösten Foto – mehr Prozesse detaillierter auflösen und berechnen. Mittlerweile ist die Computersimulation aus der Wissenschaft nicht mehr wegzudenken wie auch digitale Großrechner, heute Supercomputer genannt. Denn Computersimulationen generieren eine neue Art von Wissen: Vorhersagewissen. Dazu muss ein raumzeitliches

System nicht nur mit Variablen darstellbar und müssen diese messbar sein, es wird ein Prozessmodell der Wechselwirkungen der Variablen benötigt, das sich als mathematisches Modell formulieren und in Software programmieren lässt. Erst zu Beginn des 20. Jahrhunderts war die Meteorologie imstande, ein solches Prozessmodell des Wetters als Physik der Atmosphäre zu artikulieren. Die Physik, die Chemie und andere Wissenschaftsdisziplinen folgten. Seither simulieren Forscher und Forscherinnen schwarze Löcher, designen neue Moleküle, projizieren die Klimaerwärmung für die nächsten Jahrzehnte oder geben Wettervorhersagen für die kommenden Tage. Neben Differentialgleichungssimulationen gibt es mittlerweile zahlreiche weitere Simulationsverfahren wie statistische Simulationen, Monte-Carlo-Simulationen, Multi-Agenten-Simulationen und mehr. Seit den 1970er Jahren haben wir uns zunehmend an diese ›Kulturen der Vorhersage‹ gewöhnt, sie bestimmen unseren Alltag.[248] Daher geht das Rennen um die schnellsten Supercomputer in der Wissenschaft mit mehr wissenschaftlicher Detailerkenntnis über das Verhalten komplexer Systeme oder dem Design zunehmend komplexerer Moleküle einher.[249]

Aus philosophischer Perspektive stellt sich die Frage, wie sich Simulationswissen epistemologisch fassen lässt. Damit beschäftigen sich Wissenschaftsphilosophen und Wissenschaftsphilosophinnen seit gut zwanzig Jahren in der Modell & Simulation-Debatte.[250] Dass es sich dabei nicht um semantisches Wissen handeln kann, liegt aufgrund der formal-sprachlichen, digitalen Prozesse wie der mathematischen Modelle auf der Hand. Dennoch wird hier durch formal-syntaktische Symbolmanipulationen Wissen generiert; beispielsweise Wissen, wie die Welt angesichts des anthropogenen Klimawandels 2100 aussehen könnte. Simulationswissen ist berechnetes Wissen über quantifizierbare Verläufe und Prozesse. Zumeist ist es Prognosewissen, das die formal-quantitativen Modelle in die Zukunft extrapoliert. Diese Art von Wissen hatte der Mathematiker Henri Poincaré noch vor der Einführung von Digitalcomputern für per Hand berechnete, sehr einfache Simulationen beschrieben: »Wir [Mathematiker] sind daran gewöhnt zu extrapolieren; das ist ein Mittel, die Zukunft aus der Vergangenheit und aus der Gegenwart [quantitativ] abzuleiten.«[251] Extrapolation setzt Determinismus voraus, wie er für die gesamte wissenschaftliche Revolution der Neuzeit charakteristisch war. Doch für die Simulation komplexer Systeme nimmt der Determinismus eine unerwartete Wendung, die Poincaré treffend beschrieben hat: »Würden wir die Gesetze der Natur und den Zustand des Universums für einen gewissen Zeitpunkt genau kennen, so könnten wir den Zustand dieses Universums für irgendeinen späteren Zeitpunkt genau voraussagen [Laplacescher Dämon]. Aber selbst wenn die Naturgesetze für uns kein Geheimnis mehr enthielten [mathematische Modelle], können wir doch den Anfangszustand [Messwerte] immer nur näherungsweise kennen. Wenn wir dadurch in den Stand gesetzt werden, den späteren Zeitpunkt mit dem selben Näherungsgrade vorauszusagen, so ist das alles, was man verlangen kann; wir sagen dann: die Erscheinung wurde vorausgesagt, sie wird durch die Gesetze bestimmt. Aber es ist nicht immer so; es kann der Fall eintreten, dass kleine Unterschiede in den Anfangsbedingungen große Unterschiede in den späteren Erscheinungen bedingen; ein kleiner Irrtum in den ersteren kann einen außerordentlich großen Irrtum für die letzteren nach sich ziehen. Die Vorhersage wird unmöglich und wir haben eine ›zufällige Erscheinung‹.«[252]

Diese Einsicht schockierte die Wissenschaft zutiefst. Sie prägt bis heute die berechnete Epistemik der Computersimulationen, die immer nur approximierte Lösungen bieten kann, da sie mit näherungsweisen Daten aus Messungen gestartet und für diskrete Berechnungsgitter berechnet werden. Noch dazu werden

Simulationen vor allem dann genutzt, wenn die exakte Lösung aufgrund der Komplexität unbekannt ist. Das epistemische Terrain, auf das sich die Wissenschaft hier wagt, ist ein mit Unsicherheiten behaftetes. Der Philosoph Paul Humphreys hat diese Art von Wissen epistemisch opak genannt, denn es lässt sich aufgrund der Menge an Berechnungen nur indirekt nachprüfen.[253] Dennoch ist es ein Terrain, das die Wissenschaft enorm erweitert und neben Experiment und Theorie in der Forschung einen »third type of empirical extension, augmentation, [...] beyond the reach of traditional mathematics« eingeführt hat.[254] Dieser dritte Typ von Wissen ist eine echte kognitive Erweiterung für den Bereich der komplexen Systeme, die Menschen ohne das Hilfsmittel des Computers und der Simulation nicht erschließen können. Dieser Typ Wissen eröffnet ein Denken in mathematischen Möglichkeitsräumen und gibt so Einblicke in neue Welten. Insofern bestätigbares Vertrauen in die zugrunde liegenden mathematischen Modelle besteht, wie dies für die Physik, die Meteorologie oder die Chemie der Fall ist, und sich die Modelle und Resultate validieren lassen, sind diese simulierten Welten aussagekräftig, wenn auch unter epistemischen Bedingungen der Opazität, Unsicherheit und Approximativität.

Folgt man der Idee, dass Computersimulationen die Vollendung der wissenschaftlichen Revolution der Neuzeit sind und folgt man zudem Martin Heidegger in der Überzeugung, dass der Grundvorgang der Neuzeit »die Eroberung der Welt als Bild ist, [die] die uneingeschränkte Gewalt der Berechnung, der Planung und der Züchtung aller Dinge ins Spiel« setzt,[255] dann zeigt sich dieses Bild der Welt heute als Visualisierung computersimulierter Prozesse komplexer Systeme. Doch wer Heidegger kennt, weiß, dass dies kritisch gemeint war. Das Bild entspringt dem Vorgang des Vor-die-Welt-Stellens und verstellt den Blick auf die Welt. Gleichzeitig basiert es darauf, »daß sich die Natur in irgendeiner rechnerisch feststellbaren Weise meldet und als ein System von Informationen bestellbar bleibt«[256]. Oder mit Edmund Husserl gesprochen, dass die Natur zu einer »eigenartig angewandten Mathematik« wird,[257] die sich nun in der Computersimulation zeigt. Ohne Heideggers metaphysischer Motivation für seine Kritik an der Welt als Bild zustimmen zu wollen, wird hier etwas Entscheidendes deutlich. Nämlich, dass die Wissenschaft ihr Bild der Welt der Maschinenlogik des Digitalen unterwirft, wenn sie simuliert. Diese Maschinenlogik charakterisiert die mit Computern generierte Epistemologie als operative, die die wissenschaftlichen Phänomene unter die Operationalisierungsleistung der berechenbaren Mathematik sowie der Erschließung des Neuen und Zukünftigen durch Extrapolation subsumiert.[258] Auf das Beispiel des Designs neuer Moleküle bezogen bedeutet dies, Moleküle über ihre (statische) Molekülstruktur als »räumliche Anordnung der Atome [in einer] Gleichgewichtskonfiguration, die durch ein relatives Minimum der potentiellen Energie gekennzeichnet ist«, mathematisch zu modellieren.[259] Über die berechenbare potenzielle Energie lassen sich – vereinfacht ausgedrückt – neue, stabile Molekülstrukturen berechnen. Dies ist mittlerweile mit Simulationen in großem Stil möglich. In der Chemie wird der Bestand der im Computer designten Moleküle aktuell auf rund 17 Millionen berechneter und in Datenbanken abgespeicherter Molekülverbindungen geschätzt. Insgesamt sind 10^{100} berechenbare Moleküle denkbar, die den mathematischen Möglichkeitsraum des gesamten ›chemical space‹ markieren. Dies sind mehr Moleküle als die geschätzte Anzahl aller Atome des realen Universums. Eben dieses Denken in mathematischen Möglichkeitsräumen ist charakteristisch für die Computational Sciences. Aus diesen Millionen von simulierten Molekülen entstehen neue Medikamente und neue Materialien und verändern so massiv unsere Lebenswelt.[260]

Die simulierbaren Möglichkeitsräume sind nicht nur von wissenschaftlich-technischem Interesse, sondern prägen auch die digitale Wirklichkeit im alltäglichen Umgang. Flug- und Fahrsimulationen sind ebenso numerisch berechnet wie Computer-Aided Design-Methoden (CAD) in der Architektur oder der industriellen Fertigung. Nicht immer müssen Computersimulationen dabei realitätshaltig und aussagekräftig sein wie in Wissenschaft und Technik. Sie können als Computeranimationen auch virtuelle Realitäten erschaffen wie in Computerspielen, VR-Anwendungen oder animierten Filmszenen. Aus dieser allgemeineren Perspektive lassen sich Simulationen als quantitative Produktionsverfahren digitaler Daten beschreiben; als generative Verfahren für synthetische Daten (›digital-born data‹).

9.2 Statistische Epistemik maschinellen Lernens

Simulationen basieren auf mathematischen Modellen und nutzen Computer in klassischer Weise, insofern sie dem funktionalen Berechenbarkeitsparadigma der Symbolverarbeitung folgen, wie es Alan Turing 1936 in »Computational Numbers« beschrieben hatte. Doch Computer können, wie in Kapitel 4.3 skizziert, auch anders verwendet werden. Mit ihnen lassen sich Neuronen und Künstliche Neuronale Netze (KNNs) simulieren, die das Paradigma des maschinellen Lernens begründen. Künstliche Neuronen, wie von Warren McCulloch und Walter Pitts 1943 beschrieben, sind Schaltelemente, die aus mehreren Eingabesignalen über einen Schwellenwert gesteuert ein binäres Ausgabesignal erzeugen. Mit diesem vereinfachten Neuronen-Modell wollten McCulloch und Pitts nachweisen, dass das Gehirn Turing-berechenbare Funktionen aufweist. »Because of the ›all-or-none‹ character of nervous activity, neural events and the re-

lations among them can be treated by means of propositional logic.«[261] Der als Computertheorie des Geistes (Computationalismus) bezeichnete Ansatz geht davon aus, dass das Gehirn in irgendeiner Weise rechnet und dass sich dies formalsymbolisch beschreiben lässt. Philosophische Vertreter der Computertheorie des Geistes waren Hilary Putnam und Jerry Fodor.

Doch auch wenn sich nur darüber spekulieren lässt, ob das Gehirn tatsächlich rechnet, lässt sich doch seine neuronale Struktur und Funktionsweise mit künstlichen neuronalen Netzen ›nachbauen‹ – weniger um die Funktionsweise des Denkens als die des Wahrnehmens und Erkennens in Form von Mustererkennung zu automatisieren. In den 1980er Jahren realisierte Kunihiko Fukushima mit dem *Neocognitron* ein erstes selbstorganisierendes Mehrlagen-Netzwerkmodell (Deep Neural Network (DNN) mit ›Hidden Layers‹), das sich am visuellen Kortex orientierte: »The network is self-organized by ›learning without a teacher‹, and acquires an ability to recognize stimulus patterns based on the geometrical similarity (Gestalt) of their shapes without affected by their positions. [... It] has a structure similar to the hierarchy model of the visual nervous system [...]. The network consists of an input layer (photoreceptor array) followed by a cascade connection of a number of modular structures, each of which is composed of two layers of cells connected in a cascade.«[262] Fukushima folgte den Erkenntnissen der Neurobiologen David Hubel und Torsten Wiesel, die in den 1960er Jahren den Aufbau und die Informationsverarbeitung des visuellen Kortex von Katzen untersucht hatten, wobei sie ein hierarchisches Netz von Neuronenschichten unterschiedlich komplexer Neuronen entdeckten. Analog dazu konzipierte Fukushima sein *Neocognitron* aus zwei verschiedenen Neuronentypen und mehreren Lagen. Das *Neocognitron* war ein parallel und verteilt arbeitendes Netzwerkmodell, das für Experimente mit spezifischen Inputda-

ten initialisiert wurde. »The neural network proposed here has been simulated on a digital computer. In the computer simulation, we consider a seven layered network. [...] In order to self-organize the network, we have presented five stimulus patterns ›0‹, ›1‹, ›2‹, ›3‹, and ›4‹ [...] repeatedly to the input layer U_0. The positions of presentation of these stimulus patterns have been randomly shifted at every presentation. Each of the five stimulus patterns has been presented 20 times to the network. By that time, selforganization of the network has almost been completed.«[263] Nach zahlreichen Experimentdurchläufen mit immer neuen Symbolen war das Netzwerk in der Lage, Handschriften zu erkennen.

Das *Neocognitron* ist der Prototyp des maschinellen Lernens mit Künstlichen Neuronalen Netzen (KNNs) bestehend aus einer Inputschicht, versteckten Zwischenschichten und einer Ausgabeschicht an Neuronen. Diese mehrlagigen, ›tiefen Netze‹ entfalten heute als Deep Learning ihre volle Wirkung. Maschinelles Lernen folgt dem konnektionistischen Paradigma, das davon ausgeht, dass Information nicht symbolisch, sondern in den Gewichten oder Verbindungsstärken zwischen den parallel und verteilt arbeitenden Einheiten eines neuronalen Netzes generiert und gespeichert wird. »The connectionist views mental processing as the dynamic and graded evolution of activity in a neural net, each unit's activation depending on the connection strengths and activity of its neighbors.«[264] Doch auch wenn das *Neocognitron* vom visuellen Kortex inspiriert war, sind heutige künstliche neuronale Netze nicht mehr biologisch am Gehirn orientiert, sondern haben sich als Technologien der Informatik verselbständigt. In den Neurowissenschaften wird mit Spiking Neural Networks (SNNs) gearbeitet, die massiv parallel konzipiert und mathematisch mit Differentialgleichungen formuliert sind, während maschinelle Lernverfahren topologisch mit

Graphen oder stochastisch beschrieben werden.[265] Entscheidend aber ist, dass maschinelles Lernen nicht auf einem Typ von Netz basiert, sondern ein aktives Forschungsfeld ist, das die unterschiedlichsten Architekturen entwickelt (CNNs, DFFs, RNNs, LSTMs, GRUs, AEs, VAEs, HNs, BMs, DBNs, CDNs, DNs, DCIGNs, GANs, LSMs, ELMs, DNCs, CNs, KNs, etc.) und verschiedene Lernstrategien realisiert, darunter überwachtes (›supervised‹) und nicht-überwachtes (›unsupervised‹) Lernen sowie verstärkendes (›reinforcement‹) Lernen.[266]

Wie das Beispiel des *Neocognitrons* verdeutlicht hat, sind KNNs experimentelle (induktive) Methoden, die auf einer spezifischen Datenbasis für die Lösung spezifischer Probleme trainiert werden. Durch das Trainieren eines KNNs wird ein statistisches Modell des ›Erfahrungswissens‹ generiert, das dann getestet und angewendet werden kann. Training, Test und Anwendung sind daher unterschiedliche Phasen der Verwendung von KNNs. Zudem wird experimentell ermittelt, welche Realisierung – Variation der Anzahl der Netzwerkknoten und Schichten – eines bestimmten Typs von Netz am besten performt. Maschinelles Lernen wird auch als künstliche Generierung von Wissen aus Erfahrung bezeichnet für Probleme, für die es kein explizites Lösungswissen gibt. Diese Probleme sind Mustererkennungsprobleme quantifizierter Erfahrungen: Maschinelle Spracherkennung, -generierung und -übersetzung, Bilderkennung, Gesichtserkennung, Zeitreihenanalysen und vieles mehr. Dies macht maschinelles Lernen epistemisch so interessant, aber eben auch sehr spezifisch.

Fukushimas *Neocognitron*, beispielsweise, konnte schon in den 1980er Jahren japanische Handschriften erkennen. Long short-term memory-Netzwerke (LSTM) mit ›Gedächtnis‹, die 1997 von Josef Hochreiter und Jürgen Schmidhuber entwickelt wurden, automatisierten die Spracherkennung und Sprachübersetzung. Rekurrente (rückgekoppelte) neuronale Netze (RNNs), die die Verarbeitung von Sequenzen perfektionierten, verbesserten in den 2000er Jahren die Handschriften- und Spracherkennung der LSTMs. Mit den 2014 von Ian Goodfellow entwickelten Generative Adversarial Networks (GANs) wurde es möglich, nicht nur aus Daten zu lernen, sondern künstliche Daten zu generieren. GANs bestehen aus zwei gegnerischen KNNs, die ein Nullsummenspiel durchführen. Mit GANs lassen sich synthetische, fotorealistische Bilder erstellen, Bildteile löschen und Hintergründe rekonstruieren. Diese rasante Entwicklung führte Mitte der 2010er Jahre zur Implementierung von maschinellem Lernen in die Anwendungen der globalen Informationsplattformen und Sozialen Medien, die heute die digitale Wirklichkeit prägen. Beispielsweise führte 2015 das Unternehmen Facebook die Gesichtserkennungssoftware *DeepFace* ein. Im selben Jahr überstieg das Residual Neural Network (ResNet) von Microsoft die Erfolgsrate in der Gesichtserkennung von Menschen durch Menschen (›superhuman performance‹). 2019 entwickelte das Unternehmen OpenAI mit GPT-2 ein künstliches neuronales Netz für die Textgenerierung, das auf 1,5 Milliarden Parametern basierte und mit 45 Millionen Seiten Text trainiert wurde. Das Nachfolgenetz GPT-3 operierte bereits auf einer Basis von 175 Milliarden Parametern. 2020 verkündete das Unternehmen Google, dass seine maschinellen Lernalgorithmen bessere Resultate in der Krebserkennung erzielten als geschulte Radiologen. 2021 präsentierte OpenAI das Netzwerk DALL-E, das Wörter in Bilder transformieren kann, und 2022 ChatGPT.

Dies sind nur einige Beispiele der Entwicklung, doch die Richtung ist klar. Die erfolgreichen ML-Entwicklungen und -Anwendungen sind zumeist kommerzielle. Dies gilt auch für DeepMinds *AlphaFold*-Algorithmus, mit dem Proteinfaltung vorhersagbar wird. Interessanterweise wird die Entwicklung oft durch Wettbewerbe erzielt. So gewann *AlphaFold* 2018 und 2020 den Wettbewerb Critical Assessment of Techniques for Protein Structure Prediction, AlexNet von Geoffrey Hinton gewann 2012 und ResNet 2015 die Large Scale Visual Recognition Challenge auf Basis der ImageNet-Datenbank. ImageNet basiert auf mehr als 14 Millionen annotierten Bildern. Dies bedeutet, dass jedes Bild per Hand einem Begriff in WordNet zugeordnet wurde. WordNet wiederum ist eine Datenbank für semantische und lexikalische Beziehungen zwischen Wörtern in vielen Sprachen, die seit 1985 an der Universität Princeton aufgebaut wird.

Die Beispiele machen deutlich, dass für erfolgreiches maschinelles Lernen Millionen an Daten, Netzparametern und Trainingsdurchläufen vonnöten sind. Dies erfordert umfangreiche Rechenressourcen sowie Unmengen an annotierten, maschinenlesbaren Daten. Mittlerweile haben sich standardisierte Referenzdatenbänke für Bilder, Gesichter, Gesten, Töne, Handschriften und vieles mehr herausgebildet. Dabei darf nicht übersehen werden, dass die Annotation der Daten von Millionen von Clickworkern weltweit von Hand vorgenommen wird – einer unsichtbaren, globalen und durchaus prekären neuen ›Arbeiterklasse‹, die durch einige wenige Plattformen koordiniert wird.[267] Was auch nicht übersehen werden darf, ist, dass der Datenhunger der maschinellen Lernverfahren die Maschinenlesbarkeit der Welt in eine neue Dimension gehoben hat. Ein Ende ist bislang nicht in Sicht. Doch woher kommen diese Daten? Mit der Nutzung von Internet- und Plattformdiensten wie Facebook, Instagram, Wikipedia, Google-Suche und Tausender anderer Anwendungen werden die Rechte an den Daten an die Betreiber übergeben oder öffentlich zur Verfügung gestellt (›open data‹). So werden die Datenbanken tagtäglich gefüttert, wenn wir – 4,45 Milliarden Internet-User weltweit – im Internet pro Minute 21 Millionen Textnachrichten versenden, fast eine halbe Million

Apps herunterladen, nahezu 200 Millionen E-Mails, 69 Millionen Nachrichten und 200 000 Tweets verschicken sowie unzählige Fotos, Videos und Filme streamen.[268] Das Paradoxe daran ist, dass das Nutzen digitaler Technologien nicht mehr Abnutzung durch Gebrauch wie für materiale Techniken und Maschinen bedeutet. Vielmehr heißt Nutzen im Digitalen Trainieren, und Trainieren im Zeitalter maschineller Lernverfahren bedeutet Verbessern. Da die globalen Plattformen zumeist kommerzielle sind, werden wir unfreiwillig zu unbezahlten Datenlieferanten und Mitarbeitenden am Datenkapitalismus.

9.3 Konvergenz der digitalen Epistemik – Mind the Game!

Seit einigen Jahren lässt sich mit den steigenden Datenmengen und Rechenkapazitäten die Konvergenz der unterschiedlichen computationalen Methoden beobachten. Aktuell werden Simulationsverfahren als deduktive Vorhersagemethoden mit maschinellen Lernverfahren als induktive Datenanalyse- wie Datengenerierungsverfahren zu anspruchsvollen Anwendungen gekoppelt. Dabei wird nicht nur die Epistemik der maschinellen Erkenntnismethoden kombiniert, sondern die Methoden werden in einer Art ›sozialer‹ Interaktion verschaltet. Dies ist möglich, weil die Entwicklung der Künstlichen Intelligenz sich von der gescheiterten Vision der maschinellen ›Intelligenz‹ hin zum maschinellen ›Verhalten‹ entwickelt hat, wie im vierten Kapitel beschrieben. Lernen wird in maschinellen Lernalgorithmen *als* kontrollierbares Verhaltenslernen automatisierbar. Dies geht auf die kybernetischen Anfänge der KI zurück, der die Psychologie der 1950er Jahre als Vorbild diente, insbesondere das von außen steuerbare Kontrollparadigma der behavioristischen Lernpsychologie. Schon Turing hatte 1950 für das Mensch-Maschine-Verhältnis seiner ›child machine‹ die soziale Interaktion eines strengen Lehrers in Stellung gebracht, um die Maschine zu trainieren. »The use of punishments and rewards can at best be a part of the teaching process.«[269] Maschinelles Lernen ist Verhalten, das durch eine Belohnungsfunktion (›rewarding function‹) kontrolliert wird. Die Belohnungsfunktion ist der zentrale Motor des bestärkenden Lernens (›reinforcement learning‹). Allgemein gesprochen koppelt bestärkendes Lernen (Software-)Agenten mit einer (digitalen) Umwelt und (digitalisierten) Weltzuständen über (algorithmisierte) Aktionen und Belohnungen in eine maschinelle Assemblage mathematisch zusammen. Da eine Belohnungsfunktion Beurteilungen vornimmt, lernen Agenten in dieser Assemblage, was ›korrekt‹ beziehungsweise ›falsch‹ ist, und falsches Verhalten wird ›bestraft‹.

Die Komplexität dieser Assemblage und der darin verborgenen Konvergenz wird an der Algorithmenentwicklung von DeepMind deutlich: *AlphaGo*, *AlphaZero*, *AlphaStar* und *AlphaFold.* DeepMind, mittlerweile ein Google-Unternehmen, erlangte weltweite Bekanntheit, als 2017 der *AlphaGo*-Algorithmus gegen den weltbesten Go-Meister, Ke Jie, gewann. *AlphaGo* war ein Mix aus Monte-Carlo-Methoden und Deep Learning mit Convolutional Neural Networks (CNN), die auf Fukushimas *Neocognitron* zurückgehen. Die Architektur kombinierte ein Regelnetzwerk (›policy network‹) mit einem Bewertungsnetzwerk (›value network‹) und einer Monte-Carlo-Baumsuche wie folgt: »We introduce a new approach to computer Go that uses value networks to evaluate board positions and policy networks to select moves. These deep neural networks are trained by a novel combination of supervised learning from human expert games, and reinforcement learning from games of self-play. Without any lookahead search, the neural networks play Go at the level of state-of-the-art Monte-Carlo tree search programs that simulate thousands of random games of self-play. We also introduce a new search algorithm that combines Monte-Carlo simulation with value and policy networks. Using this search algorithm, our program AlphaGo achieved a 99.8% winning rate against other Go programs, and defeated the European Go champion by 5 games to 0. This is the first time that a computer program has defeated a human professional player in the full-sized game of Go, a feat previously thought to be at least a decade away.«[270]

Die Co-Entwicklung von Computerspielen und Künstlicher Intelligenz hat eine lange Geschichte; und dies ist kein Zufall.[271] Denn Spiele, dies hatte John von Neumann schon in seiner mathematischen »Theorie der Gesellschaftsspiele« von 1928 formuliert, erlauben es, »die Rückwirkungen der Spieler aufeinander zu untersuchen, die Konsequenzen des (für alles soziale Geschehen so charakteristischen!) Umstandes, daß jeder Spieler auf die Resultate aller anderen einen Einfluß hat und dabei nur am eigenen interessiert ist.«[272] Gesellschaftsspiele – anders als Glücksspiele, die die Entwicklung der Probabilistik inspirierten – sind regelbasierte soziale Kontexte, die einer Optimierungslogik (Gewinn) folgen. Korrektes Verhalten ist gewinnbringendes Verhalten nach Regeln. Geht man dann, wie dies von Neumann tat, von rücksichtslosen, nur an ihren Gewinnchancen interessierten Spielern aus, so gelangt man zu einer guten Umschreibung von Reinforcement-Algorithmen. Doch Gesellschafts- oder Strategiespiele liefern noch mehr. Aus einer epistemischen Perspektive sind sie perfekte Experimentalsysteme des Trainierens und des Selbst-Trainierens von Algorithmen. Strategisch betrachtet sind solche Spielsiege von Algorithmen über Menschen äußerst werbewirksam. Wer erinnert sich nicht an den Triumph des IBM Computers DeepBlue über den amtierenden Schachweltmeister Garri Kasparow 1996 oder an den Sieg von IBM Watson 2011 im Quiz Jeopardy!. Dieses Potenzial hatte bereits Arthur

Samuel erkannt, als er 1951 eines der ersten Computerprogramme für das Spiel Dame schrieb. »This [self-training] mode of play has been found to be especially good during the early stages of learning.«[273] Diese Art des Experimentierens war damals neu: »A game, such as checkers, is a suitable vehicle for use during the development of learning techniques, and it is a very satisfactory device for demonstrating machine-learning procedures to the unbelieving.«[274] Daher erstaunt es nicht, dass auch für maschinelle Lernverfahren nicht nur Gesellschaftsspiele, sondern auch Multiplayer-Strategiespiele wie StarCraft interessante Experimentierumgebungen sind. 2017 triumphierte nicht nur *AlphaGo*, sondern im selben Jahr kam *AlphaZero,* »A general reinforcement learning algorithm that masters chess, shogi, and Go through self-play«, ins Spiel.[275] Das Besondere an *Alpha-Zero* war, dass hier kein (menschlicher) Trainer oder menschliche Trainingsdaten mehr benötigt wurden, sondern dass das Netzwerk sich komplett selbst trainierte – ein autodidaktischer Lernalgorithmus, der gegen sich selbst Go spielend den amtieren Go-Weltmeister binnen Stunden schlug. »A single AlphaZero algorithm that can achieve, *tabula rasa*, superhuman performance in many challenging domains. Starting from random play, and given no domain knowledge except the game rules [...] It replaces the handcrafted knowledge and domain-specific augmentations used in traditional game-playing programs with deep neural networks and a *tabula rasa* reinforcement learning algorithm.«[276]

Mit dem *AlphaStar*-Algorithmus, der 2019 das Strategiespiel StarCraft II gegen menschliche Teams gewann, wurde die Konvergenz der maschinellen Erkenntnismethoden durch die Verbindung von »deep learning, reinforcement learning, game theory, and evolutionary computation« weiter vorangetrieben. »Initially trained using imitation learning to mimic human play, and then improved through a combination of reinforcement learning (RL) and self-play. [...the latter] built upon multi-agent RL and game-theoretic perspectives.«[277] Das Besondere daran war, dass die Hyperparameter des künstlichen neuronalen Netzes – Hyperparameter sind jene Parameter, die den Lernprozess eines Netzwerks kontrollieren – durch evolutionäre Strategien getunt wurden. Evolutionäre Algorithmen imitieren evolutionäre Strategien der Selektion, Rekombination, Mutation und Evaluation anhand von Fitnessfunktionen.[278] In *AlphaStar* dienten die evolutionären Strategien zur Optimierung des Spielverhaltens. »A particularly synergistic approach is to use a memetic algorithm (MA), in which evolution is run as an outer optimisation algorithm, and individual solutions can be optimized by other means [...] in an inner loop.«[279]

Die Begriffe ›tabula rasa‹, ›superhuman performance‹ und ›evolutionary computation‹ lassen aufhorchen. Solange sich diese Lernalgorithmen mit Gesellschaftsspielen zufriedengeben, desillusionieren sie nur Spielegroßmeister und Online-Player, die sich geschlagen geben müssen. Doch diese Algorithmen migrieren zunehmend von der synthetischen Welt der Computerspiele in die digitale Lebenswelt von Wissenschaft, Gesellschaft und Alltag wie im Falle von *AlphaFold*. Die Fragen, die sich hier stellen, sind die nach der Wirkmächtigkeit der in avancierte maschinelle Lernverfahren eingebauten ›kompetitiven Sozialität‹ und der Konkurrenz solcher informatisierten Akteure mit uns; insbesondere im Zeitalter der Superhuman Performance.

Diese Fragen werden umso drängender, als in den letzten Jahren ML-Algorithmen zunehmend in der Robotik zum Einsatz kommen. Damit wird der maschinellen Kognition ein mit Sensoren und Aktoren ausgestatteter Maschinenkörper verliehen. Trainierbares Algorithmenverhalten trifft aktuell auf die verhaltensbasierte Robotik. Diese wurde in den späten 1980er Jahren von dem Ingenieur Rodney Brooks als Gegenentwurf zur starken KI entwickelt. Brooks formulierte dies in dem 1990 publizierten Artikel »Elephants Don't Play Chess« wie folgt: »The traditional [AI] methodology bases its decomposition of intelligence into functional information processing modules whose combinations provide overall system behavior. The new methodology bases its decomposition of intelligence into individual behavior generating modules, whose coexistence and co-operation let more complex behaviors emerge.«[280] Die Alternative zur starken KI war Brooks ›subsumption architecture‹. »In order to explore the construction of physical grounded systems we have developed a computational architecture known as the subsumption architecture. It enables us to tightly connect perception to action, embedding robots concretely in the world.«[281] Aus diesem Ansatz entwickelte sich ab den 1990er Jahren die verhaltensbasierte Robotik, die anfangs mit sehr einfachen, interagierenden Robotern und Daumenregeln operierte und lernte. Doch mittlerweile konvergieren Robotik und maschinelles Lernen, insbesondere im Bereich des bestärkenden Lernens. Diese Allianz zwischen Robotik und ML ist nicht ganz einfach, doch sie verstärkt sich zusehends zum Paradigma der adaptiven Robotik.[282]

Die Konvergenz von Maschinenkognition und Robotik erfolgt über zahlreiche, in die Sensorik und Aktorik integrierte Simulationsverfahren, aber eben auch zunehmend über maschinelle Lernverfahren. Das Imitationslernen wird durch bestärkendes Lernen verbessert respektive adaptiver. Selbstüberwachtes Lernen dient dabei der autonomen Weiterentwicklung, und Multiagenten-Lernen trainiert die Koordination und den Austausch mit anderen Robotern und Maschinen. Das sehr erfolgreiche Deep Learning mit DNNs und CNNs schult die Bild-, Objekt- und Gesichtserkennung der Roboter. Dazu werden die Bilderkennungsnetze im Falle der Robotik zuerst auf Bilder und

Videos vortrainiert, die die Welt aus der Ich-Perspektive eines Menschen (›egocentric perspective‹) zeigen, wie beispielsweise mit dem Ego4D-Datensatz – »a massive ego-video collection of unprecedented scale and diversity that captures daily life activity around the world.«[283] Erst dann können Roboter mit dem ›real-world learning‹ starten. Roboter trainieren sich mittlerweile durch Selbstbeobachtung wie durch Spiele selbst. Im Unterschied zu uns Menschen haben Roboter einen direkten Link in die volle digitale Wirklichkeit des Internets, der Plattformen und sozialen Netze, während sie in der realen Welt interagieren. In diesem synergistischen Ansatz liegt die Konvergenz der digitalen Epistemik begründet.

9.4 Maschinenkognition – GOFAI versus XAI

Die rasante Entwicklung der maschinellen Epistemik lässt Charles S. Peirces Frage von 1887 – »Precisely how much of the business of thinking a machine could possibly be made to perform, and what part of it must be left for the living mind, is a question not without conceivable practical importance.«[284] – aktueller denn je erscheinen. Die Philosophie hat sich lange mit der Frage beschäftigt, ob Maschinen denken können. Doch die Erfolge der neuronalen KI verschieben diese Frage darauf, welche kognitiven Teilfunktionen Maschinen lernen können. Diese unterschiedlichen Fragehorizonte hatte John Searle bereits 1980 in dem Artikel »Minds, Brains, and Programs« mit seiner Unterscheidung der Begriffe einer ›starken‹ und einer ›schwachen‹ Künstlichen Intelligenz angesprochen. »I find it useful to distinguish what I will call ›strong‹ AI from ›weak‹ or ›cautious‹ AI (Artificial Intelligence). According to weak AI, the principal value of the computer in the study of the mind is that it gives us a very powerful tool. For example, it enables us to formulate and test hypotheses in a more rigorous and precise fashion. But according to strong AI, the computer is not merely a tool in the study of the mind; rather, the appropriately programmed computer really is a mind, in the sense that computers given the right programs can be literally said to understand and have other cognitive states. In strong AI, because the programmed computer has cognitive states, the programs are not mere tools that enable us to test psychological explanations; rather, the programs are themselves the explanations.«[285]

Die These der starken KI, wie in Kapitel 4.1 betrachtet, hatte sich Mitte des 20. Jahrhunderts entwickelt und folgte dem kognitivistischen Paradigma der Operationalisierung des Geistes. Die starke KI behauptete nicht nur die Identität von Mensch und Maschine, sondern war überzeugt, dass mithilfe der Logik und der regelbasierten Symbolverarbeitung ›Elektronengehirne‹ irgendwann denken und verstehen können.[286] Die Good Old Fashioned Artificial Intelligence (GOFAI), wie sie später von John Haugeland genannt wurde, setzte ihre Hoffnung auf die logische und sprachliche Rekonstruktion menschlichen Denkens *als* Problemlösen, *als* regelfolgendes Schließen, *als* Suche nach Problemlösungsstrategien, *als* Sprachverstehen und so weiter fort.[287] Bereits 1950 hatte Alan Turing in dem Artikel »Computing machinery and intelligence« versucht, mit seinem berühmten Imitationsspiel (Turing-Test) nachzuweisen, dass Maschinen denken können. Der Nachweis wäre erbracht, wenn ein Mensch nicht erkennen könne, ob eine Maschine oder ein Mensch antwortet. Turing folgerte aus korrektem Sprachverhalten Sprachverstehen. Dieser Nachweis wurde später von Searle mit seinem ebenso bekannten ›Chinese Room‹-Gedankenexperiment kritisiert. Jeder, der exakte Anweisungen für den Gebrauch einer fremden Sprache erhielte (Handbuch mit Regeln), beispielsweise für Chinesisch, könnte Fragen auf Chinesisch beantworten, ohne zu verstehen, was damit ausgesagt wurde. Searle kritisierte mit seinem Argument Dialog-Programme wie ELIZA sowie wissensbasierte Software, die festgelegten Scripts folgte wie die Programme von Roger Schank.[288] »I have inputs and outputs that are indistinguishable from those of the native Chinese speaker, and I can have any formal program you like, but I still understand nothing. For the same reasons, Schank's computer understands nothing of any stories.«[289]

Mit der Unterscheidung von starker und schwacher KI verwies Searle auf eine lange Tradition, die mit der neuzeitlichen Leib-Seele-Debatte begann und sich im 20. Jahrhundert zur Philosophie des Geistes respektive ›mind-body‹-Debatte transformierte. Die Trennung von ›res cogitans‹ und ›res extensa‹ bei René Descartes führte nicht nur zum Dualismus von Geist und Körper, sondern einerseits zur Übertragung des Geistes auf nicht-menschliche Körper wie eben Maschinen und andererseits zu der Frage, wie genau das Verhältnis von Geist und Körper zu denken ist. Reduziert sich der Geist auf bloße Körperfunktionen (materialistischer Monismus), ist der Körper eine Illusion des Geistes (kognitiv-idealistischer Monismus), stehen beide unverbunden nebeneinander (Dualismus), gibt es eine Verbindung zwischen beiden (interaktionistischer Dualismus) oder etwas vereinendes Drittes (psychophysische Parallelismus)? Die Spielarten dieser Interpretationen sind zahlreich und werden von Descartes über Leibniz bis heute in der Philosophie des Geistes diskutiert.[290] Doch im Unterschied zu metaphysischen und ontologischen Behauptungen der klassischen Leib-Seele-Debatte konzentrieren sich heutige Ansätze auf abstraktere Argumente; allen voran Hilary Putnams Funktionalismus in dem 1960 erschienenen Artikel »Minds and Machines«. Darin entwickelte Putnam die Idee, dass mentale Zustände funktionale Zustän-

de seien, die multiple Realisierungen haben können: in menschlichen Gehirnen, in Tieren, aber auch in Elektronengehirnen. Funktionale Zustände erklärte er wie folgt: »The functional organization (problem solving, thinking) of the human being can be described in terms of the sequences of mental or logical states retrospectively (and the accompanying verbalizations), without the reference to the nature of the ›physical realization‹ of these states.«[291] Putnam orientierte sich an den Maschinentafeln einer Turing-Maschine und arbeitete sich an Fragen der Identitätstheorie ab, die die Identität mentaler und materieller (neuronaler) Zustände behauptete. Denn die Identitätsthese führte zu der Frage, ob ein mentaler Zustand immer mit ein und demselben materiellen Zustand einhergeht. Doch lässt sich dies für Individuen behaupten? Oder anders gewendet: Wie können verschiedene Menschen mit unterschiedlichen neuronalen Zuständen denselben mentalen Zustand haben? Putnam lehnte die Identitätstheorie ab, ohne die Suche nach etwas Gemeinsamem aufzugeben. Die Antwort für ihn lautete, dass verschiedene Gehirnzustände dem gleichen funktionalen Zustand zugeordnet seien. Funktionale Zustände seien mentale Zustände. Gegen Putnams Funktionalismus gab es zahlreiche Einwände, nicht zuletzt Jahre später von ihm selbst.

Eine andere Kritik am kognitivistischen Paradigma der frühen KI kam von dem Philosophen Hubert Dreyfus in seinem Buch *What Computers Can't Do* von 1972. Darin kritisierte er sowohl die biologische Analogie (Gehirn/Hardware, Verstand/Software) wie auch die psychologische Analogie der KI, wonach der Verstand diskrete Rechenoperationen ausführe.[292] Letztere Annahme, so Dreyfus, beruhe auf der epistemologischen Annahme, dass man Verhalten im Vorhinein durch Regeln beschreiben und so vorhersagen könne, sowie auf der ontologischen Annahme, dass Fakten als Symbole eindeutig voneinander differenzierbar

seien. Obwohl Dreyfus' Kritik den GOFAI-Protagonisten nicht gefiel, war das Ende absehbar. Die britische Regierung veröffentlichte 1973 den äußerst skeptischen Evaluationsbericht von James Lighthill zum Stand der starken KI-Forschung und läutete damit den »KI-Winter« für das kognitivistische Paradigma ein. In den 1980er Jahren lebte die Hoffnung mit der Entwicklung wissensbasierter Systeme wie Cyc zwar kurz wieder auf, aber es folgte bald weitere Ernüchterung. In vielen Laboren verlegte man die Forschung auf die Entwicklung von Robotern.

Doch wie sieht es mit der schwachen KI aus? »According to weak AI«, so hatte es Searle formuliert, »the principal value of the computer in the study of the mind is that it gives us a very powerful tool.«[293] Die Erfolge des maschinellen Lernens haben die Frage, ob Maschinen denken können, jedoch dramatisch verschoben. Nämlich auf die Frage, wie wir verstehen und erklären können, wie Maschinenkognition funktioniert; was genau Lernen, Verstehen und Erkennen im Falle des maschinellen Lernens bedeuten. Denn insbesondere das sehr erfolgreiche Deep Learning mit Mehrschichten-Modellen, Millionen von Parametern und Milliarden an Rechenoperationen hat sich als Black Box respektive epistemisch opak entpuppt. Zum einen lässt sich aufgrund der Komplexität nicht nachvollziehen, wie das konkrete Lernen in DNNs abläuft, zum anderen sind DNNs anfällig für Störungen in den Eingabedaten. Bereits kleine Änderungen in den Inputdaten können zu komplett falschen Ergebnissen führen. Das Beispiel »The Elephant in the Room« macht dies deutlich.[294] Ein neuronales Netz, das darauf trainiert wurde, Objekte wie Personen, Tassen oder Stühle in Bildern Begriffen zuzuordnen – die richtige Zuordnung wird dann *als* Erkennen gewertet –, wurde durch einen Elefanten in die Irre geführt. Die Forscher fügten einen Elefanten in das Bild ein, das Netz erkannte den Elefanten nicht. Der Elefant wurde etwas nach rechts im Bild

verschoben, das Netz erkannte den Elefanten wie auch die weiteren Objekte korrekt. Doch weitere Verschiebungen bei sonst gleichem Bildinhalt führten dazu, dass das Netz manche Objekte nicht wiedererkannte und schließlich falsch klassifizierte. Der Elefant, ein sogenanntes ›adversarial example‹, führte zur Manipulation der Klassifikationsergebnisse. Dabei müssen diese Irritierungen in den Daten nicht immer so sichtbar sein wie der Elefant. Von Menschen nicht wahrgenommene Veränderungen von einzelnen Bildpixeln können zu Fehlklassifikationen führen.[295] Dies gilt auch für Veränderungen in Textdaten. Oder wie es Henri Poincaré für die Sensitivität der Simulation komplexer Modelle formuliert hatte: »Es kann der Fall eintreten, dass kleine Unterschiede in den Anfangsbedingungen große Unterschiede in den späteren Erscheinungen bedingen [...]. Die Vorhersage wird unmöglich und wir haben eine ›zufällige Erscheinung‹.«[296]

Diese Beispiele führen zu der berechtigten Frage, was genau ein Netz lernt, wie spezifisch dieses Lernen ist, wie robust, transferierbar und letztendlich wie verlässlich das maschinelle Lernen ist. Erklärbares Maschinenlernen, eXplainable AI (XAI) genannt, setzt hier an und versucht Standards wie Methoden zu entwickeln, um maschinelles Lernen transparent zu machen. Denn mit dem zunehmenden Einsatz solcher maschinellen Lernmethoden in Systemen wie dem autonomen Fahren steigt die Notwendigkeit der Nachvollziehbarkeit der maschinellen Klassifikationen und darauf basierender Entscheidungen. Mit der 2018 in Kraft getretenen General Data Protection Regulation (GDPR) der Europäischen Union wurde Nachvollziehbarkeit maschinenbasierter Kognition ein verbrieftes Recht für EU-Bürger und Bürgerinnen, weshalb zahlreiche Forschungsprogramme zu XAI auf den Weg gebracht wurden. Doch die Umsetzung ist alles andere als einfach und führt auf philosophisches Terrain, denn aus informatischer Perspektive stellen sich folgende Fragen: »What does

it mean that a model is interpretable or transparent? What is an explanation? When a model or an explanation is comprehensible? Which is the best way to provide an explanation? Which are the problems requiring interpretable models/predictions? What kind of decision data are affected? Which type of data records is more comprehensible? How much are we willing to lose in prediction accuracy to gain any form of interpretability?«[297] Üblicherweise wird die Interpretation von Ergebnissen mit mathematischen Methoden formal untersucht und mit statistischen Metriken evaluiert. Aber diese Verfahren sind nicht sehr aussagekräftig, wenn es um verstehbare oder interpretierbare Ergebnisse für Menschen geht. »At present, interpretability has no formal technical meaning.«[298] Auch hat die Wissenschaftsphilosophie der letzten Jahrzehnte gezeigt, dass Verstehbarkeit, Erklärbarkeit und Interpretierbarkeit unterschiedliche Konzepte sind.[299]

Das grundlegende Problem aus technikphilosophischer Perspektive ist, dass die aktuellen maschinellen Lernverfahren artifizielle Technologien sind, die sich durch ihr erfolgreiches Funktionieren beweisen, wie dies für die Technik üblich ist, und nicht durch ihr Erklärungs- und Verstehenspotenzial. Doch maschinelles Lernen beansprucht für sich, kognitive Funktionen zu automatisieren. Ein bloßer Funktionsaufweis ist daher nicht ausreichend, und das gilt insbesondere dann, wenn die digitale Wirklichkeit in ökonomischer und sozialer Hinsicht mehr und mehr durch maschinelles Lernen bestimmt wird. Doch indem Maschinenkognition selbst zum Untersuchungsgegenstand wird, sind andere, naturwissenschaftliche Aufweise gefordert – eben bezüglich der Verstehbarkeit, Erklärbarkeit, Interpretierbarkeit, Bestätigbarkeit und Theoretisierbarkeit des maschinellen Lernens. Dies ist umso mehr erforderlich, als es das erklärte Ziel der aktuellen Forschung ist, die spezifischen ML-Ansätze durch Verfahren des Transferlernens, generalisierten Lernens, aufmerksamkeitsgesteuerten Lernens, reflexiven Lernens sowie »Lernens, wie man lernt« zu generalisieren.

Die Forschung bezüglich XAI steht noch am Beginn, und auch für die Philosophie gibt es hier in den kommenden Jahren viel zu tun. Doch es sind nicht nur ethische Analysen gefordert, sondern der Handlungsbedarf wird immer drängender. Regularien wie die *Ethics Guidelines for Trustworthy AI* der EU von 2018, der 2023 vom Europäischen Parlament veröffentlichte *Artificial Intelligence Act (AI Act)* sowie Strategien wie die Entwicklung von Ethik-Labeln für KI sind gefordert, um das Recht auf Nachvollziehbarkeit maschinenbasierter Kognition umzusetzen. Dabei geht es um die Sichtbar- und Messbarmachung von Werten wie Transparenz, Rechenschaftspflicht, Datenschutz, Fairness, Verlässlichkeit und Nachhaltigkeit in Form von messbaren Indikatoren für KI-Anwendungen.[300] Die Debatte um ›trustworthy AI‹ oder ›responsible AI‹ nimmt gerade erst Fahrt auf.[301] Der Informations- und Datenethik treten daher zunehmend die KI-Ethik, aber auch die Roboterethik zur Seite, und die zu verhandelnden Themen sind vielfältig.[302] Daneben etablieren sich neue Formate der Zusammenarbeit: »*Ethics by Design* concerns the methods, algorithms and tools needed to endow autonomous agents with the capability to reason about the ethical aspects of their decisions, and the methods, tools and formalisms to guarantee that an agent's behavior remains within given moral bounds.«[303] Der Industriestandard IEEE 7000-2021 soll den Einbau ethischer Werte in Technik normieren. Dies bedeutet auch, dass angewandte Ethiker und Ethikerinnen zunehmend mit Unternehmen zusammenarbeiten.[304]

Doch wie steht es eigentlich mit der ursprünglichen Motivation, wie sie Searle für die schwache KI formuliert hatte, dass der Wert des Computers »in the study of the mind« liegt.[305] Die aktuellen maschinellen Lernverfahren sind als artifizielle Technologien immer weniger am Gehirn orientiert und können daher auch über Gehirnvorgänge kaum Aufschluss bringen. Dies führt zu der paradoxen Situation, dass wir mit diesen Technologien weder das Gehirn besser verstehen noch die damit implementierte Maschinenkognition. Der fundamentale Unterschied zwischen den maschinellen Lernverfahren mit Künstlichen Neuronalen Netzen (KNNs) und den neurowissenschaftlichen Biological Neuronal Networks (BNNs) besteht in der Art der mathematischen Modellierung und Simulation. Spiking Neural Networks (SNNs) basieren auf Modellen feuernder Neuronen (›integrate-and-fire neurons‹) und nicht auf schaltenden McCulloch-Pitts-Neuronen. Sie berücksichtigen räumliche Aspekte der Gehirnarchitektur, zeitliche Muster der neuronalen Verarbeitung und vieles mehr. SNNs sind komplexe Simulationsmodelle, die versuchen, einen Ausschnitt neuronaler Aktivitäten möglichst genau zu erfassen. Denn das Problem, mit dem SNNs konfrontiert sind, ist ein ganz anderes als die phänomenologischen Probleme der Mustererkennung des maschinellen Lernens. »The mammalian brain contains more than 10^{10} densely packed neurons that are connected to an intricate network. In every small volume of the cortex, thousands of spikes are emitted each millisecond. [...] What is the information contained in such a spatiotemporal pattern of pulses? What is the code used by the neurons to transmit that information? How might other neurons decode the signal? As external observers, can we read the code and understand the massage of the neuronal activity pattern?«[306] SNN-Simulationsmodelle sollen helfen, diese Fragen zu klären, indem die Modelle möglichst biologienah konzipiert sind. Dadurch sind sie sehr komplex und rechenaufwendig.

Doch, und das macht es spannend, bilden sich aktuell neue Verbindungen zwischen Neurowissenschaft und Künstlicher Intelligenz heraus.[307] Hier kommen einerseits die Mustererkennungsfähigkeiten der KNNs ins Spiel, andererseits die beobachtbaren neuronalen Aktivitäten der KNNs. Indem KNNs auf die Daten der Neurowissenschaft angewendet werden – auf die experimentellen Daten der bildgebenden Verfahren wie auf die visualisierten Simulationsdaten –, lassen sich latente Muster der zeitlichen Dynamik der neuronalen Prozesse in den Daten erkennen. Mit diesen Informationen können wiederum die KNNs von Robotern trainiert werden. Eine andere Möglichkeit ist der Vergleich von neuronalen Mustern der KNNs bei der Lösung bestimmter Aufgaben mit den experimentellen Daten von Gehirnaktivitäten bei der Lösung derselben Aufgabe. Die Idee dabei ist folgende: »If researchers can design systems that perform similarly to the brain, [...] their designs can inform ideas about how the brain solves such tasks. That's important, because scientists often don't have a working hypothesis for how the brain operates. Making a machine perform a particular task will give them at least one possible explanation for how the brain achieves the same thing.«[308] Damit könnte sich maschinelles Lernen doch noch als nützliche Forschungsmethode für das Verständnis des gemessenen Gehirns erweisen, auch wenn die epistemischen Probleme der Sensitivität, Interpretierbarkeit, Verstehbarkeit und Erklärbarkeit nach wie vor zu lösen sind.

10. Philosophie des Digitalen

Der Computer respektive das Digitale ist ein komplexes Phänomen, das viele Teilbereiche der Philosophie beschäftigt. Als Maschine ist der Computer Thema der Technikphilosophie. Mit seiner digitalen Epistemik beschäftigt sich die Wissenschaftsphilosophie. Als kognitive Maschine ruft das Digitale die Philosophie des Geistes auf den Plan und als Supermedium die Medienphilosophie. Ähnlich sieht es in der Ethik aus, deren Bereichsethiken sich mit der KI, der Robotik und den Daten beschäftigen. Diese verschiedenen Perspektiven haben bislang eher ein fragmentiertes Feld als eine philosophische Richtung etabliert. Doch angesichts des fundamentalen Einflusses des Digitalen auf alle Aspekte der Lebenswelt ist es an der Zeit, einen systematischen Zugang zur digitalen Wirklichkeit zu entwickeln. Wie aber kann ein solcher systematischer Ansatz, eine allgemeine *Philosophie und Ethik des Digitalen*, aussehen? Was wären die zentralen Fragen und Probleme? Welche Methoden könnten zur Analyse und Diskussion entwickelt werden? Genügen die klassischen philosophischen Herangehensweisen?

Wie auch immer die Antworten und Ansätze in Zukunft ausfallen werden, eines ist zentral: das Digitale nicht als Epiphänomen zu deklassieren, sondern es in seiner Wirkmächtigkeit ernst zu nehmen. Ebendies hat zur aktuellen Etablierung der Digitalitätsforschung geführt und dem neu entwickelten Programm der Digitalitätsforschung in der Deutschen Gesellschaft für Philosophie.[309] Digitalität ist die ›post-digitale‹ Antwort auf die Übermacht des technischen Programms der allumfassenden Digitalisierung. Die jahrzehntelange Aufgeregtheit über die Digitalisierung ist einer ernüchternden Perspektive gewichen; einem »contemporary disenchantment with digital information systems and media gadgets«[310]. Schon die Kritik der »Californian Ideology« dekonstruierte die anfängliche Faszination der digitalen Revolution.[311] Das Interessante dabei ist, wie dies Felix Stadler 2016 für seine *Kultur der Digitalität* formulierte, dass »erst heute, da die Faszination für die Technologie abgeflaut ist und ihre Versprechungen hohl klingen, [...] Kultur und Gesellschaft in einem umfassenden Sinne durch Digitalität geprägt [werden. ...] Diese Hybridisierung und Verfestigung des Digitalen, die Präsenz der Digitalität jenseits der digitalen Medien, verleiht der Kultur der Digitalität ihre Dominanz.«[312] Diese Ernüchterung ermöglicht erst die nötige Distanz, um über die Effekte und Phänomene der Digitalisierung zu reflektieren.

Ganz ähnlich sieht es Jörg Noller in seiner *Philosophie der Digitalität.* »Deswegen soll im Folgenden auch nicht so sehr die Technologie der Digitalisierung im Zentrum stehen als vielmehr dasjenige, was seit einiger Zeit ›Digitalität‹ genannt wird, um die lebensweltliche Bedeutung der Digitalisierung zu betonen. Digitalität zeigt an, dass dasjenige, was mit der Digitalisierung einhergeht – was auf ihr emergiert –, selbst etwas Bedeutungsvolles und Qualitatives ist, was nicht ohne Bedeutungsverlust auf rein technische oder mediale Strukturen reduziert werden kann. Digitalität ist also, kurz gefasst, die *qualitative*, lebensweltliche Seite der Digitalisierung und insofern zunächst vor genereller Technikkritik gefeit. [...] Ganz verschiedene Bereiche und Disziplinen der Philosophie lassen sich unter den Bedingungen der Digitalität neu denken. Tradierte Fragestellungen werden durch die Digitalisierung revitalisiert und neu motiviert.«[313] Der Ansatz von Noller untersucht detailliert die spezifische Raum-Zeit-Logik der Digitalität (Ubipräsenz), das spezifische Verhältnis von Subjektivität und Objektivität im Rahmen der Digitalität (Interobjektivität) sowie die spezifische Interobjektivität des Digitalen aus subjektiver Perspektive (Transsubjektivität) und fasst so die lebensweltliche Wirkmächtigkeit des Digitalen auf Basis dieser neuen Kategorien.

Worin liegt der Unterschied zwischen einer Philosophie und Kultur der Digitalität und einer Philosophie des Digitalen? Auch wenn eine gewisse Ernüchterung an die Stelle der naiven Euphorie über die Digitalisierung getreten ist – und dies ist aufgrund der kommerziellen und monopolistischen Dynamiken mit ihren individuellen wie gesellschaftlichen Gefährdungen auch dringend erforderlich –, so ist die Reflexion der technologischen Bedingungen des Digitalen unabdingbar, um die kulturelle Tragweite der digitalen Transformation zu verstehen. Denn die Digitalität trägt die Prägemale der technologischen Bedingungen in sich, transferiert sie ins Gesellschaftliche, Kulturelle und Individuelle und subsumiert unsere Lebenswelt zusehends unter diese Bedingungen. Der philosophische Ansatz, wie er in diesem Einführungsband präsentiert wird, ist daher eine um die Reflexion der technologischen Bedingungen des Digitalen erweiterte Philosophie der Digitalität; oder, zusammengefasst, eine *Philosophie des Digitalen.* Als solche muss sie für beide Aspekte des Digitalen – Digitalisierung wie Digitalität – Einblicke in die jeweiligen Denkweisen, Debatten und Methoden geben.

Um diese Einblicke in die Denkweisen, Debatten und Methoden zu systematisieren, wurde die *Philosophie des Digitalen* zum einen von einer *Digitalen Philosophie* unterschieden, die als Teildisziplin der Digital Humanities computergestützte Verfahren und digitale Ressourcen für ihre Forschung nutzt. Zum anderen wurde durch die Unterscheidung von Struktur und Signatur des Digitalen ein systematischer Zugang vorgeschlagen.

Die *Struktur* analysiert die geistesgeschichtlichen und technologischen Bedingungen der Digitalisierung, insbesondere die Ersetzungsverhältnisse, die im Laufe der Entwicklung das Digitale erst ermöglicht haben. Es sind die ›Kunstgriffe‹ der Ersetzungen von René Descartes und Gottfried Wilhelm Leibniz bis heute, um Qualitatives in Formal-Quantitatives zu transformieren, die »die *qualitative*, lebensweltliche Seite der Digitalisierung«, also die Digitalität respektive *Signatur* des Digitalen prägen.[314] In der Analyse dieser Transformationskette vom Qualitativen ins Formal-Quantitative und vom Formal-Quantitativen ins qualitativ Lebensweltliche liegt die wesentliche Aufgabe einer Philosophie des Digitalen. Ohne das Verständnis der gesamten Transformationskette ist »der kulturelle und soziale Niederschlag der technischen Seite dieses Wandels [...], der sich in Gestalt neuer, komplexer Dispositive in den vergangenen circa 20 Jahren formierte, unsere Alltagswelt auf nahezu allen Ebenen prägt und neue Handlungsroutinen, Kommunikationsnormen, soziale Strukturen, Identitätsmodelle, Raumvorstellungen etc. hervorbringt sowie politische, wirtschaftliche und kulturelle Effekte der Digitalisierung umfasst«, nicht vollständig durchdrungen.[315] Insbesondere der Übergang von der Struktur zur Signatur, also vom Formal-Quantitativen ins qualitativ Lebensweltliche bedarf der philosophischen Analyse. Solange keine belastbare Theorie dieses Übergangs vorliegt, bleibt dieser rätselhaft, womit der Digitalität mehr zugeschrieben wird, als sie imstande ist tatsächlich zu leisten.

Die Philosophie des Digitalen versteht sich als Kritik; als Digitalisierungskritik, die die Ersetzungsverhältnisse durch die Analyse der Kunstgriffe in der Formalisierung und Quantifizierung des Qualitativen offenlegt wie auch die damit einhergehenden reduktiven wie erweiternden Effekte untersucht. Denn es sind diese Effekte der Digitalisierung, die sich als Verfremdungseffekte in der Transformationskette niederschlagen und in der Signatur des Digitalen zeigen; als Digitalitätskritik, die die Selbstverständlichkeiten der qualitativen, lebensweltlichen Seite der Digitalisierung, also der Signatur der digitalen Lebenswelt respektive Wirklichkeit, offenlegt – wie von Hans Blumenberg für die Technisierung der Lebenswelt aus phänomenologischer Perspektive vorgeschlagen.[316] Schließlich als semiotische Kritik des Übergangs von der Struktur zur Signatur, und diese Kritik ist eventuell die herausforderndste. Die skizzierte Symboltheorie von Nelson Goodman kann hier nur erste Hinweise liefern.

Mit der Kritik der strukturellen Ersetzungsverhältnisse, der signifikanten Selbstverständlichkeiten sowie des semiotischen Übergangs von der Struktur zur Signatur ist ein Forschungsprogramm einer Philosophie des Digitalen skizziert. Die Frage, die sich jedoch stellt, ist die nach den Methoden einer solchen Kritik. Kritik als normative Methode wie als kritische Analyse der Begriffe, Ansätze, Verfahren und Anwendungen des Digitalen, wie in der Philosophie üblich, ist dabei natürlich zentral. Doch eine solche Kritik stößt auf zwei grundlegende Probleme. Zum einen ist eine tiefgreifende Analyse auf gewisse mathematische und informatische Kenntnisse angewiesen oder zumindest ein gewisses Verständnis davon. Insbesondere eine Kritik der informatischen Verfahren, Methoden und Algorithmen erfordert es, die wissenschaftliche Literatur analysieren zu können. Dies ist kein leichtes Unterfangen. Inwiefern dazu, so weit möglich, auch Einblicke in Software, nötig sind, ist offen. Hier zeichnet sich ein interessantes Tätigkeitsfeld einer Digitalen Philosophie ab, die mithilfe von Softwaretools einen intuitiveren Zugang zu Algorithmen, Code und Software geben kann. Code Studies oder Software Studies sind Forschungsfelder, die sich aktuell in den Medienwissenschaften, aber auch in der Logik wie in der Wissenschafts- und Technikforschung etablieren.[317] Die Philosophie kann hiervon sicherlich profitieren, wenn sie eigene Ansätze entwickelt, die genuin philosophische Fragestellungen in den Blick nehmen, wie dies für die eXplainable AI (XAI)-Forschung der Fall ist.[318]

Zum anderen stößt eine philosophische Kritik des Digitalen auf einen hermeneutischen Widerspruch. Das Digitale ist ein semiotisch Verfasstes und Software eine neue Textkategorie autooperativer Schriften. Als solche lässt sie sich auch hermeneutisch analysieren und verstehen, insbesondere bezüglich ihrer Ersetzungsverhältnisse ›salva veritate‹, wie dies der Informatiker Donald Knuth in seinem Klassiker *The Art of Computer Programming* am Beispiel von Sortieralgorithmen deutlich gemacht hat. »Although dictionaries of the English language define ›sorting‹ as the process of separating or arranging things according to class or kind, computer programmers traditionally use the word in the much more special sense of marshaling things into ascending or descending order. The process should perhaps be called ordering, not sorting; but anyone who tries to call it ›ordering‹ is soon led into confusion because of the many different meanings attached to that word. [...] Some people have suggested that ›sequencing‹ would be the best name for the process of sorting into order; but this word often seems to lack the right connotation, especially when equal elements are present, and it occasionally conflicts with other terminology.«[319] Entsprechend zahlreich sind die autooperativen Interpretationen des Sortierens durch Algorithmen. Ähnlich verhält es sich mit den Ersetzungsverhältnissen zur Definition von Künstlicher Intelligenz, maschinellem Lernen und so weiter. Eben diese Vieldeutigkeit der autooperativen Verfahren in der Umsetzung ›desselben‹ Konzepts ist Thema einer Hermeneutik der digitalen Wirklichkeit.

Doch, und hier zeigt sich der hermeneutische Widerspruch, diese Texte müssen als autooperative in ihrer Performativität eindeutig sein und nehmen so die Vereindeutigung der digitalen Wirklichkeit im Konkreten vor.[320] Oder in anderen Worten: Die Empirie des Digitalen ist eindeutig, die Konstitution ist es nicht. Der hermeneutische Widerspruch kommt ins Spiel, da wir auf der Anwenderseite sitzen und in der Regel nicht auf der Produzentenseite der Digitalität. Hinzu kommt die zunehmende kognitive Akteurialität und Autonomie des Digitalen, die uns mehr und mehr Entscheidungen abnimmt. Verstärkt wird die Vereindeutigung sowohl durch den Positivismus erfolgreicher Anwendungen als auch angesichts der zunehmend monopolistisch auftretenden (erfolgreichen) Kommerzialisierung des Digitalen durch einige wenige Plattformen und Dienste globaler Reichweite. Dadurch wird die digitale Wirklichkeit zunehmend weniger kontingent; ein Es-könnte-auch-anders-Sein immer weniger vorstellbar. Gerade deshalb braucht es eine fundamentale, philosophische Kritik des Digitalen in seiner gesamten Komplexität, eine Kritik der »High Church of Computationalism«, wie Daniel Dennett dies vor langer Zeit bezüglich der starken KI genannt hat.[321] Heute geht es jedoch um sehr viel mehr, es geht um nichts weniger als die Vielfalt unserer Lebenswelt und Lebensweisen.

Anhang

Anmerkungen

Einleitung

1 Das Portal *Statista* veröffentlicht Statistiken rund um das Internet: beispielsweise, was alle 60 Sekunden im Internet geschieht, wie viele Smartphone-Nutzer es weltweit gibt und wie groß die Datenmenge weltweit ist. https://de.statista.com/.

2 Vgl. Gramelsberger, »Aware-IT/Care-IT: Die Folgen des technologisch Unbewussten für unser Subjektverständnis«.

3 Weiser, »The computer for the 21st century«, S. 94.

4 Vgl. Hörl, *Die technologische Bedingung.*

5 Vgl. Blumenberg, *Die Lesbarkeit der Welt.*

6 Vgl. Blumenberg, »Lebenswelt und Technisierung unter Aspekten der Phänomenologie«.

7 Leibniz, »De analysi situs«, S. 76.

8 Vgl. Gramelsberger, *Operative Epistemologie.*

9 In der vorliegenden Einführung wird jeweils die Genderform benutzt, die sich in Bezug auf die referenzierten Autoren und Autorinnen ergibt.

1. Das Programm der Operationalisierung des Geistes

10 Greve, »Entdeckung der binären Welt«, S. 22.

11 Bacon, *Neu Atlantis*, S. 43.

12 Vgl. Gramelsberger, *Operative Epistemologie.*

13 Descartes, *Abhandlung über die Methode*, Kap. II, Abs.11.

14 Vgl. Kant, *Metaphysische Anfangsgründe der Naturwissenschaft.*

15 Vgl. Krämer & Bredekamp, *Bild – Schrift – Zahl*; Maye, »Was ist eine Kulturtechnik?«.

16 Descartes, *Regeln zur Ausrichtung der Erkenntniskraft*, Regel XVII.

17 Kant, *Kritik der reinen Vernunft*, Vorrede B XIII.
18 Die Sachlage ist etwas komplizierter, vgl. Popper, *Logik der Forschung*, oder Hacking, *Representing and Intervening*.
19 Leibniz, *Discours de métaphysique*, § 24.
20 Descartes, *Abhandlung über die Methode*, Kap. II, Abs. 13.
21 Locke, *Versuch über den menschlichen Verstand*, Einleitung, §2.
22 Ebd., 4. Buch, Kap. 1, §2.
23 Ebd., 4. Buch, Kap. 11, §3.
24 Hume, *Eine Untersuchung in Betreff des menschlichen Verstandes*, Kapitel XII, Abschnitt 3, S. 152.
25 Magnus übersetzt in: Sturlese, *Die deutsche Philosophie des Mittelalters*, S. 344.
26 Vgl. Stegmüller, *Das Problem der Induktion*.
27 Hume, *Eine Untersuchung in Betreff des menschlichen Verstandes*, Kapitel VII, Abschnitt 1, Abs. 56.
28 Lenders, *Die analytische Begriffs- und Urteilstheorie von G.W. Leibniz und Chr. Wolff*, S. 17.
29 Die Idee des isomorphen Abbildungsverhältnisses von Begriffssprache (Ideen) und Welt ist bis heute zentral für die Logik wie auch die Digitalität und muss begründet werden. Hier hatte Leibniz mit seinem Determinismus ab initio (prästabilierte Harmonie) den Vorteil, einen solchen Isomorphismus zwischen Ideen und Welt einfach voraussetzen zu können.
30 Leibniz, »Betrachtungen über die Erkenntnis, die Wahrheit und die Ideen«, S. 14.
31 Leibniz, *Allgemeine Untersuchungen über die Analyse der Begriffe und Wahrheiten*, insb. §60 ff.
32 Lenders, *Analytische Begriffs- und Urteilstheorie*, S. 47.
33 Leibniz, »De analysi situs«, S. 76.
34 Ebd., S. 76.
35 Descartes, *Meditationen über die Erste Philosophie*, S. 20.
36 Vgl. Gödel, »Die Vollständigkeit der Axiome des Funktionskalküls«.

2. Das Programm der Formalisierung der Sprache

37 Trendelenburg, »Über Leibnizens Entwurf einer allgemeinen Charakteristik«. Vgl. dazu Peckhaus, *Logik, Mathesis universalis und allgemeine Wissenschaft*.

38 Krämer, *Berechenbare Vernunft*, S. 103.
39 van Maanen, »Vorläufer der Differential- und Integralrechnung«, S. 45.
40 Wußing, *Die Genesis des abstrakten Gruppenbegriffes*, S. 15.
41 Krämer, *Symbolische Maschinen*, S. 129.
42 Boole, *Mathematical Analysis of Logic*, S. 4.
43 Ebd., S. 4–5.
44 Ebd., S. 20.
45 Boole, *An Investigation of the Laws of Thought*, S. 27.
46 Ebd., S. 33.
47 Schröder, *Operationskreis des Logikkalküls*, S. 6.
48 Frege, *Grundgesetze der Arithmetik*, S. XV.
49 Boole, *An Investigation of the Laws of Thought*, S. 27.
50 Vgl. Gardner, *Logic Machines and Diagrams*; Kneale & Kneale, *The Development of Logic*.
51 Marquand, »A New Logical Machine«, S. 268.
52 Peirce, »Description of a Notation for the Logic of Relatives, Resulting from an Amplification of the Conceptions of Boole's Calculus of Logic«.
53 Peirce, »Logical Machines«, S. 12.
54 Vgl. Gödel, »Die Vollständigkeit der Axiome des Funktionskalküls«.
55 Vgl. Gödel, »Über unentscheidbare Sätze« und »Über formal unentscheidbare Sätze der *Principia mathematica* und verwandter Systeme I«.
56 Turing, »On Computable Numbers«, S. 230.
57 Coy, »Gutenberg und Turing«, S. 71; vgl. Mainzer, *Computer – Neue Flügel des Geistes?*.
58 Vgl. Cassirer, *Substanzbegriff und Funktionsbegriff*.

3. Das Programm der Elektrifizierung der Sprache

59 Nyquist, »Certain Topics in Telegraph Transmission Theory«, S. 620 ff.
60 Hartley, »Transmission of Information«, S. 536.
61 Shannon, »A Mathematical Theory of Communication«, S. 385.

62 Vgl. Bernhart et al., *Quantitative Ansätze in den Literatur- und Geisteswissenschaften*; Bernhart, »Von Aalschwanzspekulanten bis Abendrotlicht«.
63 Vgl. Markov, *Wahrscheinlichkeitsrechnung*; von Hilgers & Velminski (Hrsg.), *Andrej A. Markov. Berechenbare Künste.*
64 Shannon, »A Mathematical Theory of Communication«, S. 385.
65 Ebd., S. 385.
66 Ebd., S. 393.
67 Ebd., S. 389.
68 Ebd., S. 379.
69 Vgl. Bush & Hazen, »The differential analyzer«.
70 Shannon, »A Symbolic Analysis of Relay and Switching Circuits«, S. 475.
71 Wittgenstein, *Tractatus logico-philosophicus*, 5.101.
72 Wiener, *Kybernetik*, S. 29.
73 Shannon, »A Mathematical Theory of Communication«, S. 379.
74 Vgl. Gramelsberger, *Operative Epistemologie*, S. 316 ff.
75 Braun, »Versuche über Abweichungen vom Ohmschen Gesetz in metallisch leitenden Körpern«.
76 Queisser, *Kristallene Krisen*, S. 181.
77 Vgl. von Klitzing, *Grenzen der Mikroelektronik: Quantenphänomene in mikrostrukturierten Halbleitern.*
78 Ceruzzi, *A History of Modern Computing*, S. 21.
79 Goldstine & von Neumann, »Planning and Coding Problems for an Electronic Computing Instrument, Part II, Vol. 1«, S. 85.
80 Vgl. Grier, *When Computers Were Human*; Tobies, *›Aller Männerkultur zum Trotz‹. Frauen in Mathematik und Naturwissenschaften*; Krämer, *Ada Lovelace.*
81 Hopper, »The education of a computer«, S. 243, 244.
82 Backus, »Programming in America in the 1950s«, S. 131, Anm. 5.
83 Vgl. Schneider, *Textiles Prozessieren.*
84 Vgl. Krajewski, *Zettelwirtschaft.*
85 Johnson, »A Numerically Controlled CAM-Milling Machine«, S. 80.
86 Weizenbaum, *Die Macht der Computer und die Ohnmacht der Vernunft*, S. 116.
87 Formale Korrektheitsbeweise für Programme wurden früher manuell durchgeführt und waren daher limitiert. Doch mit Fortschritten in

der interaktiven Theorem-Beweis-Technologie ändert sich die Situation aktuell. Projekte wie *CompCert* von Xavier Leroy versuchen vollständig verifizierte Compiler für spezifische Programmiersprache zu realisieren; vgl. Leroy 2009.

4. Das Programm der Automatisierung des Geistes

88 Weizenbaum, *Die Macht der Computer und die Ohnmacht der Vernunft*, S. 116.
89 Peirce, »Logical Machines«, S. 12.
90 Leibniz, »De analysi situs«, S. 76.
91 Boole, *An Investigation of the Laws of Thought*, S. 27.
92 Peirce, »Description of a Notation for the Logic of Relatives, Resulting from an Amplification of the Conceptions of Boole's Calculus of Logic«, S. 317.
93 Newell & Simon, »Computer Science as Empirical Inquiry: Symbols and Search«.
94 John Searle führte die Unterscheidung von starker und schwacher KI 1980 ein. Vgl. Searle, »Minds, Brains, and Programs«; Bostrom, *Superintelligenz*.
95 Newell & Simon, »GPS, a Program That Simulates Human Thought«, S. 109.
96 Newell et al., *Report on a general problem-solving program*, S. 8, 9.
97 McDermott, »Artificial Intelligence Meets Natural Stupidity?«, S. 4.
98 Descartes, *Abhandlung über die Methode*, Kap. II, Abs. 11.
99 Turing, »Computing machinery and intelligence«, S. 452.
100 Ebd., S. 32.
101 Rosenblueth et al., »Behavior, Purpose and Teleology«, S. 19, 20, 21.
102 Vgl. Pias (Hrsg.), *Cybernetics*; Stefan Rieger, *Kybernetische Anthropologie*.
103 Günther, »Die ›zweite‹ Maschine«, paraphrasiert in Hörl, »Die offene Maschine. Heidegger, Günther und Simondon über die technologische Bedingung«, S. 635.
104 Vgl. Heidegger, »Die Herkunft der Kunst und die Frage nach der Bestimmung des Denkens« sowie die Kritik daran von Lenk, *Philosophie im technischen Zeitalter.*

105 Vgl. Schelling, *Ideen zu einer Philosophie der Natur*; vgl. Cheung, *Organismen. Agenten zwischen Innen- und Außenwelten 1780–1860*; Gramelsberger, »Zum Problem der Auflösung anthropologischer Ambiguitäten«.

106 Turing, »Computing machinery and intelligence«, S. 460.

107 Ebd., S. 452.

108 Ebd., S. 457, 459.

109 Vgl. McCulloch & Pitts, »How we know universals. The perception of visual and auditory forms«.

110 Vgl. Hebb, *The organization of behavior*.

111 Vgl. Minsky, *Theory of neural-analog reinforcement systems and its application to the brain-model problem*.

112 Rosenblatt, »The perceptron: a probabilistic model for information storage and organization in the brain«, S. 387.

113 Vgl. Olazaran, »A Sociological Study of the Official History of the Perceptrons Controversy«.

114 Vgl. Fukushima, »Neocognitron: A Hierarchical Neural Network Capable of Visual Pattern Recognition«; Rummelhart et al., »Learning representations by back-propagating errors«.

115 Vgl. Nilsson, *The Quest for Artificial Intelligence*; Mainzer, *Künstliche Intelligenz – Wann übernehmen die Maschinen?*. Am Deutschen Museum München gab es beispielsweise von 2019 bis 2022 das Forschungsprojekt »IGGI – Ingenieur-Geist und Geistes-Ingenieure: Eine Geschichte der Künstlichen Intelligenz in der BRD«.

116 Silver et al., »A general reinforcement learning algorithm that masters chess, shogi, and Go through self-play«, S. 1140.

5. Digitale Philosophie

117 Die *Digitale Philosophie*, wie sie hier verstanden wird, ist von einer Forschungsrichtung der Physik zu unterscheiden, die ebenfalls unter dem Begriff ›Digital Philosophy‹ operiert. Diese Forschungsrichtung verfolgt die theoretische Perspektive, dass das Universum durch Information beschreibbar ist; beispielsweise im Sinne Stanisław Ulams ›Zellulärer Automaten‹ oder Konrad Zuses ›Rechnender Raum‹. Vgl. Fredkin, »An Introduction to Digital Philosophy«.

118 Vgl. Grim & Singer, »Computational Philosophy«; Grim, »Computational modeling as a philosophical methodology«.

119 Der Philosoph Wilhelm Dilthey unterschied die hermeneutische Methode der Geisteswissenschaften von der explikativen Methode der Naturwissenschaften. Aufgabe der Geisteswissenschaften ist nach Dilthey die Erforschung der Erzeugnisse des menschlichen Geistes, die, da von Menschen hervorgebracht, verstanden werden können. Vgl. Dilthey, *Einleitung in die Geisteswissenschaften*; Rodi & Kühne-Bertram, *Dilthey und die hermeneutische Wende in der Philosophie.*

120 Vgl. Bernhart et al., *Quantitative Ansätze in den Literatur- und Geisteswissenschaften*; Bernhart, »Von Aalschwanzspekulanten bis Abendrotlicht«.

121 Vgl. Markov, *Wahrscheinlichkeitsrechnung*; von Hilgers & Velminski, *Andrej A. Markov. Berechenbare Künste.*

122 *Index Thomisticus* http://www.corpusthomisticum.org

123 Vgl. Beloof, »Distance and Surfaces: The Poetry of Josephine Miles«.

124 Moretti, »Conjectures on World Literature«, S. 57.

125 Jean-Baptiste Michel et al., »Quantitative Analysis of Culture Using Millions of Digitized Books, co-authored by Harvard researchers«, S. 182; *Culturomics* http://www.culturomics.org.

126 Goulet, »Ancient philosophers: a first statistical survey«, S. 10.

127 Ebd., S. 12.

128 *Daria* https://www.dariah.eu/; *Text+*: Sprach- und textbasierte Forschungsdateninfrastruktur https://www.text-plus.org/; *TextGrid* https://textgrid.de/.

129 Vgl. Gold, *Debates in the Digital Humanities*; Huber & Krämer, *Wie Digitalität die Geisteswissenschaften verändert: Neue Forschungsgegenstände und Methoden.*

130 Heßbrüggen-Walter, »Philosophie als digitale Geisteswissenschaft«, https://zfdg.de/sb003_006.

131 *Philos-L* https://www.liverpool.ac.uk/philosophy/philos-l/; *Stanford Encyclopedia of Philosophy* https://plato.stanford.edu/; *Philosophers' Imprint* https://journals.publishing.umich.edu/phimp/; *The Internet Archive* https://archive.org/; *Projekt Gutenberg* https://www.projekt-gutenberg.org/.

132 Gehring, »DH« vs. auxiliäre Digitalität, Vortrag Workshop »Digital Humanities – Die Zukunft der Geisteswissenschaften?« an der RWTH Aachen am 15.12.2017.

133 Vgl. Martin, »Der Allgemeine Kantindex und seine elektronischen Probleme«.

134 Gehring, »Digitalisierung, Digitalisate und Digitalität von Forschungsprozessen: Wo findet sich die Philosophie?«, https://digigeist.hypotheses.org/138.

135 Krämer, »Die Suspendierung des Buchstäblichen«.

136 Malaterre et al., »What Is This Thing Called Philosophy of Science? A Computational Topic-Modeling Perspective«, S. 215; vgl. Speer, »Blind spots of digital editions«.

137 Weinberg, »A History of Philosophy Journals Using Topic Modeling (guest post by Brian Weatherson)«; Weatherson, *A History of Philosophy Journals.*

138 Heßbrüggen-Walter, »Philosophie als digitale Geisteswissenschaft«; *Six Degrees of Francis Bacon* http://www.sixdegreesoffrancisbacon.com.

139 *Graphing the History of* Philosophy https://coppelia.io/2012/06/graphing-the-history-of-philosophy/; *Gephi – The Open Graph Viz Platform* https://gephi.org/.

140 *Tractatus Network* https://tractatus.gitlab.io.

141 *ArguMap* https://appsolutelyfun.com/argumap.html; *ArguNet* http://www.argunet.org/; *Lexikon der Argumente* https://www.philosophie-wissenschaft-kontroversen.de; *Indiana Philosophy Ontology* (InPhO) project https://www.inphoproject.org/. Vgl. Buckner et al., »From Encyclopedia to Ontology: Toward Dynamic Representation of the Discipline of Philosophy«.

142 Pence & Ramsey, »How to Do Digital Philosophy of Science«, S. 930.

143 Pence, »Testing and Discovery: Responding to Challenges to Digital Philosophy of Science«, S. 241.

144 Vgl. Lean et al., »Digital Literature Analysis for Empirical Philosophy of Science«; Rogers, *Digital Methods.*

145 Murdock et al., »Exploration and Exploitation of Victorian Science in Darwin's Reading Notebooks«, S. 117–118.

146 Colmerauer & Roussel, »The birth of prolog«, S. 331.

147 Robinson, »A Machine-oriented Logic Based on the Resolution Principle«.
148 Vgl. Pease & Benzmüller, »Knowledge Engineering Tools«; *DebateLab* https://debatelab.philosophie.kit.edu/; *CSS Lab* https://www.css-lab.rwth-aachen.de.
149 Vgl. bspw. Calude & Longo, »The Deluge of Spurious Correlations in Big Data«.
150 Forschungsarbeitsgemeinschaft »Philosophie der Digitalität / Philosophische Digitalitätsforschung« der Deutschen Gesellschaft für Philosophie https://digitale-philosophie.de/.

6. Kulturtechnik des Digitalen

151 Vgl. Blumenberg, »Lebenswelt und Technisierung unter Aspekten der Phänomenologie«.
152 Maye, »Was ist eine Kulturtechnik?«, S. 121, 122; vgl. Bredekamp & Krämer, »Kultur, Technik, Kulturtechnik«.
153 Kittler, *Grammophon Film Typewriter*, S. 7 f.
154 Vgl. Winkler, *Prozessieren. Die dritte, vernachlässigte Medienfunktion.*
155 Queisser, *Kristallene Krisen*, S. 181.
156 Vgl. Krämer, *Symbolische Maschinen*; Krämer, »Operationsraum Schrift«; Grube, »Autooperative Schrift«.
157 Grube, »Autooperative Schrift«, S. 82.
158 Peirce wiedergegeben in Walther, *Allgemeine Zeichenlehre*, S. 48.
159 Leibniz, »De analysi situs«, S. 76.
160 Goodman, *Sprachen der Kunst*, S. 120; vgl. Gramelsberger, *Semiotik und Simulation: Fortführung der Schrift ins Dynamische.*
161 Siemens-Prozess zur Herstellung ultrareinen Siliziums; vgl. Queisser, *Kristallene Krisen.*
162 Goodman, *Sprachen der Kunst*, S. 146.
163 Ebd., S. 148.
164 Ebd., S. 150–151.
165 Ebd., S. 141.
166 Tarski, »Die semantische Konzeption der Wahrheit und die Grundlagen der Semantik«, S. 143–144.
167 Ebd., S. 147.
168 Heidegger, »Die Frage nach der Technik«, S. 16.

169 Priestley & Haigh, »Working on ENIAC: The Lost Labors of the Information Age«.

7. Ontologie des Digitalen

170 Noller, *Philosophie der Digitalität*, S. 64; vgl. Floridi, *The Onlife-Manifesto.*

171 Noller, *Philosophie der Digitalität*, S. 45.

172 Ebd., S. 48.

173 Hui, *On the Existence of Digital Objects*, S. 1, 2. In ähnlicher Weise hat sich Felix Stadler in seinem Buch *Kultur des Digitalen* mit der Relationalität des Digitalen beschäftigt.

174 Nake, »Surface, Interface, Subface«, S. 105.

175 Brey, »The physical and social reality of virtual worlds«, S. 43.

176 Vgl. Feige et al., *Philosophie des Computerspiels*; Pias, *Computer Game Worlds.*

177 In der Elektronik bedeutet ein Glitch eine temporäre Falschaussage in logischen Schaltungen. Dies kann zu Artefakten oder Abstürzen führen. Aus medienphilosophischer Perspektive ist dieses Sichtbarwerden der Subface als Eigensinn des Mediums oder als Störung von Interesse. Vgl. Krämer, »Das Medium als Spur und als Apparat«; Rautzenberg, *Die Gegenwendigkeit der Störung.*

178 Vgl. Heidegger, »Die Frage nach der Technik«; Kasprowicz, *Der Körper auf Tauchstation. Zu einer Wissensgeschichte der Immersion.*

179 Vgl. Merleau-Ponty, *Phänomenologie der Wahrnehmung.*

180 Husserl, *Die Krisis der europäischen Wissenschaften und die transzendentale Phänomenologie*, S. 36, 38; vgl. Houben & Prietl, *Datengesellschaft: Einsichten in die Datafizierung des Sozialen.*

181 Platon, *Platons Dialoge Timaios und Kritias*, 115a–115b.

182 Vgl. Helbig, *Die semantische Struktur natürlicher Sprache – Wissensrepräsentation mit MultiNet.*

183 MultiNet findet insbesondere im ›Natural Language Processing‹ (NLP) Anwendungen, einem Bereich der Computerlinguistik. Letztere wurde unter anderem von Saul Kripkes und Richard Montagues Sprachlogik sowie von Noam Chomskys generativer Grammatik beeinflusst. Vgl. Kripke, *Naming and Necessity*; Montague, *Formal Philosophy*; Chomsky, *Syntactic Structures.*

184 In OWL ist beispielsweise der Begriff ›Frau‹ definiert »als eine <Person> mit dem Wert <female> im Property <gender>, das der Klasse <Gender> angehören muss.« https://de.wikipedia.org/wiki/Web_Ontology_Language.

185 Hui, *On the Existence of Digital Objects*, S. 68.

186 Caplan et al., »Algorithmic Accountability«, S. 7; vgl. Noble, *Algorithms of Oppression: How Search Engines Reinforce Racism.*

187 Kitchin, »Thinking critically about and researching algorithms«, S. 1.

188 Vgl. *ProPublica. Investigative Journalism in the Public Internet.* www.propublica.org/series/machine-bias.

189 Vgl. Brentano, *Psychologie vom empirischen Standpunkt.*

190 Kant, *Kritik der reinen Vernunft*, AIV; vgl. Husserl, *Die Idee der Phänomenologie.*

191 Vgl. Searle, *Intentionality.*

192 Vgl. Dennett, *The intentional stance*; Dennett, »Intentional Systems«.

193 Dennett, *The intentional stance*, S. 15.

194 Rosenblueth et al., »Behavior, Purpose and Teleology«, S. 19.

195 Kitchin, »Thinking critically about and researching algorithms«, S. 1.

196 Noller, *Philosophie der Digitalität*, S. 9.

197 Ebd., S. 32.

198 Kant, *Kritik der reinen Vernunft*, B 202.

199 Vgl. Gramelsberger, »Es schleimt, es lebt, es denkt. Eine Rheologie des Medialen«; Gramelsberger, »Zum aktuellen Problem der Nivellierung anthropologischer Ambiguitäten«; Gramelsberger, »Algorithm Awareness. Towards a Philosophy of Artifactuality«.

200 Vgl. *TOP500 Liste* (November 2022) unter https://www.top500.org.

8. Phänomenologie des Digitalen

201 Bachelard, *Die Bildung des wissenschaftlichen Geistes*, S. 111.

202 Kant, *Kritik der reinen Vernunft*, Vorrede B XII.

203 Ebd., Vorrede B XIII.

204 Bachelard, *Der neue wissenschaftliche Geist*, S. 18.

205 Vgl. Husserl, *Die Krisis der europäischen Wissenschaften und die transzendentale Phänomenologie*, S. 52 ff.

206 Blumenberg, »Lebenswelt und Technisierung unter Aspekten der Phänomenologie«, S. 26.

207 Weiser, »The Computer for the 21st Century«, S. 94.
208 Ebd., S. 94.
209 Vgl. Merleau-Ponty, *Phänomenologie der Wahrnehmung.*
210 Polanyi, *Implizites Wissen*, S. 19.
211 Ebd., S. 21.
212 Es gibt eine umfangreiche Debatte zum ›embodied mind‹-Problem. Vgl. Gallagher, *How the Body Shapes the Mind*; Shapiro & Spaulding, »Embodied Cognition«.
213 Weiser, »The Computer for the 21st Century«, S. 94.
214 Thrift, »Remembering the technological unconscious by foregrounding knowledges of position«, S. 182, 185.
215 Heidegger, *Sein und Zeit*, S. 69.
216 Vgl. Derrida, *Die Stimme und das Phänomen*, S. 46 ff.
217 Clough, *Auto-Affection*, S. 17. Vgl. Clough, *The Affective Turn: Theorizing the Social.*
218 Heath, »Representing Television«, S. 294. Vgl. Bösel & Wiemer, *Affective Media and Policy*; Angerer, *Nichtbewusst. Affektive Kurzschlüsse zwischen Psyche und Maschine.*
219 2010 wird mit Siri von Apple der Sprachzugang zur mobilen Welt möglich, gefolgt 2014 von Amazons Alexa. Beide bedenklicherweise »ganz in der Tradition des dienstbaren weiblichen Geistes«. Angerer & Bösel, »Capture All, oder: Who's Afraid of a Pleasing Little Sister?«, S. 54.
220 Vgl. Picard, *Affective Computing*; Gramelsberger, »Affective Computing«.
221 Vgl. Ekman & Friesen, »Measuring Facial Movement«; Cohn & De La Torre, »Automated Face Analysis for Affective Computing«.
222 Thrift, »Remembering the technological unconscious by foregrounding knowledges of position«, S. 182, 185.
223 Vgl. Petre et al., »›Gaming the System‹: Platform Paternalism and the Politics of Algorithmic Visibility«.
224 Cohn & De La Torre, »Automated Face Analysis«, S. 140. Vgl. Gramelsberger, »Emotion Mark-up Language – Die Maschinenlesbarkeit menschlicher Expressivität«.
225 Dilthey, *Einleitung in die Geisteswissenschaften*, S. XVIII. Vgl. Schopenhauer, *Die Welt als Wille und Vorstellung*; Plessner, *Die Stufen des Organischen und der Mensch.*

226 Zentraler Vordenker dieser grenzrealisierenden Subjektivität ist Arthur Schopenhauer. Vgl. Schopenhauer, *Die Welt als Wille und Vorstellung*.
227 Plessner, »Die Frage nach der Conditio humana«, S. 177.
228 Fischer, »Exzentrische Positionalität«, S. 281.
229 Vgl. Gramelsberger, »Zum Problem der Auflösung anthropologischer Ambiguitäten«.
230 Vgl. Lindemann, »Die Verschränkung von Leib und Nexistenz«.
231 Pantzar & Ruckenstein, »The heart of everyday analytics«, S. 6. Vgl. Reichert, »Digitale Selbstvermessung«; Olson, »The Quantified Others«.
232 Zuboff, *Das Zeitalter des Überwachungskapitalismus*, S. 22.
233 Thrift, »Remembering the technological unconscious by foregrounding knowledges of position«, S. 175.
234 Amoore, *The Politics of Possibility*, S. 3.
235 Vgl. Kitchin, »Thinking critically about and researching algorithms«.
236 Vgl. Courtland, »Bias detectives«.
237 Chun, *Discriminating Data Correlation*, S. 96. Vgl. Bowker & Star, *Sorting Things Out: Classification and Its Consequences.*
238 Ebd., S. 52.
239 Floridi & Taddeo, »What is data ethics?«, S. 3; Nida-Rümelin & Weidenfeld, *Digitaler Humanismus*; Schirrmacher, *Technologischer Totalitarismus.*
240 *Deutscher Ethikrat*, https://www.ethikrat.org/; *EU General Data Protection Regulation* (GDPR), https://gdpr-info.eu/.

9. Epistemologie des Digitalen

241 Vgl. Bostrom, *Superintelligenz*; Chalmers, »The Singularity: A Philosophical Analysis«.
242 Leibniz im Nachweis bei: Goldstine, *The Computer from Pascal to von Neumann*, S. 8.
243 Vgl. Grier, *When Computers were Human.*
244 Bergmann et al., *Lehrbuch der Experimentalphysik*, S. 478–479.
245 Goldstine & von Neumann, »On the Principles of Large Scale Computing Machines«, S. 4.
246 Vgl. Nebeker, *Calculating the Weather.*

247 Glimm et al., *The Legacy of John von Neumann*, S. 185.
248 Vgl. Heymann et al., *Cultures of Prediction.*
249 Vgl. TOP500 Liste der schnellsten Computer: www.top500.org.
250 Vgl. Humphreys, *Extending Ourselves*; Winsberg, *Science in the Age of Computer Simulation*; Gramelsberger, *Computerexperimente*; Lenhard, *Calculated Surprises.*
251 Poincaré, *Wissenschaft und Methode*, S. 17.
252 Ebd., S. 56–57.
253 Vgl. Humphreys, »The Philosophical Novelty of Computer Simulation Methods«; Humphreys, *Extending Ourselves.*
254 Humphreys, *Extending Ourselves*, S. 5.
255 Heidegger, »Die Zeit des Weltbildes«, S. 94.
256 Heidegger, »Die Frage nach der Technik«, S. 22.
257 Husserl, *Die Krisis der europäischen Wissenschaften*, S. 38.
258 Vgl. Gramelsberger, *Operative Epistemologie.*
259 Steinborn, *Symmetrie und Struktur in der Chemie*, S. 7.
260 Vgl. Gramelsberger, »Synthesis. Neue Logik der Forschung?«.
261 McCulloch & Pitts, »How we know universals. The perception of visual and auditory forms«, S. 115.
262 Fukushima, »Neocognitron«, S. 193.
263 Ebd., S. 199, 200.
264 Buckner & Garson, »Connectionism«, Abschnitt 5.
265 Vgl. Senk et al., »Connectivity Concepts in Neuronal Network Modeling«.
266 Vgl. Neural Network Zoo, https://www.asimovinstitute.org/neural-network-zoo/.
267 Vgl. Irani, »The cultural work of microwork«; Hagendorff & Danks, »Ethical and methodological challenges in building morally informed AI systems«.
268 *Statista 2021*, https://de.statista.com/.
269 Turing, »Computing machinery and intelligence«, S. 455.
270 Silver et al., »Mastering the game of Go with deep neural networks and tree search«, S. 484.
271 Vgl. Gramelsberger et al., »MIND THE GAME! Die Exteriorisierung des Geistes ins Spiel gebracht«.
272 Von Neumann, »Zur Theorie der Gesellschaftsspiele«, S. 298.

273 Samuel, »Some studies in machine learning using the game of checkers«, S. 214.

274 Ebd., S. 218.

275 Vgl. Silver et al., »A general reinforcement learning algorithm that masters chess, shogi, and Go through self-play«.

276 Ebd., S. 1, 2.

277 Arulkumaran et al., »AlphaStar«, S. 1.

278 Vgl. Rechenberg, *Evolutionsstrategie*; Holland, *Adaptation in Natural and Artificial Systems.*

279 Arulkumaran et al., »AlphaStar«, S. 1.

280 Brooks, »Elephants Don't Play Chess«, S. 3. Vgl. Brooks, »Intelligence without representation«.

281 Ebd., S. 5.

282 Vgl. Nolfi, »Progress and challenges in adaptive robotics«.

283 Grauman et al., »Ego4D: Around the World in 3,000 Hours of Egocentric Video«, S. 2.

284 Peirce, »Logical Machines«, S. 12.

285 Searle, »Minds, Brains, and Programs«, S. 417.

286 Für einen Überblick der KI-Entwicklung vgl. Zimmerli & Wolf, *Künstliche Intelligenz. Philosophische Probleme*; Mainzer, *Einführung: Was ist KI?*; Frana & Klein, *Encyclopedia of Artificial Intelligence.*

287 Haugeland, *Artificial Intelligence*, S. 112.

288 ELIZA wurde 1966 von Joseph Weizenbaum entwickelt, die Theorie der Skripte von Roger Schank und Robert Abelson in den 1970er Jahren. Vgl. Weizenbaum, »ELIZA«; Schank & Abelson, *Scripts, plans, goals and understanding.*

289 Searle, »Minds, Brains, and Programs«, S. 418.

290 Für einen Überblick der Leib-Seele/Geist-Körper-Debatte vgl. Sturma, *Philosophie des Geistes.*

291 Putnam, »Minds and Machines«, S. 26.

292 Vgl. Dreyfus, *What Computers Can't Do*; Dreyfus, *What Computers Still Can't Do.*

293 Searle, »Minds, Brains, and Programs«, S. 417.

294 Vgl. Rosenfeld et al., »The Elephant in the Room«.

295 Vgl. Xu et al., »Adversarial Attacks and Defenses in Images, Graphs and Text: A Review«.

296 Poincaré, *Wissenschaft und Methode*, S. 57.

297 Guidotti et al., »A Survey of Methods for Explaining Black Box Models«, S. 3.
298 Lipton, »The mythos of model interpretability«, S. 32.
299 Vgl. Beisbart & Räz, »Philosophy of science at sea: Clarifying the interpretability of machine learning«.
300 Vgl. AI Ethics Impact Group, *From Principles to Practice. An interdisciplinary framework to operationalise AI ethics.*
301 Vgl. Jobin, »The global landscape of AI ethics guidelines«.
302 Vgl. Misselhorn, *Grundfragen der Maschinenethik*; Nida-Rümelin & Weidenfeld, *Digitaler Humanismus*; Pasquale, *The Black Box Society*.
303 Dignum et al., »Ethics by Design: necessity or curse?«, S. 1.
304 Vgl. Hillerbrand & Werker, »Values in University–Industry Collaborations«.
305 Searle, »Minds, Brains, and Programs«, S. 417.
306 Gerstner & Kistler, *Spiking neuron models*, S. 13, 14. Vgl. Senk et al., »Connectivity Concepts in Neuronal Network Modeling«.
307 Vgl. Savage, »How AI and neuroscience drive each other forwards«.
308 Ebd., S. 17.

10. Philosophie des Digitalen

309 Vgl. Forschungsarbeitsgemeinschaft »Philosophie der Digitalität / Philosophische Digitalitätsforschung« der Deutschen Gesellschaft für Philosophie https://digitale-philosophie.de/.
310 Cramer, »What Is ›Post-Digital‹?«, S. 12.
311 Vgl. Barbrook & Cameron, »The Californian Ideology«.
312 Stalder, *Kultur der Digitalität*, S. 20.
313 Noller, *Digitalität. Zur Philosophie der digitalen Lebenswelt*, S. 8, 9.
314 Ebd., S. 8, 9.
315 Hennig et al., »›Smarte Diktatur‹ oder ›egalitäre Netzgemeinschaft‹? Diskurse der Digitalisierung«, S. 14.
316 Vgl. Blumenberg, »Lebenswelt und Technisierung unter Aspekten der Phänomenologie«.
317 Vgl. Manovich, *The Language of New Media*; Fuller, *Behind the Blip: Essays on the Culture of Software*; Fuller, *Software Studies: A Lexicon*; Mackenzie, *Cutting Code: Software and Sociality*.

318 Vgl. *Computational Science Studies Lab*, https://www.css-lab.rwth-aachen.de/.

319 Knuth, *The Art of Computer Programming*, S. 1–2. Vgl. Gramelsberger, »Hermeneutik der Maschinen und Maschinenalgorithmen«.

320 Vgl. Bauer, *Die Vereindeutigung der Welt.*

321 Vgl. Dennett, »The logical geography of computational approaches«.

Literatur

AI Ethics Impact Group: *From Principles to Practice. An interdisciplinary framework to operationalise AI ethics*, 2019. https://www.ai-ethics-impact.org/de.

Amoore, Louise: *The Politics of Possibility: Risk and Security Beyond Probability*. Duke University Press: Durham, NC 2013.

Angerer, Marie-Luise & Bernd Bösel: »Capture All, oder: Who's Afraid of a Pleasing Little Sister?«. *Zeitschrift für Medienwissenschaft* 7/13, 2015, 48–56.

Angerer, Marie-Luise: *Nichtbewusst. Affektive Kurzschlüsse zwischen Psyche und Maschine*. Turia + Kant: Wien/Berlin 2022.

Arulkumaran, Kai, Culy, Antoine, Togelius, Julian: AlphaStar: »AlphaStar. An evolutionary computation perspective«. *Proceedings of the Genetic and Evolutionary Computation Conference Companion* (Prague, 2019, July, 10–14), 2019, 314–315.

Austin, John: *How to Do Things with Words*. Oxford University Press: Oxford 1962.

Babbage, Charles: »Chapter VIII – Of the Analytical Engine«. *Passages from the Life of a Philosopher*. Longman, Roberts, & Green: London 1864, 112–141.

Bachelard, Gaston: *Der neue wissenschaftliche Geist* (Original 1934). Suhrkamp: Frankfurt a.M. 1988.

– *Die Bildung des wissenschaftlichen Geistes. Beitrag zu einer Psychoanalyse der objektiven Erkenntnis* (Original 1938). Suhrkamp: Frankfurt a.M. 1987.

Backus, John: »Programming in America in the 1950s – Some Personal Impressions«. *A History of Computing in the Twentieth Century*, (hrsg. von Nicholas Metropolis, Jack Howlett, & Gian-Carlo Rotta). Academic Press: New York 1980, 125–136.

Bacon, Francis: *Neu Atlantis* (Original 1627). Reclam: Stuttgart 1982.

Barbrook, Richard & Andy Cameron, »The Californian Ideology«. *imaginaryfutures.net* 1995. http://www.imaginaryfutures.net /2007/04/17/ the-californian-ideology-2/.

Bauer, Thomas: *Die Vereindeutigung der Welt. Über den Verlust an Mehrdeutigkeit und Vielfalt*. Reclam: Stuttgart 2018.

Beisbart, Claus & Tim Räz: »Philosophy of science at sea: Clarifying the interpretability of machine learning«. *Philosophy Compass* 17/6, 2022, e12830.

Beloof, Robert: »Distance and Surfaces: The Poetry of Josephine Miles«. *Prairie Schooner* 32/4, 1959, 276–284.

Bergmann, Ludwig, Schaefer, Clemens, Dorfmüller, Thomas, et al.: *Lehrbuch der Experimentalphysik: Mechanik, Relativität, Wärme*. De Gruyter: Berlin/New York 1998.

Bernhart, Toni: »Von Aalschwanzspekulanten bis Abendrotlicht. Buchstäbliche Materialität und Pathos im Häufigkeitswörterbuch der deutschen Sprache von Friedrich Wilhelm Kaeding«. *Ethos und Pathos der Geisteswissenschaften*, (hrsg. von Ralf Klausnitzer, Carlos Spoerhase & Dirk Werle). De Gruyter: Berlin/Boston 2015, 165–190.

Bernhart, Toni, Willand, Marcus, Richter, Sandra, et al.: *Quantitative Ansätze in den Literatur- und Geisteswissenschaften. Systematische und historische Perspektiven*. De Gruyter: Berlin/Boston 2018.

Blumenberg, Hans: »Lebenswelt und Technisierung unter Aspekten der Phänomenologie«. *Wirklichkeiten, in denen wir leben: Aufsätze und eine Rede*. Reclam: Stuttgart 1981, 9–58.

– *Die Lesbarkeit der Welt*. Suhrkamp: Frankfurt a.M. 1986.

Bösel, Bernd & Serjoscha Wiemer (Hrsg.): *Affective Media and Policy*. Meson Press: Lüneburg 2020.

Boole, George: *The mathematical analysis of logic, being an essay towards a calculus of deductive reasoning*. Macmillan, Barclay, & Macmillan u.a.: Cambridge 1847.

– *An Investigation of the Laws of Thought on Which are Founded the Mathematical Theories of Logic and Probabilities*. Walton and Maberly u.a.: London 1854.

Bostrom, Nick: *Superintelligenz. Szenarien einer kommenden Revolution*. Suhrkamp: Frankfurt a.M. 2016.

Bowker, Geoffrey C. & Susan L. Star: *Sorting Things Out: Classification and Its Consequences*. The MIT Press: Cambridge, MA 2000.

Braun, Ferdinand: »Versuche über Abweichungen vom Ohmschen Gesetz in metallisch leitenden Körpern«. *Annalen der Physik und Chemie* (Neue Folge) 1, 1877, 95–110.

Bredekamp, Horst & Sybille Krämer: »Kultur, Technik, Kulturtechnik: Wider die Diskursvierung der Kultur«. *Bild Schrift Zahl*, (hrsg. von Horst Bredekamp & Sybille Krämer). Fink: München 2003, 11–22.

Brentano, Franz: *Psychologie vom empirischen Standpunkt*. 1. Bd. Dunker & Humblot: Leipzig 1874.

Brey, Philip: »The physical and social reality of virtual worlds«. *Oxford Handbook of Virtuality* (hrsg. von Martin Grimshaw). Oxford University Press: Oxford 2014, 42–54.

Brooks, Rodney A.: »Elephants Don't Play Chess«. *Robotics and Autonomous Systems* 6, 1990, 3-15.

— »Intelligence without representation«. *Artificial Intelligence* 47/1–3, 1991, 139–159.

Buckner, Cameron, Niepert, Mathias & Colin Allen: »From Encyclopedia to Ontology: Toward Dynamic Representation of the Discipline of Philosophy«. *Synthese* 182/2, 2011, 205–233.

Buckner, Cameron & James Garson: »Connectionism«. *The Stanford Encyclopedia of Philosophy* (hrsg. von Edward N. Zalta). 2019. https://plato.stanford.edu/archives/fall2019/entries/connectionism/.

Busa, Roberto: *Index thomisticus: Sancti Thomae Aquinatis operum omnium indices et concordantiae*. Frommann-Holzboog: Stuttgart-Bad Cannstatt 1974.

Bush, Vannevar & Harold Hazen: »The differential analyzer: a new machine for solving differential equations«. *Journal of the Franklin Institute* 212/4, 1931, 447–488.

Calude, Cristian & Guiseppe Longo: »The Deluge of Spurious Correlations in Big Data«. *Foundations of Science* 22, 2017, 595–612.

Caplan, Robyn, Donovan, Joan & Lauren Hanson: »Algorithmic Accountability. A Primer«. *Data & Society*, 2018. https://datasociety.net/library/algorithmic-accountability-a-primer/.

Cassirer, Ernst: *Substanzbegriff und Funktionsbegriff. Untersuchungen über die Grundfragen der Erkenntniskritik*. Verlag Bruno Cassirer: Berlin 1910.

Ceruzzi, Paul E.: *A History of Modern Computing*. The MIT Press: Cambridge, MA 1998.
Chalmers, David J.: The Singularity: A Philosophical Analysis. *Journal of Consciousness Studies* 17/9–10, 2010, 7–65.
Cheung, Tobias: *Organismen. Agenten zwischen Innen- und Außenwelten 1780–1860*. Transcript: Bielefeld 2014.
Chomsky, Noam: *Syntactic Structures*. Mouton & Co.: The Hague 1957.
Chun, Wendy: *Discriminating Data Correlation, Neighborhoods, and the New Politics of Recognition*. The MIT Press: Cambridge, MA 2021.
Clough, Patricia T.: *Auto-Affection: Unconscious Thought in the Age of Teletechnology*. University of Minnesota Press: Minneapolis, MN 2000.
– (Hrsg.): *The Affective Turn: Theorizing the Social*. Duke University Press: Durham, NC 2007.
Cohn, Jeffrey F. & Fernando De La Torre: »Automated Face Analysis for Affective Computing«. *The Oxford Handbook of Affective Computing* (hrsg. von Rafael Calvo, Sidney D'Mello, Jonathan Gratch et al.). Oxford: Oxford University Press, 2015, 131–149.
Colmerauer, Alain & Roussel: »The birth of prolog«. *History of programming languages* (hrsg. von Thomas J. Bergin & Richard G. Gibson). ACM: New York 1996, 331–367.
Courtland, Rachel: »Bias detectives: the researchers striving to make algorithms fair«. *Nature* 558, 2018, 357–360.
Coy, Wolfgang: »Gutenberg und Turing: Fünf Thesen zur Geburt der Hypermedien«. *Zeitschrift für Semiotik* 16, 1994, 69–74.
Cramer, Florian: »What Is ›Post-Digital‹?«. *A Peer-Reviewed Journal About* 3/1, 2014, 10–24.
Dennhardt, Robert: *Die Flipflop-Legende und das Digitale*. Kadmos: Berlin 2009.
Dennett, Daniel C.: »Intentional Systems«. *The Journal of Philosophy* 68, 1971, 87–106.
– *The intentional stance*. MIT Press: Cambridge, MA 1984.
– »The logical geography of computational approaches«. The Representation of Knowledge and Belief (hrsg. von Robert Harnish & Myles Brand). University of Arizona Press: Tucson, AZ 1986, 59–79.
Descartes, René: *Regulae ad directionem ingenii* (Original 1628). *Regeln zur Ausrichtung der Erkenntniskraft* (hrsg. von Lüder Gäbe). Meiner: Hamburg 1972.

– *Discours de la méthode* (Original 1637). *Von der Methode des richtigen Vernunftgebrauchs und der wissenschaftlichen Forschung* (hrsg. von Lüder Gäbe). Meiner: Hamburg 1960.
– *La Géométrie* (Original 1637). *Geometrie* (hrsg. von Ludwig Schlesinger). Wissenschaftliche Buchgesellschaft: Darmstadt 1981.
– *Meditationes de prima philosophia* (Original 1641). *Meditationen über die Grundlagen der Philosophie* (hrsg. von Christian Wohlers). Meiner: Hamburg 2008.
Derrida, Jacques: *Die Stimme und das Phänomen. Ein Essay über das Problem des Zeichens in der Philosophie Husserls* (Original 1967). Suhrkamp: Frankfurt a.M. 1979.
Dignum, Virgina, Baldoni, Matteo, Baroglio, Cristina, et al.: »Ethics by Design: necessity or curse?«. *AIES'18: Proceedings of the 2018 AAAI/ACM Conference on AI, Ethics, and Society*, 2018, 60–66.
Dilthey, Wilhelm: *Einleitung in die Geisteswissenschaften: Versuch einer Grundlegung für das Studium der Gesellschaft und der Geschichte* (Original 1883). Vandenhoeck & Ruprecht: Göttingen 1922.
Dreyfus, Hubert L.: *What Computers Can't Do: The Limits of Artificial Intelligence.* MIT Press: New York 1972.
– *What Computers Still Can't Do.* MIT Press: New York 1979.
Ekman, Paul & Wallace V. Friesen: »Measuring Facial Movement«. *Environmental Psychology and Nonverbal Behavior* 1/1, 1976, 56–75.
Feige, Daniel Martin, Ostritsch, Sebastian & Markus Rautzenberg (Hrsg.): *Philosophie des Computerspiels. Theorie – Praxis – Ästhetik.* Metzler: Stuttgart 2018.
Fischer, Joachim: »Exzentrische Positionalität«. *Deutsche Zeitschrift für Philosophie* 48/2, 2000, 265–288.
Europäische Kommission: *Ethics Guidelines for Trustworthy AI.* High Level Expert Group on Artificial Intelligence (AI HLEG): Luxembourg 2019. https://ec.europa.eu/futurium/en/ai-alliance-consultation.
Floridi, Luciano: *The Onlife-Manifesto: Being Human in a Hyperconnected Era.* Springer: Cham u.a. 2015.
Floridi, Luciano & Mariarosaria Taddeo: »What is data ethics?«. *Philosophical Transactions of the Royal Society* A 374/2083, 2016. https://doi.org/10.1098/rsta.2016.0360.

Frana, Philip L. & Michael J. Klein: *Encyclopedia of Artificial Intelligence: The Past, Present, and Future of AI*. ABC-CLIO: Santa Barbara, CAL 2021.

Fredkin, Edward: »An Introduction to Digital Philosophy«. *International Journal of Theoretical Physics* 42, 2003, 189–247.

Frege, Gottlob: *Begriffsschrift. Eine der arithmetischen nachgebildete Formelsprache des reinen Denkens*. Luis Nebert: Halle 1879.

– *Grundgesetze der Arithmetik* (Original 1893, 1903). Georg Olms: Hildesheim/New York 1966.

Fukushima, Kunihiko: »Neocognitron: A Hierarchical Neural Network Capable of Visual Pattern Recognition«. *Neural Networks* 1/2, 1988, 119–130.

Fuller, Matthew: *Behind the Blip: Essays on the Culture of Software*. Autonomedia: New York 2003.

– *Software Studies: A Lexicon*. MIT Press: Cambridge, MA 2008.

Gallagher, Shaun: *How the Body Shapes the Mind*. Oxford University Press: New York 2005.

Gardner, Martin: *Logic Machines and Diagrams*. University of Chicago Press: Chicago 1983.

Gehring, Petra: »›DH‹ vs. auxiliäre Digitalität«. Vortrag Workshop »Digital Humanities – Die Zukunft der Geisteswissenschaften?«, RWTH Aachen, 15.12.2017.

– »Digitalisierung, Digitalisate und Digitalität von Forschungsprozessen: Wo findet sich die Philosophie?«. *Hypotheses. Digitalität. Theorien und Praktiken des Digitalen in den Geisteswissenschaften*. https://digigeist.hypotheses.org/138.

Gerstner, Wulfram & Werner M. Kistler: *Spiking neuron models: single neurons, populations, plasticity*. Cambridge University Press: Cambridge, UK 2002.

Glimm, James: »Scientific Computing: Von Neumann's Vision, Today's Realities, and the Promise of the Future«. *The Legacy of John von Neumann, Proceedings of Symposia in Pure Mathematics 1988* (hrsg. von James Glimm et al.). American Mathematical Society: Providence Rhode Island 1990, 185–195.

Gödel, Kurt: *Collected Works* (3 Bde., hrsg. von Solomon Feferman). Oxford University Press: New York/Oxford 1986–1995.

– »Die Vollständigkeit der Axiome des Funktionskalküls« (Original 1930). *Collected Works*, 1. Bd., 1986, 102–123.

– »Über unentscheidbare Sätze« (Original 1931). *Collected Works*, 3. Bd., 1995, 30–34.

– »Über formal unentscheidbare Sätze der Principia mathematica und verwandter Systeme I« (Original 1931). *Collected Works*, 1. Bd., 1986, 144–194.

Gold, Matthew K.: *Debates in the Digital Humanities*. University of Minnesota Press: Minneapolis, MN 2012.

Goldstine, Herman H.: *The Computer from Pascal to von Neumann*. Princeton University Press: Princeton, NJ 1993.

Goldstine, Herman & John von Neumann: »On the Principles of Large Scale Computing Machines« (Original 1946). *John von Neumann Collected Works* (5 Bde., hrsg. von Abraham H. Taub). 5. Bd., Pergamon Press: Oxford 1963, 1–32.

– »Planning and Coding Problems for an Electronic Computing Instrument, Part II, Vol 1« (Original 1947). *John von Neumann Collected Works* (5 Bde., hrsg. von Abraham H. Taub). 5. Bd., Pergamon Press: Oxford 1963, 80–151.

Goodman, Nelson: Sprachen der Kunst. Entwurf einer Symboltheorie (Original 1968). Suhrkamp: Frankfurt a.M. 1968.

Goulet, Richard: »Ancient philosophers: a first statistical survey«. *Philosophy as a Way of Life: Ancients and Moderns* (hrsg. von Michael Chase, Stephen R.L. Clark & Michael McGhee). Wiley-Blackwell: Malden, MA 2013, 10–39.

Gramelsberger, Gabriele: *Semiotik und Simulation. Fortführung der Schrift ins Dynamische. Entwurf einer Symboltheorie der numerischen Simulation und ihrer Visualisierung*. Dissertationsschrift, Freie Universität Berlin: Berlin 2001.

– *Computerexperimente. Zum Wandel der Wissenschaft im Zeitalter des Computers*. Transcript: Bielefeld 2010.

– »Synthesis. Neue Logik der Forschung?«. *Synthesis. Zur Konjunktur eines philosophischen Begriffs in Wissenschaft und Technik* (hrsg. von Gabriele Gramelsberger, Peter Bexte & Werner Kogge). Transcript: Bielefeld 2014, 9–22.

– »Es schleimt, es lebt, es denkt. Eine Rheologie des Medialen«. *Zeitschrift für Medien- und Kulturforschung* 7/2, 2016, 155–167.

— »Aware-IT/Care-IT: Die Folgen des technologisch Unbewussten für unser Subjektverständnis«. *Digitale Technologien zwischen Lenkung und Selbstermächtigung. Interdisziplinäre Perspektiven* (hrsg. von Carmen Kaminsky, Udo Seelmeyer, Scarlet Siebert, et al.). Beltz Juventa: Weinheim 2020, 40–54.
— »Algorithm Awareness. Towards a Philosophy of Artifactuality«. Affective Media and Policy (hrsg. von Bernd Bösel & Serjoscha Wiemer). Meson Press: Lüneburg 2020, 41–49.
— »Affective Computing«. *Handbuch für Technikanthropologie*, (hrsg. von Martina Hessler & Kevin Liggeri). Nomos/Edition Sigma: Baden-Baden 2020, 445–452.
— »Emotion Mark-up Language – Die Maschinenlesbarkeit menschlicher Expressivität«. *Technikemotionen* (hrsg. von Martina Heßler). Schöningh: Paderborn 2020, 385–397.
— *Operative Epistemologie*. Meiner: Hamburg 2020.
— »Hermeneutik der Maschinen und Maschinenalgorithmen«. *Hermeneutik unter Verdacht* (hrsg. von Andreas Kablitz, Christoph Markschies & Peter Strohschneider). Neisse Verlag: Wroclaw-Dresden 2021, 37–48.
— »Zum aktuellen Problem der Auflösung anthropologischer Ambiguitäten«. *Allgemeine Zeitschrift für Philosophie* 47/1, 2022, 13–30.
Gramelsberger, Gabriele, Rautzenberg, Markus, & Serjoscha Wiemer: »MIND THE GAME! Die Exteriorisierung des Geistes ins Spiel gebracht«. *Zeitschrift für Medienwissenschaft* 11/2, 2019, 29–38.
Grauman, Kristen, Westbury, Andrew, Byrne, Eugene, et al.: »Ego4D: Around the World in 3,000 Hours of Egocentric Video«. *2022 IEEE/CVF Conference on Computer Vision and Pattern Recognition* (CVPR), 2022. https://doi.org/10.1109/ cvpr52688.2022.01842.
Greve, Hermann J.: »Entdeckung der binären Welt«. *Herrn von Leibniz' Rechnung mit Null und Eins* (hrsg. von Siemens Aktiengesellschaft). Siemens AG: Berlin/München 1966, 21–31.
Grier, David A.: *When Computers were Human*. Princeton University Press: Princeton, NJ 2005.
Grim, Patrick: »Computational modeling as a philosophical methodology«. *The Blackwell Guide to the Philosophy of Computing and Information* (hrsg. von Floridi, Luciano). Blackwell Publishing: Malden, MA 2004, 337–349.

Grim, Patrick & Daniel Singer: »Computational Philosophy«. *The Stanford Encyclopedia of Philosophy,* 2022. https://plato.stanford.edu/entries/computational-philosophy/.

Grube, Gernot: »Autooperative Schrift«. *Kulturtechnik Schrift. Die Graphé zwischen Bild und Maschine* (hrsg. von Gernot Grube, Werner Kogge & Sybille Krämer). Fink: München 2005, 81–114.

Günther, Günther: »Die ›zweite‹ Maschine«. *Beiträge zu einer operationsfähigen Dialektik.* Meiner: Hamburg 1976, 91–114.

Guidotti, Riccardo, Monreale, Anna, Ruggieri, Salvatore, et al., »A Survey of Methods for Explaining Black Box Models«. *ACM Computing Surveys* (CSUR) 51/5, 2018, 1–42.

Hagendorff, Thilo & David Danks: »Ethical and methodological challenges in building morally informed AI systems«. *AI Ethics,* 2022. https://doi.org/10.1007/s43681-022-00188-y.

Hartley, Ralph: »Transmission of Information«. *Bell System Technical* 7, 1928, 535–563.

Haugeland, John: *Artificial Intelligence.* MIT Press: Cambridge, MA 1985.

Heath, Stephen: »Representing Television«. *Logics of Television: Essays in Cultural Criticism* (hrsg. von Patricia Mellencamp). Indiana University Press: Bloomington, IN 1991, 267–302.

Hebb, Donald: *The organization of behavior. A Neuropsychological Theory.* John Wiley & Sons: Hoboken, NJ 1949.

Heidegger, Martin: *Sein und Zeit.* Max Niemeyer: Halle 1927.

— »Die Zeit des Weltbildes« (Original 1938). Holzwege. Klostermann: Frankfurt a.M. 1977, 87–88.

— »Die Frage nach der Technik« (Original 1949), *Die Technik und die Kehre,* Cottasche Buchhandlung: Stuttgart 1962, 7–36.

— »Die Herkunft der Kunst und die Bestimmung des Denkens« (Vortrag 19. Juli 1967), *Martin Heidegger Gesamtausgabe, Band 80. Vorträge: Teil 2: 1935 bis 1967.* Klostermann: Frankfurt a.M. 2020, 1309–1346.

Helbig, Hermann: *Die semantische Struktur natürlicher Sprache – Wissensrepräsentation mit MultiNet.* Springer: Heidelberg 2001.

Henkin, Leon: »The Completeness of the First-Order Functional Calculus«. *Journal of Symbolic Logic* 14, 1949, 159–166.

Hennig, Martin, Kelsch, Jakob & Felix Sobala: »›Smarte Diktatur‹ oder ›egalitäre Netzgemeinschaft‹? Diskurse der Digitalisierung«. *Digitalität und Privatheit* (hrsg. von Martin Hennig et al.). Transcript: Bielefeld 2019, 11–26.

Heßbrüggen-Walter, Stefan: »Philosophie als digitale Geisteswissenschaft«. *Zeitschrift für digitale Geisteswissenschaften* 3, 2018. https://zfdg.de/sb003 _006.

Heymann, Matthias, Gramelsberger, Gabriele & Martin Mahony: *Cultures of Prediction in Atmospheric and Climate Science: Epistemic and Cultural Shifts in Computer-based Modelling and Simulation*. Routledge: London 2017.

Hilgers, Philipp von & Vladimir Velminski (Hrsg.): *Andrej A. Markov. Berechenbare Künste*. Diaphanes: Zürich/Berlin 2007.

Hillerbrand, Raphaela & Claudia Werker: »Values in University–Industry Collaborations: The Case of Academics Working at Universities of Technology«. *Science and Engineering Ethics* 25, 2019, 1633–1656.

Hörl, Erich: *Die technologische Bedingung*. Suhrkamp: Berlin 2011.

— »Die offene Maschine. Heidegger, Günther und Simondon über die technologische Bedingung«. *Modern Language Notes* 123/3, 2008, 632–655.

Holland, John H.: *Adaptation in Natural and Artificial Systems*. University of Michigan Press: Ann Arbor, MI 1975.

Hopper, Grace: »The education of a computer«. *ACM ,52: Proceedings of the 1952 ACM national meeting* (Pittsburgh), 1952, 243–249.

Houben, Daniel & Bianca Prietl (Hrsg.): *Datengesellschaft: Einsichten in die Datafizierung des Sozialen*. Transcript: Bielefeld 2018.

Hubel, David H. & Torsten N. Wiesel: »Receptive fields, binocular interaction and functional architecture in the cat's visual cortex«. *The Journal of Physiology* 160/1, 1962, 106–154.

Huber, Martin & Sybille Krämer: *Wie Digitalität die Geisteswissenschaften verändert: Neue Forschungsgegenstände und Methoden*. Sonderband der Zeitschrift für digitale Geisteswissenschaften 3, 2018. https://zfdg.de/sonderband/3.

Hui, Yuk: *On the Existence of Digital Objects*. University of Minnesota Press: Minneapolis, MN 2016.

Hume, David: *An Enquiry Concerning Human Understanding* (Original 1748). *Untersuchung in Betreff des menschlichen Verstandes* (hrsg. von Jens Kulenkampff). Meiner: Hamburg 1993.

Humphreys, Paul: *Extending Ourselves. Computational Sciences, Empiricism, and Scientific Method.* Oxford University Press: Oxford 2004.

– »The Philosophical Novelty of Computer Simulation Methods«. *Synthese* 169, 2009, 615–626.

Husserl, Edmund: *Die Idee der Phänomenologie. Fünf Vorlesungen* (Original 1907), (hrsg. von Paul Janssen). Meiner: Hamburg 1986.

– *Die Krisis der europäischen Wissenschaften und die transzendentale Phänomenologie* (Original 1935). Meiner: Hamburg 1996.

Irani, Lilly: »The cultural work of microwork«. *New Media & Society* 17/5, 2015, 720–739.

Jevons, William S.: *The Substitution of Similars. The True Principle of Reasoning.* Macmillan & Co.: London 1869.

Jobin, Ana, Ienca, Marcello & Effy Vayena: »The global landscape of AI ethics guidelines«. *Nature Machine Intelligence* 1/9, 2019, 389–399.

Johnson, E.C.: »A Numerically Controlled CAM-Milling Machine«. *IRE Transactions on Industrial Electronics*, 1956, 80–86.

Jones, Phil: *Work Without the Worker: Labour in the Age of Platform Capitalism.* Verso: London 2021.

Kaeding, Friedrich W.: *Häufigkeitswörterbuch der deutschen Sprache: Festgestellt durch einen Arbeitsausschuss der deutschen Stenographiesysteme.* Selbstverlag des Herausgebers/E.S. Mittler & Sohn: Steglitz bei Berlin 1898.

Kant, Immanuel: *Kritik der reinen Vernunft* (Original 1781, 1787), (hrsg. von Raymund Schmidt). Meiner: Hamburg 1993.

– *Metaphysische Anfangsgründe der Naturwissenschaft* (Original 1786), (hrsg. von Wilhelm Weischedel). Meiner: Hamburg 1983.

Kasprowicz, Dawid: *Der Körper auf Tauchstation. Zu einer Wissensgeschichte der Immersion.* Nomos: Baden-Baden 2019.

Kitchin, Rob: »Thinking critically about and researching algorithms«. *Information, Communication & Society* 20/1, 2016, 14–29.

Kittler, Friedrich: *Grammophon Film Typewriter.* Brinkmann und Bose: Berlin 1986.

Klitzing, Klaus von: *Grenzen der Mikroelektronik: Quantenphänomene in mikrostrukturierten Halbleitern.* Universitätsverlag: Jena 1995.

Kneale, William & Martha Kneale: *The Development of Logic.* Oxford: Clarendon 1962.

Knuth, Donald E.: *The Art of Computer Programming. Sorting and Searching*. Addison-Wesley: Boston, MA 1998.
Krajewski, Markus: *Zettelwirtschaft. Die Geburt der Kartei aus dem Geiste der Bibliothek*. Kadmos: Berlin 2002.
Krämer, Sybille: *Symbolische Maschinen. Die Geschichte der Formalisierung in historischem Abriß*. Wissenschaftliche Buchgesellschaft: Darmstadt 1988.
— »Das Medium als Spur und als Apparat«. *Medien, Computer, Realität. Wirklichkeitsvorstellungen und Neue Medien* (hrsg. von Sybille Krämer). Suhrkamp: Frankfurt a.M. 1998, 73–94.
— »Die Suspendierung des Buchstäblichen«. *Allgemeine Zeitschrift für Philosophie* 15, 1990, 61–68.
— *Berechenbare Vernunft. Kalkül und Rationalisierung im 17. Jahrhundert*. De Gruyter: Berlin/New York 1991.
— »Operationsraum Schrift. Über einen Perspektivenwechsel in der Betrachtung der Schrift.« Kulturtechnik Schrift. Die Graphé zwischen Bild und Maschine (hrsg. von Gernot Grube, Werner Kogge & Sybille Krämer). Fink: München 2005, 23–61.
— *Ada Lovelace. Die Pionierin der Computertechnik und ihre Nachfolgerinnen*. Fink: Paderborn 2015.
Krämer, Sybille & Horst Bredekamp: *Bild - Schrift - Zahl*. Wilhelm Fink Verlag: München 2003.
Kripke, Saul A.: *Naming and Necessity*. Harvard University Press: Cambridge, MA 1980.
La Mettrie, de Julien: *L'Homme-Machine*. Leiden 1748. (Deutsche Übersetzung: *Der Mensch als Maschine* (hrsg. von Holm Tetens). Reclam: Stuttgart 2015.
Lean, et al.: »Digital Literature Analysis for Empirical Philosophy of Science«. *PhilSci-Archive*, 2021. http://philsci-archive.pitt.edu/19547/.
Leibniz, Gottfried W.: *De analysi situs* (Original 1693). *Kalkül der Lage*, Philosophische Werke, 1. Bd. (hrsg. von Artur Buchenau, Ernst Cassirer). Meiner: Hamburg 1996, 69–76.
— *Discours de métaphysique* (Original 1686). *Die philosophischen Schriften von Gottfried Wilhelm Leibniz*, 4. Bd. (hrsg. von Carl Immanuel Gerhardt). Weidmann: Berlin 1880, 427–463.

– »De rerum originale radicali« (Original 1697). *Die philosophischen Schriften von Gottfried Wilhelm Leibniz*, 7. Bd. (hrsg. von Carl Immanuel Gerhardt). Weidmann: Berlin 1890, 306–307.

– *Neue Abhandlungen über den menschlichen Verstand* (Original 1704) (hrsg. von Ernst Cassirer). Meiner: Hamburg 1971.

– »Explication de l'Arithmétique Binaire« (Original 1703). *Physikalische Blätter* 26/6, 1970, 253–256.

– »Betrachtungen über die Erkenntnis, die Wahrheit und die Ideen« (Original 1684). *Fünf Schriften zur Logik und Metaphysik* (hrsg. von Herbert Herring). Reclam: Stuttgart 1995, 9–16.

– *Allgemeine Untersuchungen über die Analyse der Begriffe und Wahrheiten* (Original 1686) (hrsg. von Franz Schupp). Meiner: Hamburg 1993.

– *Opuscules et fragments inédits* (hrsg. von Louis Couturat 1903). *Fragmente zur Logik*. Akademie Verlag: Berlin 1960.

Lenders, Winfried: *Die analytische Begriffs- und Urteilstheorie von G.W. Leibniz und Chr. Wolff.* Hildesheim, New York: Georg Olms Verlag 1971.

Lenhard, Johannes: *Calculated Surprises: A Philosophy of Computer Simulation*. Oxford University Press: Oxford 2019.

Lenk, Hans: *Philosophie im Technischen Zeitalter*. Kohlhammer-Urban: Stuttgart 1971/1972.

Leroy, Xavier: »Formal verification of a realistic compiler«. *Communications of the ACM* 52/7, 2009, 107–115.

Lindemann, Gesa: »Die Verschränkung von Leib und Nexistenz«. *Die Gesellschaft der Daten – Über die digitale Transformation der sozialen Ordnung* (hrsg. von Florian Süssenguth). Transcript: Bielefeld 2015, 41–66.

Lipton, Zachary C. (2018). »The mythos of model interpretability«. *Queue* 16/3, 2018, 31–57.

Locke, John: *Essay concerning Human Understanding* (Original 1690). *Versuch über den menschlichen Verstand* (hrsg. von Julius von Kirchmann). Heimann: Berlin 1872.

Maanen, Jan van: »Vorläufer der Differential- und Integralrechnung«. *Geschichte der Analysis* (hrsg. von Hans Niels Jahnke). Spektrum Akademischer Verlag: Heidelberg/Berlin 1999, 43–88.

Mackenzie, Adrian: *Cutting Code: Software and Sociality*. Peter Lang: Oxford 2006.

Magnus, Albertus 1248 übersetzt in: *Die deutsche Philosophie des Mittelalters. Von Bonifatius bis zu Albert dem Großen (748-1280)*, (hrsg. von Loris Sturlese). Beck: München 1993.
Mainzer, Klaus: *Computer – Neue Flügel des Geistes? Die Evolution computergestützter Technik, Wissenschaft, Kultur und Philosophie*. De Gruyter: Berlin/New York 1995.
— *Künstliche Intelligenz – Wann übernehmen die Maschinen?* Springer: Berlin 2016.
— *Einführung: Was ist KI?*. Springer: Berlin 2019.
Malaterre, Christophe, Chartier, Jean-François & Davide Pulizzotto: »What Is This Thing Called Philosophy of Science? A Computational Topic-Modeling Perspective«. *HOPOS: The Journal of the International Society for the History of Philosophy of Science* 9/2, 2019, 215–249.
Manovich, Lev: *The Language of New Media*. MIT Press: Cambridge, MA 2001.
— *Software Takes Command*. Bloomsbury Academic: New York 2013.
Markov, Andrei: *Wahrscheinlichkeitsrechnung*. Teubner: Leipzig 1912.
Marquand, Allan: »A New Logical Machine«. *Proceedings of the American Academy of Arts and Sciences* 21, 1885/1886, 303–307.
Martin, Hans A.: »Der Allgemeine Kantindex und seine elektronischen Probleme«. *Kantstudien* 60/2, 1969, 201–203.
Maye, Harun: »Was ist eine Kulturtechnik?«. *ZMK Zeitschrift für Medien- und Kulturforschung* 1/1, 2010, 121–135.
McCulloch, Warren & Walter Pitts: »A logical calculus of the ideas immanent in nervous activity«. *Bulletin of Mathematical Biophysics* 5, 1943, 115–133.
— »How we know universals. The perception of visual and auditory forms«. *The Bulletin of Mathematical Biophysics* 9, 1947, 127–147.
McDermott, Drew: »Artificial Intelligence Meets Natural Stupidity?«. *Mind Design* (hrsg. von John Haugeland). The MIT Press: Cambridge, MA 1981, 5–18.
Merleau-Ponty, Maurice: *Phänomenologie der Wahrnehmung* (Original 1945). De Gruyter: Berlin 1966.
Michel, Jean-Baptiste, Kui Shen, Yuan, Aiden, Aviva P., et al.: »Quantitative Analysis of Culture Using Millions of Digitized Books, co-authored by Harvard researchers«. *Science* 331/6014, 2011, 176–182.

Minsky, Marvin: *Theory of neural-analog reinforcement systems and its application to the brain-model problem*, (Doktorarbeit Princeton University). Microfilm copy of typescript, University Microfilms, Ann Arbor, MI 1954.

Minsky, Marvin & Seymour Papert: *Perceptrons. An Introduction to Computational Geometry*. The MIT Press: Cambridge, MA 1969.

Misselhorn, Catrin: *Grundfragen der Maschinenethik*. Reclam: Stuttgart 2018.

Montague, Richard: *Formal Philosophy: Selected Papers of Richard Montague* (hrsg. von Richmond H. Thomason). Yale University Press: New Haven, CT 1974.

Moretti, Franco: »Conjectures on World Literature«. *New Left Review*, 2000, 54–68.

Murdock, Jaimie, Allen, Colin & Simon DeDeo: »Exploration and Exploitation of Victorian Science in Darwin's Reading Notebooks«. *Cognition* 159, 2017, 117–126.

Murray, Janet H.: *Hamlet on the Holodeck: The Future Of Narrative In Cyberspace*. Free Press: New York 1997.

Nake, Frieder: »Surface, Interface, Subface. Three Cases of Interaction and One Concept«. *Paradoxes of Interactivity. Perspectives for Media Theory, Human-Computer Interaction, and Artistic Investigations* (hrsg. von Uwe Seifert, Jin Hyun Kim & Anthony Moore). Transcript: Bielefeld 2008, 92–109.

Nebeker, Frederik: *Calculating the Weather*. Academic Press: Cambridge, MA 1995.

Newell, Allen & Herbert A. Simon: *The Logic Theory Machine. A complex information processing system* (Report P-838 15.6.1956). Rand Corporation: Santa Monica, CAL 1956.

– »GPS, a Program That Simulates Human Thought«. *Lernende Automaten* (hrsg. von Hans Billing). Oldenbourg: München 1961, 109–124.

– »Computer Science as Empirical Inquiry: Symbols and Search«. *Communications of the ACM* 19/3, 1976, 113–126.

Newell, Allen, Shaw, John C. & Herbert A. Simon: *Report on a general problem-solving program* (Report P-1584 30.12.1958, revised 9.2.1959). Rand Corporation: Santa Monica, CAL 1959.

Neumann, John von: »Zur Theorie der Gesellschaftsspiele«. *Mathematische Annalen* 100/1, 1928, 295–320.

Nida-Rümelin, Julian & Nathalie Weidenfeld: *Digitaler Humanismus. Eine Ethik für das Zeitalter der Künstlichen Intelligenz.* Piper: München 2018.

Nilsson, Nils J.: *The Quest for Artificial Intelligence – A History of Ideas and Achievements.* Cambridge University Press: Cambridge 2010.

Noble, Safiya Umoja: *Algorithms of Oppression: How Search Engines Reinforce Racism.* NYU Press: New York 2018.

Nolfi, Stefano: »Progress and challenges in adaptive robotics«. *Frontiers in Robotics and AI* 9, 2022, 1020462.

Noller, Jörg: *Digitalität. Zur Philosophie der digitalen Lebenswelt.* Schwabe Verlag: Basel 2022.

Nyquist, Harry: »Certain Topics in Telegraph Transmission Theory«. *Transactions of the American Institute of Electrical Engineers* 47/2, 1928, 617–644.

Olazaran, Mike: »A Sociological Study of the Official History of the Perceptrons Controversy«. *Social Studies of Science* 26/3, 1996, 611–659.

Olson, Parmy: »The Quantified Others: Nest and Fitbit Chase A Lucrative Side Business«. *forbes.com*, 26.7.2015.

Pantzar, Mika & Minna Ruckenstein: »The heart of everyday analytics: emotional, material and practical extensions in self-tracking market«. *Consumption Markets & Culture*, 2014, 1–18.

Pasquale, Frank: *The Black Box Society. The Secret Algorithms That Control Money and Information.* Harvard University Press: Cambridge, MA 2015.

Pease, Adam & Christoph Benzmüller: »Knowledge Engineering Tools«. *Ontology: A Practical Guide* (hrsg. von Adam Pease). Articulate Software Press: Angwin, CAL 2010.

Peckhaus, Volker: *Logik, Mathesis universalis und allgemeine Wissenschaft.* Akademie Verlag: Berlin 1997.

Peirce, Charles S. »Description of a Notation for the Logic of Relatives, Resulting from an Amplification of the Conceptions of Boole's Calculus of Logic«. *Memoirs of the American Academy of Sciences* 9, 1870, 317–378.

— Letter, Peirce to A. Marquand (1886). *Writings of Charles S. Peirce*, 5. Bd. Indiana University Press: Indianapolis, IN 1993, 541–543.

— »Logical Machines«. *The American Journal of Psychology* 1, 1887, 165–170.

Pence, Charles H.: »Testing and Discovery: Responding to Challenges to Digital Philosophy of Science«. *Metaphilosophy* 53/2–3, 2022, 238–253.
Pence, Charles H. & Grant Ramsey: »How to Do Digital Philosophy of Science«. *Philosophy of Science* 85/5, 2018, 930–941.
Petre, Caitlin, Brooke E. Duffy & Emily Hund: »›Gaming the System‹: Platform Paternalism and the Politics of Algorithmic Visibility«. *Social Media + Society* 5/4, 2019, 1–12.
Pias, Claus (Hrsg.): *Cybernetics/Kybernetik. The Macy-Conferences 1946–1953*. Diaphanes: Zürich/Berlin 2003.
— *Computer Game Worlds*. Diaphanes: Zürich/Berlin 2017.
Picard, Rosalind: Affective Computing. MIT Press: Cambridge, MA 2000.
Platon: *Menon* (hrsg. von Klaus Reich). Hamburg: Meiner 1982.
— *Platons Dialoge Timaios und Kritias* (hrsg. von Otto Apelt). Meiner: Leipzig 1919.
Plessner, Helmuth: *Die Stufen des Organischen und der Mensch. Einleitung in die philosophische Anthropologie*. De Gruyter: Berlin 1928.
— »Die Frage nach der Conditio humana (Original 1961)«. *Gesammelte Schriften*, Bd. 8. Suhrkamp: Frankfurt a.M. 2003, 136–217.
Poincaré, Henri: *Wissenschaft und Methode* (Original 1902). Teubner: Leipzig 1904.
Polanyi, Michael: *Implizites Wissen* (Original 1966). Suhrkamp: Berlin 2016.
Priestley, Mark & Thomas Haigh: »Working on ENIAC: The Lost Labors of the Information Age«. *Open Transcript* 2016, http://opentranscripts.org/transcript/working-on-eniac-lost-labors-information-age.
Putnam, Hilary: »Minds and Machines«. *Dimensions of Mind* (hrsg. von Sidney Hook). Collier Books: New York 1960, 138–164.
Queisser, Hans: *Kristallene Krisen. Mikroelektronik*, Piper: München 1987.
Rautzenberg, Markus: *Die Gegenwendigkeit der Störung. Aspekte einer postmetaphysischen Präsenztheorie*. Diaphanes: Berlin/Zürich 2009.
Rechenberg, Ingo: *Evolutionsstrategie. Optimierung technischer Systeme nach Prinzipien der biologischen Evolution*. Frommann Holzboog: Stuttgart-Bad Cannstatt 1973.
Reichert, Ramon: »Digitale Selbstvermessung«. *Zeitschrift für Medienwissenschaft* 13, 2015, 66–77.
Rieger, Stefan: *Kybernetische Anthropologie. Eine Geschichte der Virtualität*. Suhrkamp: Frankfurt a.M. 2003.

Robinson, John A.: »A Machine-oriented Logic Based on the Resolution Principle«. *Journal of the ACM* 12/1, 1965, 23–41.

Rodi, Frithjof & Gudrun Kühne-Bertram (Hrsg.): *Dilthey und die hermeneutische Wende in der Philosophie.* Vandenhoeck & Ruprecht, Göttingen 2008.

Rogers, *Digital Methods.* The MIT Press: Cambridge, MA 2013.

Rosenblatt, Frank: »The perceptron: a probabilistic model for information storage and organization in the brain«. *Psychological Reviews* 65, 1958, 386–408.

Rosenfeld, Amir, Zemel, Richard & John K. Tsotsos: »The Elephant in the Room«. *arXiv:1808.03305*, 2018. https://doi.org/ 10.48550/arXiv.1808.03305.

Rummelhart, David E., Hinton, Geoffrey E. & Ronald J. Williams: »Learning representations by back-propagating errors«. *Nature* 323, 1986, 533–536.

Samuel, Arthur L.: »Some studies in machine learning using the game of checkers«. *IBM Journal of Research Development* 3, 1959, 210–229.

Savage, Neil: »How AI and neuroscience drive each other forwards«. *Nature* 571/7763, 2019, S15-S17.

Schank, Roger C. & Robert P. Abelson: *Scripts, plans, goals and understanding: An inquiry into human knowledge structures.* Taylor & Francis: London 1977.

Schelling, Friedrich W. J.: *Ideen zu einer Philosophie der Natur als Einleitung in das Studium dieser Wissenschaft.* Breitkopf und Härtel: Jena/Leipzig 1797.

Schirrmacher, Frank (Hrsg.): *Technologischer Totalitarismus.* Suhrkamp: Berlin 2015.

Schneider, Birgit: *Textiles Prozessieren. Eine Mediengeschichte der Lochkartenweberei.* Diaphanes: Berlin/Zürich 2007.

Schopenhauer, Arthur: *Welt als Wille und Vorstellung* (Original 1818), (hrsg. von Matthias Koßler & William Massei). Meiner: Hamburg 2020.

Schröder, Ernst: *Operationskreis des Logikkalküls.* Teubner: Leipzig 1877.

Searle, John R.: »Minds, brains, and programs«. *Behavioral and Brain Sciences* 3/3, 1980, 417–424.

– *Intentionality. An Essay in the Philosophy of Mind.* Cambridge University Press: Cambridge 1983.

Senk, Johanna, Kriener, Birgit, Djurfeldt, Mikael, et al.: »Connectivity Concepts in Neuronal Network Modeling«. *PLoS Computational Biology* 18(9), 2022, e1010086.

Shannon, Claude: *A Symbolic Analysis of Relay and Switching Circuits. Transactions of the American Institute of Electrical Engineers* 57, 1938, 38–80.

– *A Mathematical Theory of Communication. Bell System Technical Journal* 27, 1948, 379–423 und 623–656.

Shapiro Lawrence & Shannon Spaulding: »Embodied Cognition«. *Stanford Encyclopedia of Philosophy* (hrsg. von Edward N. Zalta), 2021. https://plato.stanford.edu/archives/win2021/entries/embodied-cognition/.

Silver, David, Huang, Aja, Maddison, Chris, et al.: »Mastering the game of Go with deep neural networks and tree search«. *Nature* 29/7587, 2016, 484–489.

Silver, David, Hubert, Thomas, Schrittwieser, Julian, et al.: »A general reinforcement learning algorithm that masters chess, shogi, and Go through self-play«. *Science* 362/6419, 2018, 1140–1144.

Snow, Charles: *Two Cultures*. Cambridge University Press: London 1959.

Speer, Andreas: »Blind spots of digital editions. The case of huge text corpora in Philosophy, Theology and the History of Sciences«. *DiX-iT Convention Academia, Cultural Heritage, Society*, Cologne, 14.–18.3.2016.

Stadler, Felix: *Kultur des Digitalen*. Suhrkamp: Berlin 2016.

Stegmüller, Wolfgang: *Das Problem der Induktion: Humes Herausforderung und moderne Antworten. Der sogenannte Zirkel des Verstehens*. Wissenschaftliche Buchgesellschaft: Darmstadt 1986.

Steinborn, Dirk: *Symmetrie und Struktur in der Chemie*. Wiley-VCH: Weinheim 1993.

Sturma, Dieter. *Philosophie des Geistes*. Reclam: Leipzig 2005.

Tarski, Alfred: »Die semantische Konzeption der Wahrheit und die Grundlagen der Semantik« (Original 1944). *Wahrheitstheorien. Eine Auswahl aus den Diskussionen über Wahrheit im 20. Jahrhundert* (hrsg. von Gunnar Skirbekk). Suhrkamp: Frankfurt a.M. 1977, 140–188.

Thrift, Nigel: »Remembering the technological unconscious by foregrounding knowledges of position«. *Environment and Planning D: Society and Space* 22/1, 2004, 175–190.

Tobies, Renate: *›Aller Männerkultur zum Trotz‹. Frauen in Mathematik und Naturwissenschaften.* Campus: Frankfurt a. M./New York 1997.

Trendelenburg, Adolf: Über Leibnizens Entwurf einer allgemeinen Charakteristik. Königl. Akademie der Wissenschaften: Berlin 1856.

Turing, Alan: »On Computable Numbers, with an Application to the Entscheidungsproblem«. *Proceedings of the London Mathematical Society* 42/2, 1936/37, 230–265 und 544–546.

— »Computing machinery and intelligence«. *Mind* 49, 1950, 433–460.

Viètes, François: *Opera mathematica, in unum volumen congesta, ac recognita, opera atque studio Francisci Schoote.* Elsevier: Leiden 1646.

Walther, Elisabeth: *Allgemeine Zeichenlehre. Einführung in die Grundlagen der Semiotik.* Deutsche Verlagsanstalt, Stuttgart 1974.

Weatherson, Brian: *A History of Philosophy Journals. Volume 1: Evidence from Topic Modeling, 1876–2013.* Michigan Publishing Services: Ann Arbor, MI 2022.

Weinberg, Justin: »A History of Philosophy Journals Using Topic Modeling (guest post by Brian Weatherson)«. https://dailynous.com/2020/06/17/history-philosophy-journals-topic-modeling-weatherson/.

Weiser, Mark: »The computer for the 21st century«. *Scientific American* 265/3, 1991, 94–104.

Weizenbaum, Joseph: »ELIZA – A Computer Program For the Study of Natural Language Communication Between Man And Machine.« *Communications of the ACM* 9/1, 1966, 36–45.

— *Die Macht der Computer und die Ohnmacht der Vernunft* (Original 1976). Suhrkamp: Frankfurt a.M. 1978.

Wiener, Norbert: *Cybernetics or Control and Communication in the Animal and the Machine.* The MIT Press: Cambridge, MA 1948.

Wiener, Norbert, Rosenblueth, Arturo & Julian Bigelow. »Behavior, Purpose and Teleology«. *Philosophy of Science* 10/1, 1943, 18–24.

Winkler, Hartmut: *Prozessieren. Die dritte, vernachlässigte Medienfunktion.* Wilhelm Fink: München/Paderborn 2016.

Winsberg, Eric: *Science in the Age of Computer Simulation.* The University of Chicago Press: Chicago, IL 2010.

Wittgenstein, Ludwig: *Logisch-philosophische Abhandlung* (*Tractatus logico-philosophicus*). Annalen der Naturphilosophie 14, 1921, 185–262.

Wußing, Hans: *Die Genesis des abstrakten Gruppenbegriffes.* VEB Deutscher Verlag der Wissenschaften: Ost-Berlin 1969.

Xu, Han, Ma, Yoa, Liu, Haochen, et al.: »Adversarial Attacks and Defenses in Images, Graphs and Text: A Review«. *arXiv:1909.08072*, 2019. https://doi.org/10.48550/ arXiv.1909.08072.

Zimmerli, Walter & Stefan Wolf (Hrsg.): *Künstliche Intelligenz. Philosophische Probleme*. Reclam: Stuttgart 1994.

Zuboff, Shoshana: *Das Zeitalter des Überwachungskapitalismus*. Campus: Frankfurt a.M./New York 2018.

Zuse, Konrad: *Rechnender Raum. Schriften zur Datenverarbeitung*, Band 1. Vieweg & Sohn: Braunschweig 1969.

Elektronische Ressourcen

AI Ethics Impact Group. https://www.ai-ethics-impact.org/de.

Algorithm Watch. https://algorithmwatch.org/de/ai-act-erklaert/

ArguMap. https://appsolutelyfun.com/argumap.html.

ArguNet. http://www.argunet.org.

CompCert-Projekt. https://compcert.org.

Computational Science Studies Lab. https://www.css-lab.rwth-aachen.de.

Culturomics. http://www.culturomics.org.

Daria. https://www.dariah.eu.

DebateLab. https://debatelab.philosophie.kit.edu.

Deutscher Ethikrat https://www.ethikrat.org.

Deutsches Museum: »IGGI – Ingenieur-Geist und Geistes-Ingenieure: Eine Geschichte der Künstlichen Intelligenz in der BRD«.

EU General Data Protection Regulation (GDPR). https://gdpr-info.eu/.

Forschungsarbeitsgemeinschaft »Philosophie der Digitalität / Philosophische Digitalitätsforschung« der Deutschen Gesellschaft für Philosophie. https://digitale-philosophie.de.

General Data Protection Regulation (GDPR). https://gdpr.eu/.

Gephi – The Open Graph Viz Platform, https://gephi.org.

Graphing the History of Philosophy. https://coppelia.io/2012/06/graphing-the-history-of-philosophy.

Index Thomisticus. http://www.corpusthomisticum.org.

Indiana Philosophy Ontology. project https://www.inphoproject.org.

Lexikon der Argumente. https://www.philosophie-wissenschaft-kontroversen.de.
Neural Network Zoo, https://www.asimovinstitute.org/neural-network-zoo.
Philosophers' Imprint. https://journals.publishing.umich.edu/phimp.
Philos-L. https://www.liverpool.ac.uk/philosophy/philos-l.
Projekt Gutenberg. https://www.projekt-gutenberg.org.
ProPublica. www.propublica.org.
Six Degrees of Francis Bacon. http://www.sixdegreesoffrancisbacon.com.
Stanford Encyclopedia of Philosophy. https://plato.stanford.edu.
Statista. https://de.statista.com.
Text+. Sprach- und textbasierte Forschungsdateninfrastruktur. https://www.text-plus.org.
TextGrid. https://textgrid.de.
The Internet Archive. https://archive.org.
Top500 Liste. https://www.top500.org.
Tractatus Network. https://tractatus.gitlab.io.

Gabriele Gramelsberger ist Professorin für Wissenschaftstheorie und Technikphilosophie an der RWTH Aachen. Ihr Forschungsschwerpunkt ist die Digitalisierung der Forschung. 2018 gründete sie das Computational Science Studies Lab (www.css-lab.rwth-aachen.de). Sie ist Direktorin des Käte Hamburger Kollegs Kulturen des Forschens (khk.rwth-aachen.de) sowie ordentliches Mitglied der Klasse für Geisteswissenschaften der Nordrhein-Westfälischen Akademie der Wissenschaften und Künste. Seit 2020 leitet sie mit Sybille Krämer, Jörg Noller und Jonathan Geiger die Forschungsarbeitsgemeinschaft Philosophie der Digitalität / Philosophische Digitalitätsforschung der Deutschen Gesellschaft für Philosophie (DGPhil) (digitale-philosophie.de).

Zur Einführung →

Sebastian Rosengrün
Künstliche Intelligenz zur Einführung
ISBN 978-3-96060-323-8
208 Seiten, 15.90 Euro

Künstliche Intelligenz (KI) ist eines der bestimmenden Themen der gegenwärti-gen Wissenschaft, Politik und Wirtschaft. Dieser Einführungsband von Sebastian Rosengrün bietet einen allgemeinver-ständlichen, aber technisch informierten Zugang zur geistes- und sozialwissen-schaftlichen Reflexion von KI und ihren historischen Ursprüngen. Er zeigt kritisch auf, was es technisch und philosophisch bedeutet zu behaupten, dass Computer denken, fühlen oder handeln können. Damit veranschaulicht er die Konse-quenzen von KI für das menschliche Selbstverständnis, aber auch für soziale Beziehungen und wichtige philoso-phische Grundbegriffe wie Kreativität, Entscheidung und Verantwortung.

Isabella Hermann
Science Fiction zur Einführung
ISBN 978-3-96060-321-4
208 Seiten, 15.90 Euro

Das Genre Science Fiction als populär-kulturelle Darstellung fiktiver Technik und imaginärer Ereignisse bildet häufig eine Referenz, wenn es um aktuelle Zukunftsfragen geht. In den Erzählungen werden Wertaussagen über den wissenschaftlich-technischen Fortschritt getroffen, die gegenwärtige Entwicklungen normalisieren oder kritisch hinterfragen. Dabei hat die spekulative Verfremdung unserer Welt immer auch metaphorischen Charakter als sozialpolitischer Gegenwartskommentar und Reflexion über die Conditio humana. Isabella Hermann zeigt verschiedene Definitionszugänge in die Science Fiction auf und präsentiert eine kurze Genregeschichte bis in die jüngste Gegenwart.

JUNIUS
www.junius-verlag.de